徽州历史人物与徽州文化

李东海　张广斌　主编

中国科学技术大学出版社

内容简介

本书是对古代徽州文化的一次巡礼，帮助读者走近徽州、初步了解徽州文化，从而激发学习与传承中华优秀传统文化的热情和兴趣。本书主要介绍了徽州历史上哲学、文学、历史、医学、艺术、建筑等领域涌现出的著名人物及其生平事迹，剖析人物思想，辨析人物的历史地位和作用。以人系事，透视徽州历史文化的发展和特征，进而把握徽州文化的大致脉络，旨在让读者汲取历史文化知识的同时拓宽文化视野、提高文化素养和培养批判性思维能力。

图书在版编目（CIP）数据

徽州历史人物与徽州文化/李东海，张广斌主编.—合肥：中国科学技术大学出版社，2024.1

ISBN 978-7-312-05796-0

Ⅰ.徽⋯　Ⅱ.①李⋯ ②张⋯　Ⅲ.①历史人物—生平事迹—徽州地区 ②地方文化—文化史—徽州地区　Ⅳ.①K820.854.2 ②K295.42

中国国家版本馆CIP数据核字(2024)第000461号

徽州历史人物与徽州文化

HUIZHOU LISHI RENWU YU HUIZHOU WENHUA

出版	中国科学技术大学出版社 安徽省合肥市金寨路96号，230026 http://press.ustc.edu.cn https://zgkxjsdxcbs.tmall.com
印刷	安徽省瑞隆印务有限公司
发行	中国科学技术大学出版社
开本	710 mm×1000 mm　1/16
印张	15.25
字数	257千
版次	2024年1月第1版
印次	2024年1月第1次印刷
定价	59.00元

编 委 会

主　编　李东海　张广斌
副主编　王　敏　周　晨　董玉洪
编　委　卜令峰　吴　珍　李　晶
　　　　张丹洋　韩宝艳　董　俊
　　　　陈雪璠

前言

新时代，新发展。我们比历史上任何一个时期都更接近中华民族伟大复兴的"中国梦"目标，中华优秀传统文化则是我们前进路上不竭的精神源泉和动力。如何推动中华优秀传统文化的创造性转化与创新性发展成为重要课题。

徽州文化是地域特色文化，是中华优秀传统文化的组成部分。将徽州历史人物与徽州文化紧密关联并对其进行探索则是一个有趣的课题。徽州文化肇始于唐宋，兴盛于明清，在此期间各行各业涌现出很多优秀的历史人物，他们既是徽州文化的创造者，也接受着徽州文化的滋养。

徽州山川秀美，钟灵毓秀。青山绿水、生态文明成为如今徽州地区引以为傲的名片，这样的"新安大好山水"离不开徽州传统文化中人与自然和谐共生的生态思想所发挥的重要作用。一方水土养一方人，秀美温润的自然孕育了灿烂的徽州文化，她依托新安山水，以徽州人为纽带，以程朱理学为核心，以徽商经济为基础，博大精深、名震四海。新安理学、新安画派、新安医学、新安文学、新安文献、徽州商帮、徽派建筑等，犹如璀璨星辰，闪耀在中华优秀传统文化的历史长空之中。作为中华民族的精神命脉和涵养社会主义核心价值观的重要源泉，中华优秀传统文化是我们能在世界文化激荡中站稳脚跟的坚实根基，是需要被持续不断地深入挖掘、深刻阐释和大力弘扬的。在习近平文化思想指导下，我们有责任担起推动文化传承、发展和繁荣的历史重任，更好地凝聚团结奋进的精神力量。

　　本书诚邀读者一同走进瑰丽的徽州文化世界，了解徽州历史人物与多彩的徽州文化，助力徽州优秀传统文化创造性转化、创新性发展，更好地发挥徽州文化在培育、践行社会主义核心价值观、树立文化自信和自觉中的重要作用。

前言 / i

绪论　徽州文化产生渊源考察　/ 1

第一章　徽州思想家与新安理学探寻 / 9
　　第一节　新安理学概说 / 11
　　第二节　新安理学的内容 / 15
　　第三节　新安理学的代表人物 / 20
　　第四节　新安理学的实践理性 / 25
　　第五节　新安理学的历史影响 / 29
　　第六节　新安理学向皖派经学的转变 / 34

第二章　徽州画家与新安画派窥略 / 41
　　第一节　什么是新安画派？ / 43
　　第二节　新安画派形成与影响 / 48
　　第三节　新安画派的早期代表人物 / 53
　　第四节　新安画派的中坚力量 / 59
　　第五节　别派与衍流 / 63
　　第六节　现代国画大师黄宾虹 / 68

第三章　徽州医家与新安医学概说 / 73
　　第一节　新安医学的发展 / 75
　　第二节　新安医学为什么能兴起？ / 79
　　第三节　新安医学的学派 / 84
　　第四节　新安医学的特色 / 90
　　第五节　新安医学的历史影响 / 95

第四章　徽州文人与徽州文学 / 101

  第一节　流寓扬州的徽州文人 / 103
  第二节　"黄山两逸民"之一：程邃 / 109
  第三节　出使琉球的著名诗人：汪楫 / 114
  第四节　文化奇人：张潮 / 119
  第五节　徽、扬两地的文化关系 / 125
  第六节　其他徽州文人及文学 / 131

第五章　徽州工匠与徽州建筑 / 137

  第一节　徽派建筑：民居 / 139
  第二节　徽派建筑：牌坊 / 144
  第三节　徽派建筑：祠堂 / 149
  第四节　徽州园林 / 155
  第五节　徽州三雕 / 160

第六章　徽州藏书家与徽州文献 / 167

  第一节　徽州私人藏书概况 / 169
  第二节　徽州文献繁荣的原因探析 / 174
  第三节　藏书家"二马" / 181
  第四节　拜经楼主人、收藏大家：吴骞 / 186
  第五节　徽州藏书大家：鲍廷博 / 192
  第六节　徽州藏书家与徽州文化的传播 / 196

第七章　徽州商人与徽商文化 / 201

  第一节　徽商的兴衰原因探析：历史地理因素 / 203
  第二节　儒行：儒教精神渗透下的徽商行为方式 / 208
  第三节　宗族制度文化：徽商归依之处 / 213
  第四节　重商：群体心态主导下的徽州文化风尚 / 218
  第五节　徽商精神与徽商文化 / 223

第八章　结语：说不尽的徽州文化 / 229

徽州文化产生渊源考察

绪 论

本书主要以人系事，在介绍徽州地域文化知识的同时，简述部分重要的徽州历史人物，并同步梳理徽州文化的发展脉络与主要特色。虽然是专门介绍地方文化的通识类课程，但是透过徽州文化能管窥中国传统文化。本书旨在探究徽州文化中真正有特色的内容，亦提供一些目录线索，留待有兴趣进一步学习者借此深入研究。所以本书既是了解中国传统文化的一扇窗口，亦是培塑学习者中国文化自信、传承优秀传统文化精神的良好途径。

提到徽州文化，自然而然会想到黄山、新安江。徽州是古地名，北宋年间，宋徽宗将当时的歙州更名为徽州。《尔雅·释诂》载："徽，善也。止也。"《大雅笺》云："美也。""徽"寄托了世人渴望安宁太平的美好理想。

古徽州有一府六县，府衙在歙县，下辖歙县、黟县、休宁、祁门、绩溪、婺源。今天，婺源隶属江西，绩溪划归宣城，其余四县仍属黄山市管辖。黄山市自然是以境内著名的黄山而得名，徽州文化的发祥、兴起和发展都是源自以黄山为中心的地域。徽州的主要区域处于一块盆地之中，大致为休宁、屯溪与歙县一带。该盆地北部是由黄山和牯牛降构成的山脉，山脉北边河流入长江，东部、南部的清凉峰和白际山脉与浙江淳安和临安隔山相望，西南部由五龙山隔断婺源县。流经徽州最主要的河流便是新安江，其发源于休宁六股尖，至屯溪横江交汇处被称作率水，而歙县的练江一段则被称为渐江，再往下就是新安江了。屯溪也被称作昱城，东面有昱岭关，昱岭关是徽州与临安的分界关隘。徽州周围被崇山峻岭所隔绝，形成适宜居住的盆地，也因此很少遭受战火兵燹的滋扰。

实际上，徽州地域的古代文明很早就出现了。远古时期，生息于此的苗越先民就已经在农耕与手工业生产上达到了较高水平。有证据表明早在新石器时代，徽州地区就有人类文明的足迹，江南的越文化应该是孕育徽州文化的摇篮。据史料记载，公元前473年徽州地区隶属吴，吴灭之后则归越，直至秦代正式在徽州设立区划管辖。《新安志》记载："秦并天下，置黟、歙二县，属鄣郡。"歙县因城郊有水口歙浦而得名，黟县则因坐落于黟山之阳而得名。徽州就是一块钟灵毓秀的山水之地。秦王朝因为想要彻底摧毁越国遗民抗秦意志和社会基础，曾使大量越国遗民迁徙至歙县、黟县，吴越中心发达的吴越文化也随之迁徙至徽州，并与原先古越土著文化实现了有机融合,而秦王朝的"大越徙民"为徽州文化的跨越式发展提供了历史良机。

西汉初年,汉高祖刘邦分封藩王,歙、黝二县先后归荆王刘贾、吴王刘濞、汉都王刘非。汉武帝时改鄣郡为丹阳郡,歙、黝二县隶属该郡,歙县则为都尉治所直至东汉末年。东汉建安十三年(208年)徽州开始重新划分区域,设置六县,徽州文化的地缘框架基本成形。在"八王之乱"和"永嘉之乱"造成的时代动荡中,中原政治文化最具规模的南渡拉开了大幕,中原士族不断南迁至徽州的崇山峻岭中,晋代衣冠南迁、唐末的黄巢起义的中原南徙,虽然加剧了中原文化的衰败,却也因为南渡,为徽州输送了中原文化基因,促进了文化造血。再加上南宋的最后一次中原文化规模南迁,上述历史际遇直接推动了宋、元时期徽州文化的崛起,乃至明清两代,徽州人在哲学、艺术、文学、教育、经济、建筑、医学等诸多方面取得令人瞩目的成就,徽州文化达到鼎盛。回溯以往,徽州由六朝的"武劲风盛"转而为隋唐"渐习儒风","儒风独茂"而以"东南邹鲁"享誉天下。徽州历史文化的发展,交织着天人合一、不同文化融合以及经济社会诸因素的不断调和互动。徽州文化是极具地方特色的文化,其内容广博深邃,囊括了中国封建社会后期民间的经济、社会、生活与文化的全息内容,被称为封建社会后期的典型标本。因其独特的文化价值,而逐渐形成一门相对独立的社会科学——"徽学",同敦煌学和藏学并称为"中国三大地域文化显学"。

新安的山水

清代赵吉士《寄园寄所寄》云:"新安名贤辈出,无论忠臣义士,即闺阁节烈,一邑当大省之半,岂非山峭厉、水清激使之然哉?"徽州文化正是孕育于新安的青山绿水中,新安江畔九龙山上巨型摩崖石刻,赫然刻着"新安大好山水"。徽州万千气象,自然造化,千年胜境。黄山非五岳却超越五岳,以"天下无山"之气魄傲视群山,道法自然的齐云揽胜,佛钟悠远之九华秘境,名山列峙竞秀,新安白练千回百转,太平湖面平如镜。南朝沈约诗曰:"……洞澈随清浅,皎镜无冬春。千仞写乔树,百丈见游鳞。沧浪有时浊,清济涸无津。岂若乘斯去,俯映石磷磷……"(《新安江至清浅深见底贻京邑同好》)

新安山水四周海拔较低,北面、东面是长江中下游平原,西面是鄱阳湖平原，东南面是浙江杭金衢开地。因为中间高、四周低，所以境内水源呈发散状四向奔流。百乡千村全矗立或掩映在青山绿水之中，新安江水系向西汇入鄱阳湖的阊江、乐安江水系，藏于深山巨谷之源。阊江中下游便是祁门的对外水路，向北汇入青弋江后注入长江的美溪河，源自拜年山，孕育了太平湖。山一程水一程，徽州的崇山峻岭并未阻隔徽州人对外界的探索，这里丰富发达的水系纵横交错，像条条玉带贯穿其间。

纵观徽州山水，山多地少，素有"七山一水一分田，一分道路和庄园"之说。拥有这样的地理环境，自然而然会产生与众不同的文化。如第二章介绍的新安画派，正是师法自然，得新安山水之灵气而生。徽派建筑艺术唯有同新安山水融合方才彰显独特的魅力。徽州园林就形造景，寓情于景，借景入园，处处皆景。山中木、竹、石、砖无不是徽州三雕的自然资源。山多田少的地理环境也催生了对外商贸的原生动力，促进了商业经济的繁荣。

徽州的宗族

在古代中国，徽州社会是封建宗法制的典型。徽州社会构成主体是徽州士族。上文中已经提到，三次南渡，北方士族纷纷南下，明代以前可知的大姓有57个之多，其中主要的大姓有15个：程、汪、吴、黄、胡、王、李、方、洪、余、鲍、戴、曹、江、孙，号称"新安十五姓"。北方中原士族南迁，主要基于躲避战乱、任职徽州、失意隐居三点原因。徽州人口的激增，正好处于历史上的三大动荡时期，一是两晋之际

"永嘉之乱",二是中唐时"安史之乱",三是两宋之间"靖康之乱"。外来人口主要来自中原,大多数同宗同支同源派衍而出,促成了严密的宗族观念,宗族社会也因谱牒、宗祠、族田的出现而逐渐形成。徽州宗族以地缘和血缘关系为徽州社会发展提供帮助,在教育、商业、建筑、艺术、文学、医学等诸多方面,都可以发现宗族社会的力量。

徽州教育

徽州教育是发达的,在徽州人观念里,读圣贤书是最重要的人生大事。"十户之村,无废诵读"是徽州地区的普遍现象,足见宗族对教育的重视程度。教育的普及,也大大提高了徽州人的文化素质。北方士族的迁入,带来了发达的中原文化,重文重教成为徽州社会习俗。由此,徽州人在学术领域也大放异彩,科举兴旺,名人辈出。明代徽州有举人1100余人,进士452人,状元3人,居全国第13位;清代举人有1536人,进士684人,居全国第4位;清代112科112名状元中,徽州籍4人,寄籍(徽州人借用外地考试名额)多达15人,占全国17%,居全国首位。苏州府产出的24名状元中也有寄籍的徽州人6人。尤其是歙县一地明清进士就有623人,居安徽诸府之首。徽州的教育普及与发达也使得徽州人道德观念大大提高,礼仪之邦美名天下,长幼尊卑有序,坐不争上,食不争多,行不争先。徽州受传统儒家思想影响,历来把"修身、齐家、治国、平天下"视为人生的奋斗目标,而其中修身则是齐家、治国、平天下的起点和根基。关于为人修身,徽州人十分重视读书学习。他们认为读书学习是宗族兴旺的重要保障,因而,对于族中一些天资聪慧但是家庭无力负担的子弟,宗族将提供私塾学习的机会和钱财资助等帮助,并对他们寄予了厚望,希望他们将来能成为"好人""楷模",为宗族添光增彩。"族中子弟有器宇不凡、资禀聪慧而无力从师者,当收而教之,或附之家塾,或助以膏火。培植得一两个好人,作将来楷模,此是族党之望,实祖宗之光,其关系匪小。"

千余年来徽州教育兴盛,宋元时期就已经十分发达,"凡是民居处,莫不有学童",有据表明徽州当地自南宋初年即有官立小学,元代后,县学之外,每个村中以50户组成一社,每社设立一所小学,农闲时子弟入学。明代则直接下令在乡村设立社学聘请师儒。仅过一年,徽州就建立了462所社学,可惜因为地方官员贪腐搜刮,设立五年后便被迫关停。相较于官学，民间开办蒙学兴盛，经常在宗族内创办义学、义塾教育本族子弟或乡里贫寒人家的孩子。民国时期，徽州歙县、休宁、祁门和黟县的私塾多达1218所，占各县村庄总数三分之二。徽州人读书更多是为了谋生，识字、对句、写诗是基本功课，实际练习则是以写书信、契约和算术为主。明清时期，徽州的教育学风盛行，也带动了徽州人家家户户重视教育与读书。此外，徽州民间曾建有无数个书院，如最早的北宋时期书院，便是由胡忠在绩溪龙井（今宅坦村）创建的桂枝书院，较知名的还有张舜臣在婺源创建的龙川书院等。南宋的紫阳书院更是因为宋理宗御赐的"紫阳书院"匾额而名闻天下。道光《徽州府志》中夸耀似地写道："天下书院最盛者，无过于东林、江右、关中、徽州。"因为教育的发达，徽州地区也培育了像江永、戴震、金榜、程瑶田、凌廷堪等清代学术硕儒，近代教育史上也出现了陶行知这样的大家。徽州教育的普及，不仅使得名家辈出，同时也让百姓识字率大大提高，有学者统计，徽州男性识字率或许达到惊人的70%。新安医学、新安画派、徽商的兴起与徽州的教育息息相关。无论是学界精英，还是艺界翘楚，都为千年徽州教育繁盛奠定了其根基。

徽州人注重修身，不仅注重族人读书学习，而且注重族人道德品行修养。徽州人认为，良好的道德品行对于个人志向、意志、功绩等都是百利而无一害的。这些观念也深刻影响了后世子孙，良好的家风家训也得以代代相传。

徽州的家训家规[*]

聚族而居的徽州，一家荣辱其实就是一族的荣辱。虽然徽州宗族间也有竞争，但是民众心中"徽州"地缘认同是不断被强化的。所以，在徽州这样典型的宗族社会中，族规家训是首要的社会规则。族规、家训主要依赖于徽州家谱而流传于世，作为民间成文习惯法，它具有强制执行的功能，但又未僭越国家法，是国家法范围内的细节补充和调整；它反映且制约着徽州宗族的思想观念，深刻影响着若干代徽州人的家庭生活和社会。比如，家规中十分重视启蒙教育，乾隆《重修古歙东门许氏

---

[*] 本节主要参考：汪锋华.晚清徽州宗族的教育观新论：以徽州家谱、族规、家训为中心[J].合肥工业大学学报：社会科学版，2020，34(2)：8；王良.徽州家谱中的家风构建对当代社会的启示[J].理论建设，2019(6)：5.

宗谱》卷8《家规》云："吾宗童蒙颇多，而设馆非一，随地有馆，以迎塾师。幸毋蹈前之弊。隆师傅之礼，戒姑息之爱。教导之严，则蒙得其养。"徽州社会自古以来就受"崇儒重教"文化传统的熏陶，又得益于仕宦和徽商的经济资助、政治保障和思想推动，还有徽州宗族（尤其是名门、望族）在思想观念上的重视。蒙养教育是儒学教育的肇端和重要组成部分，徽州宗族为了自身发展壮大、提升门楣、光宗耀祖，必须从家庭教育（蒙养）开始发展教育，实现本族的人生理想，从思想文化上维系宗族统治秩序。

其次，家规中重视教育子弟走仕途经济。如光绪《绩溪东关冯氏家谱·祖训》中写道："但观一族子弟皆好，即决其族之必兴。"本意即宗族的兴旺发达取决于子弟的出人头地。宣统《富溪程氏中书房祖训家规封丘渊源考·圣训敷言》也有记载："人家子孙，幼时便当以孝悌忠信之言教之……务期德器成就，为国家用，光显门户。"要求用儒家礼教思想来熏陶儿童，使其自幼树立孝、悌、忠、信四善，勉成国器，为建设封建国家效力，同时，这种教育理念及实践为世系宗族和家族的传承与兴旺也作出了巨大贡献。很多徽州家庭都将《朱子家训》当作中堂悬挂，其本身就是良好的家教素材。徽州宗族始终把塑造子孙的品格修养置于第一位，要求他们勤学苦读、行善立德，这对他们成人后的安身立命、处世哲学都产生了积极而深刻的影响。

再者，徽州人深受儒家思想影响，把对待父母、兄弟之间的伦理道德——孝悌作为"为人之本"。因此，在家规家训中也特别强调把孝悌作为做人的价值准则和道德行为规范。"百善孝为先"，徽州人尤为重视对父母的孝顺，这几乎是所有徽州家谱的家规家训中都重点强调的内容，且常摆在家规家训的首条。徽州人认为，对父母的孝顺绝不能沽名钓誉，而要实实在在地体现在日常生活上，对父母衣食住行的关心，对父母精神上的关怀,方方面面都要尽心尽力,直到父母百年之后,甚至体现在对父母坟茔的维护上。"夫父母者身之所以从出也,顾复鞠育直如昊天罔极,故膝下承欢,问寝视膳,必谨依内则行之,毋少懈怠,至于丧葬祭祀,皆必诚必信,致爱致悫,内尽其心而外尽其礼,或有贫不有备物者,则称其家之力为之,不失为孝。"除了父母之外,兄弟之间的关系是离"己"最近的,因此徽州人也十分重视处理与兄弟之间的关系,认为兄弟之间和睦相处,父母开心,家庭凝聚力强,则家道兴盛。徽州人还把处理与父母、兄弟的孝悌之情往外推衍到亲属、邻里、朋友之间,强调诚信待人、友好相处、乐善好施。徽州人认为与朋友相交贵在诚信,以诚待人,贵在一诺千金、一言九鼎,反对那些虚伪、虚假、口是心非的行为。

徽州人十分重视家风建设。以家谱为载体,通过家规家训规范族人重读书、修品行、重孝悌、亲友善、重本源、恤孤寡、重节俭、反吝啬、重爱国、当良臣等价值理念与行为模式,构建徽州人的优良家风。正因为长期以来重视教育、读书、诗书礼仪的传承,以及优秀家风家训的代代相承,所以徽州地域一直保持着淳朴、团结、互助、勤勉、节俭等优秀传统的社会风尚。这些社会思想、风尚、精神基因为徽州文化兴盛与发展提供了精神动力、意识基础,滋养了文化勃兴,同时这些良好的社会风气与习俗等本身也成为徽州文化很重要的组成部分。

参考文献

[1] 《徽州文化大辞典》编委会.徽州文化大辞典[M].合肥:中国科学技术大学出版社,2015.

[2] 《行知徽州》编委会.行知徽州[M].合肥:中国科学技术大学出版社,2020.

[3] 《阅读徽州》编委会.阅读徽州[M].合肥:中国科学技术大学出版社,2015.

章末思考

1.徽州文化形成的历史原因有哪些?

2.徽州文化具有封建文化的哪些典型意义?

第一章 徽州思想家与新安理学探寻

随着徽州地域经济文化发展进程的不断深化，特别是南宋初年中原地区最后一次大规模移民迁入徽州之后，徽州地区的人口与社会逐步趋于稳定，徽州社会亦开始由"尚武"之风向"右文"之俗转变。

在朱熹被徽州籍精英推崇和塑造为徽州地域理学流派——新安理学的创始人与奠基者之后，宋元以来，一批朱熹的徽州籍私淑弟子和门生，自觉地习学、继承、传播与弘扬朱熹的学术思想，践行朱熹的理学主张。元末明初理学家赵汸沩云："新安自朱子后，儒学之盛称天下，号'东南邹鲁'。宋亡，老儒犹数十人，其学一以朱子为宗，其议论风旨皆足以师表后来，其文采词华皆足以焜煌一世。"徽州的理学家群体著书立说，"无一字一句非阐发子朱子理道者，堂堂正正，与子朱子先后一辙"。广大民众甚至山谷僻壤的乡民亦受到新安理学的熏陶，以至"自是以来数百年间，虽田里山谷之民，莫不知有纲常之重"。这种以形塑和彰显徽州学术精英及其思想的地域文化认同，对统一人们的思想，强化徽州地域人群的思想控制，具有不可低估的功能与作用。

第一节　新安理学概说

一、什么是新安理学？

新安理学是中国思想史上曾有过重大影响的学派，在徽州的传播和影响尤深，因地域而得名"新安理学"。理学思想大家朱熹也自称"新安朱熹"。

朱熹以孔孟之道为本，援佛道入儒，综合北宋理学诸家的学说，将传统儒学提高到前所未有的哲理化高度，创建了一个完整而系统的理学体系，后世称之为"朱子学"。新安理学是朱子学的重要分支之一，主要流传于徽州一带，徽州的朱门弟子以朱熹嫡传自誉，在发展、诠释朱子学方面独树一帜，所以被称为"新安理学"。该学派崛起于南宋，发展于元代，全盛于明初，衰落于明季，终结于清中叶，对12世纪以后中国哲学史和学术思想史的发展演变产生了巨大的影响。在其近七百年的盛衰过程中，始终有一以贯之的学术宗旨、一脉相传的理学家群体和鲜明的学派特色。由于士人的宣扬和百姓的顶礼膜拜，新安理学的思想和观念在徽州深入人心，渗透到社会生活的各个领域，深刻影响了南宋以后，特别是明清时期的徽州社会风尚。徽州宗族社会的形成、徽州商人以"儒道"经营的理念、徽州理性的节烈之风等，无不与新安理学有着密切的关系。新安理学是徽州社会的思想灵魂。

明初著名理学家赵汸认为，新安之学"一以郡先师朱子为归，凡六经传注、诸子百氏之书，非经朱子论定者，父兄不以为教，子弟不以为学也。是以朱子之学虽行天下，而讲之熟、说之详、守之固，则唯推新安之士为然"。这就是说，南宋之后的新安学术，有着鲜明的奉朱子学为正朔的特点。赵汸于此处点明新安学术有宗师、有特色、有传授脉络，实际上已经注意到了新安理学成派的一些基本要素。

新安理学所倡导的伦理观，是徽州宗族制订族规和祖训的理论依据。朱熹的《家礼》以及新安理学家的有关礼学著作，是徽州宗族活动的指南性经典。大部分理学家热心于宗族活动，他们是徽州发展为宗族社会的有力推动者。徽州商人因长期受到理学的熏陶，在其经商活动中，形成了具有浓郁理学色彩的"以儒道经营"的理念，即按照儒家的道德规范从事商业经营活动。徽州女性，在理学思想的潜移默化和理学所强化的礼教的束缚下，生存状态、价值观念以及道德品质等保留了鲜明的理学色彩，形成了独特的风尚。

新安理学不仅极大地影响了徽州地区历史文化的发展趋向，而且对南宋以后我国政治和文化的发展产生了巨大的作用，是中国古代哲学思想史、学术思想史的缩影。新安理学在元、明、清三代，一直是封建统治阶级的"官方"哲学，标志着封建社会日趋完备的意识形态。皇庆二年（1313年）复科举，诏定以朱熹《四书章句集注》为标准取士，朱学定为科场程式。洪武二年（1369年），科举以朱熹等"传注为宗"。朱学遂成为巩固封建社会统治秩序的精神支柱。它强化了"三纲五常"，对后期封建社会的变革起了一定的阻碍作用。

二、新安理学的历史

（一）形成

南宋是新安理学的形成时期。朱熹（1130—1200年），字元晦，又字仲晦，号晦庵，晚称晦翁，谥文，世称朱文公。祖籍徽州府婺源县（今江西省婺源），出生于南剑州尤溪（今属福建省尤溪县）。他是宋代著名的理学家、思想家、哲学家、教育家、诗人，闽学派的代表人物，儒学集大成者，世尊称为朱子。朱熹作为唯一非孔子亲传弟子而享祀孔庙之人，位列大成殿十二哲者之中，受儒教祭祀。朱熹的母亲是歙县县城人，父亲朱松曾在歙县城南紫阳山老子祠读书，入闽任政和县尉自署

"紫阳书堂"，以"紫阳"名其居，朱熹亦题名其书房为"紫阳书房"。学者因而称朱熹为"紫阳先生"，称其学派为"紫阳学派"。朱熹是"二程"（程颢、程颐）的三传弟子李侗（dòng）的学生，与二程合称"程朱学派"。朱熹的理学思想对元、明、清三代的影响很大，是三代的官方哲学，朱熹本人也是中国教育史上继孔子后的又一位重要的儒学教育家。

在宋代，学术上造诣最深、影响最大的无疑是朱熹。他总结了以往的思想，尤其是宋代理学思想，建立了庞大的理学体系，集宋代理学之大成，其功绩为后世所称道，其思想被尊奉为官学，而其本身则与孔孟圣人并提，称为"朱子"。朱熹撰《周易本义》列河洛、先天图于卷首，又与弟子蔡氏父子（蔡元定、蔡沉）编撰《易学启蒙》笃信和诠释河洛、先天之学，后世皆以此立言，阐发朱子的河洛先天思想。

朱熹在世时，曾三次回婺源省墓，每次都逗留数月，从事讲学活动，阐述自己的思想。从学者很多，其中著名的有12人，即婺源的程洵、滕璘、滕珙、李季，绩溪的汪晫，歙县的祝穆、吴昶，休宁的程先、程永奇、汪莘、许文蔚，祁门的谢琎。朱熹去世后，其门人、弟子或学友，均以研习传播朱子理学为己任。这一时期的新安理学家环护在朱熹周围，精研性命义理之学，重在阐发"朱子之学"的学派宗旨，具体表现为秉承朱熹的四书章句之学，致力于对儒家"四书"的研究。受朱熹重易学的影响，新安理学家大多用心于易学，由此不断传承光大朱熹理学。学宗朱熹、发扬光大朱子理学，是当时新安地区的普遍学风。

（二）发展

元代是新安理学的发展时期。代表人物有婺源的许月卿、胡允、胡一桂、程复心、胡炳文，休宁的程若庸、吴锡畴（chóu）、黄智孙、程逢午、陈栎（lì）。这一时期的新安理学家大多是朱熹的二传、三传或四传弟子，他们在当时"朱子之学"渐趋晦暗难明之际，努力探寻朱学本旨，治学重心虽有所异，却都致力于维护"朱子之学"的纯洁性。元代的新安理学的突出特点是一方面推崇朱熹，固守朱学本旨，另一方面力排异说，维护朱学纯洁性。这对于新安理学的发展，乃至辉煌，起到了积极作用，但也在某种程度上妨碍了正常的学术争鸣与学术创新，反而阻滞了朱子学的发扬光大。

（三）鼎盛

明代是新安理学的鼎盛时期。这一阶段又可分为前、后两期。前期即元末和明代的新安理学家，不满足于一味地墨守门户，认为元代的新安理学家死抱师门成说，层次太低，不利于将"朱子之学"发扬光大，他们致力于学风的转变，力倡独立思考、唯真是从的新学风；提出"求真是之归"的口号，即要求真正明了"朱子之学"的真谛，而不是人云亦云，附声唱和。因此，出现了朱升"旁注诸经"发展"朱子之学"，郑玉、赵汸"和会朱陆"弘扬本门宗旨的不同学术风格。

明中后期"陆（九渊）王（守仁）心学"呈铺天盖地之势，使得"和会朱（熹）陆（九渊）"的新安理学家，有的能把握分寸，从而体现尊崇朱熹的学术倾向；有的如潘士藻、程文德等人未能把握分寸，背离本门宗旨，滑向"王（守仁）学"阵营，致使明后期的新安学派受到震动。此时的徽州思想界仍然是由程朱理学一统天下，宗朱的理论特色并没有改变，但新安学派已潜伏着极大的思想危机。

（四）终结

清初是新安理学的终结时期。明清之际，中国的思想界发生巨大的学风转向，宋明义理之学在启蒙思想的冲击之下日薄西山。明亡之后，一批启蒙思想家深刻反省历史教训，普遍认为明朝的灭亡与宋明理学空谈义理心性、不务实事有关系，于是起而批判宋明义理心性之学，提倡经世致用的实学，在治学方法上注重考据。而清初文字狱的兴起则加速了这一学风的转变，盛行数百年的宋明理学终于为考据学所取代。徽州地区的学风在此背景之下也未能幸免，新安理学终被皖派经学（即徽派朴学）所取代。

首开新安学风转变的是婺源的江永和歙县的程瑶田，但他们只是新安理学向皖派经学演变过程中的过渡性人物，因为他们并未完全抛弃朱子义理之学。戴震等人在声讨"王学"过程中，继承了明初新安学者"求真是之归"的口号，提出"求是"治经主张。在此学术思想指导下，又加上清初学术界由"宋学"转为"汉学"潮流影响，戴震终于"背叛"了新安学派，走上了理学的"反动"道路。戴震及其学说的出现，皖派经学的创立，宣告了新安理学衰落。此后，新安理学便少有问津者。

第二节　新安理学的内容

通过上节的介绍，我们对什么是新安理学及其发展历程有了初步的了解，但是新安理学究竟具有怎样的内涵，还需进一步探究。

新安理学作为朱熹理学的重要分支和一种地方性哲学流派，既是理学与徽州社会地方特色和时代要求相结合的产物，反过来又对徽州社会的发展产生了广泛而深刻的影响。从广度上说，新安理学对徽州社会的影响无所不及，渗透到政治、经济、文化等各个层面；从深度上看，新安理学对徽州人的影响深入骨髓，构成徽州人文化心理结构的思想基础和理性内核。可以说，新安理学在古徽州社会是核心至上之学，是徽州社会的灵魂。

一、尊"理"重"礼"

首先，新安理学以其尊"理"重"礼"的独特体系，为宋以降的徽州社会准备了理论化、系统化的封建伦理道德规范，为稳定社会和维护其封建宗法等级制度树起了精神支柱。

"礼"是稳定封建社会秩序的核心，是象征封建王权的重要标志。新安理学的一个重要特征就是重视"礼"。朱熹作为新安理学的创始人，一方面将传统儒学的伦理道德观念抽象为哲学范畴"天理"，并把"天理"规定为宇宙万物统一的最高的本体，在高度思辨的哲学层面确立了儒家伦理道德的绝对权威；另一方面又将"天理"运用于形而下的领域，使其具体化为百姓日用之学与社会伦常之"礼"，在世俗化的现实生活中确认了"礼"的合理性与必要性。朱熹认为，"不知礼，则耳目无所加,手足无所措"。

为了使人们的言行举止符合封建伦常之礼,朱熹在考察借鉴以往各种礼仪的基础上,整理编撰出《家礼》一部,详细规定了人生经历重要阶段时必须举行的各种礼仪的程序。其目的在于强调三纲五常、宗法伦理,其突出特征为重礼制、尚祖祭。由于朱子后学及历代新安理学家的竭力推行,即所谓"我新安为朱子桑梓之邦,宜读朱子之书,取朱子之教,秉朱子之礼"(清休宁《茗洲吴氏家典》),因而整个徽州社会的历史和文化发展,都深深地打上了《家礼》的烙印,使得徽州社会成为一个典型的、稳定性极强的封建宗法社会。

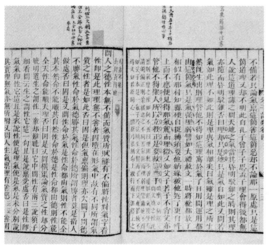

二、重视经世致用

新安理学以其关注现实,倡导经世致用的学术风格,为徽商商业理念的铸就提供了理论支撑和精神支持,促进了徽州社会的经济发展。

新安理学家们关注百姓日用之理并身体力行,不再受"君子耻言利"的制约而大胆言利,表现了一种可贵的务实态度和经世致用精神。他们宣称,"《洪范》先曰富,《大学》重生财""《九章》《大学》终言利,一部《周官》半理财""贸易术原师管子,经营富不让陶公""贸易财皆贝,流通货是泉"。

由于徽州地区山多田少地瘠,为了谋生,人们不得不外出经商。新安理学家们直面这一社会现实,勇敢地为商贾正名,体现了其关注社稷民生的学术品格。更重要的是，新安理学还和徽商之间存在一种内在的双向认同关系。一方面，新安理学家们为徽商作出了"为商不贱"的理论论证；另一方面，徽商也将新安理学思想作为自己精神上的依归，"一以郡先师朱子为归"，并自觉地将理学思想熔铸在自己的商业经营活动之中。

徽商在行商过程中，始终恪守诚、信、义、仁四大原则，做到以诚待人，以信接物，以义为利，仁心为质。他们正是以新安理学思想为创业起家的法宝，凭着对商业理性的不懈追求，终于创造了巨大的物质财富，造就了徽州经济的繁荣，书写了其经济发展史上的一段奇迹。

三、勇于创新

新安理学还以其既富于实用理性又勇于综合创新的精神，为徽州社会的文化传承和发展注入了内在动力，成为徽州文化的理性内核。

新安理学的开山鼻祖朱熹一生孜孜致力于格物穷理，提倡人文教化，排斥佛老，反对宗教迷狂，表现出其鲜明的实用理性主义精神。后来的许多新安理学家都继承发扬了朱子的教育思想和实践，在新安理学思想熏陶下，徽州社会尚文重教蔚然成风。由此，徽州历史上英才辈出、人文荟萃，孕育出新安医学、新安画派、徽州文房四宝、徽派建筑三绝四雕及徽戏、徽菜等颇具地方特色的徽州文化，为传承文明、繁荣文化作出了巨大贡献。

许多徽州读书人或为名医，或为鸿儒，或精于诗赋，或工于作画。中国传统文化在这里发生了重大转折，即由雄阔高亢走向精致婉约，社会生活的世俗化在这里表现得淋漓尽致。新安理学家们还敢于解放思想，大胆怀疑，勇于创新。

朱熹一生"臻广大，致精微，综罗百代"，建立了庞大的理学思想体系，完成了儒学的一次综合创新。后来的新安理学家们大多"笃信朱子"，但又不囿于朱子，他们继承并发展了朱熹教人"读书要善于怀疑"的思想。如元末新安理学家钱时"讲学大抵发明人心，议论宏伟，指摘痛快"；明初朱升"每耻俗学之陋，务穷极天人之蕴，研精覃（tán）思，兼理数而一之，大有所造诣"；清代江永弘扬"朱子精言"，但不拘泥于朱子之说，治学严谨，开皖派经学之先河；戴震治学更是"实事求是，不偏主一家"，形成了新安理学发展的另一个高峰，同时也由于他的综合创新，完成了对新安理学的超越和解构。新安理学所蕴含的这种敢于怀疑、大胆创新的精神，也深深地影响了徽州社会。

四、新安理学与易学

新安理学具有鲜明的学派特色，其中一个重要的特征就是对易学的重视和研究。

在新安理学形成的南宋时期，与朱熹齐名的程大昌（徽州休宁人）就著有《易原》和《易老通言》。朱熹对《易老通言》推崇备至，称赞此书"立言之旨奥博，非先儒思虑所及"（《新安学系录》卷5）。一百多年后，徽州又出现了一位"精研《易旨》，沉潜反复二十余年"（《宋元学案》卷89）的理学家胡方平（徽州婺源人）。他著有《易学启蒙通释》2卷，此书主要阐释朱熹《易学启蒙》之旨，多引朱熹门人及后学之说进行诠释。值得称道的是，胡方平的易学研究还成了家学。其子胡一桂生而颖悟，好读书，尤其精通于《易》，著有《周易本义附录纂疏》15卷、《易学启蒙翼传》内外2篇。无独有偶，另一位新安理学家胡炳文（徽州婺源人）的易学研究亦受益于家学，其父胡斗元，跟从朱子的从孙朱小翁得《书》《易》之传。胡炳文自幼好学，成年后潜心于朱子之学，著有《易本义通释》12卷，其解说以朱熹的《周易本义》为依据，采诸家之说互相发展。

元末明初的新安理学家的重要代表人物有陈栎（徽州休宁人）、朱升（徽州休宁人）和郑玉（徽州歙县人）。陈栎为新安理学大师，他为了维护朱子之学的纯真性，一生勤苦，著述不辍，留下许多书、传、纂、疏，其中包括《读易编》。朱升曾受学于陈栎近20年，深得陈氏器重，他十分注重读书，于五经皆有旁注，而《易》尤详。郑玉平生虽对《春秋》用力最深，却有"天地一《易》也，古今一《易》也，吾身一《易》也"的慨叹，并著有《周易大传附注》。

明中后期，王学兴盛，新安理学内部出现分化，阵容逐渐萎缩。其间虽有程曈（徽州休宁人）编纂《新安学系录》16卷，但终究无法挽救新安理学衰落的命运。戴震"皖派经学"的创立，标志着新安理学的终结，这一终结同时隐含着易学研究的凋零迹象。在戴震丰厚的学术著作中,易学研究可谓沧海一粟,只有在他的《经考》与《经考附录》中才论及易学,而且多征引前人注解,自己的意见较少。然而不可忽视的是,在戴震所援引的寥寥数人中,就包括了朱子、程大昌、胡一桂、胡炳文四位新安理学家,由此可管窥戴震哲学中挥不去的新安理学余韵。

《周易》虽有"群经之首"之誉,然《易》之难治,可谓学者共识。那么,为什么新安理学能形成重《易》治《易》的流派性特征呢?究其原因,主要有以下三个方面:一是学派传承的自然演进。就朱熹来说,他虽认为《易》于六经,最为难读,但其一生对《周易》的经传注述下了较多功夫,除了平日讲学,同朋友、学生书信来往中常论及《周易》以外,还同蔡元定合编了《易学启蒙》,并独撰了对后世影响较深的《周易本义》。新安理学既以发朱子学为己任,当然也要将朱子易学一脉传承下来。二是《周易》的主流精神与徽州生存环境的契合。徽州地处万山丛中,山多地少的地理环境限制了当时人们的生活拓展。在这样艰苦的生存环境中,《周易》"自强不息、开拓创新"的"大生"精神无疑是对徽州人的最大鼓舞。三是理学家自身勤苦自励的品格。或许是由于艰苦的生存环境的锤炼,多数徽州人养成了坚忍弘毅、奋发向上的品格。历史上记载程大昌10岁便能成文,成年后因苦于两汉以来《易》义之纠纷至甚,所以作书以贯通之,苦力思索,四年而成《易原》。胡炳文自幼嗜学,父母恐其成疾,欲阻止其学习,他便用衣服遮蔽窗户缝隙,终夜默诵。程直方甚至能做到读书10年不下楼。新安理学家共有的勤苦自励的品格是他们精研典籍特别是易学的内在动力。

在形式上,新安理学家治《易》不仅继承了朱熹"取经文本义"的释《易》原则,而且发扬了"既不废取象学说又注重义理"的解《易》风格。在内容上,新安理学家对《周易》"开物成务"的本旨给予了特别关注。朱熹指出:"开物成务,冒天下之道"乃《易》之"大意"。"开物成务"就是通晓万物之理,得以办好各种事情。郑玉在《周易大传附注序》中说:"《易》可前知,所以洁净精微之教而示人以开物成务之道也。"胡方平认为,《易》"上足以赅太极之理,下足以济生人之事"(赵吉士《寄园寄所寄》)。聚焦于《周易》"开物成务"之本旨,新安理学家著书讲学,孜孜不倦,为易学在徽州地区的传播和发展作出了不可磨灭的贡献。

第三节　新安理学的代表人物

新安理学，是宋、元、明、清时期以新安籍理学家为主干的地方理学流派。祖籍新安婺源的朱熹，被奉为此派开山宗师。新安理学以维护、继承、发扬光大"朱子之学"为宗旨。在它近七百年的发展演变过程中，大体经历了四个时期。第一时期：南宋，以朱熹、程永奇、程大昌、吴儆、汪莘等人为代表。第二时期：宋末、元代，以程若庸、胡允、胡一桂、胡炳文、陈栎、倪士毅等人为代表。第三时期：元末、明代，以汪克宽、赵汸、郑玉、朱升、范准、汪循等人为代表。第四时期：清初，以江永、程瑶田等人为代表。

一、程大昌

程大昌（1122—1195年），字泰之，休宁会里人。在南宋新安理学学派形成时期，程大昌是与朱熹齐名的重要人物。生活在南宋的程大昌，其学术思想的形成和定型，与北宋理学思潮有着解不开的关系。

程大昌继承了北宋理学大师们的学风。这一学风的重要特征是学者治学，与汉唐古文经学重训诂义疏的传统背道而驰，抛开传注，直接从经文中寻求义理。在程大昌的重要传世著作，如《演繁露》《易原》《诗论》《易老通言》等中，都明显地体现了这种学风。他撇开了汉唐古文经学家所注重的训诂义疏，借助经文，并参以个人体会和一己之见，从中探求性命义理之说。此外，程大昌直接继承了北宋理学先辈的论题和思想成果，吸收了他们的许多观点。譬如，他在《易原》中所论的"太极分阴阳""五行""动静"等，在周敦颐著作中已屡被提及，且为北宋理学大家所反复讨论和发挥。程大昌还特别发挥《中庸》中"诚"的观念，将它作为修心养性的核心。这一思想其实就是接受了周敦颐的观点。周敦颐曾经说过："大哉乾元，万物资始，诚之源也。乾道变化，各正性命，诚斯立焉。"程大昌在修养论中提出的"高明博厚"的境界，与周敦颐所说的"诚立明通"概念极为相似。

从有关资料来看，程大昌学术思想的内核，是儒家的理论和学说，但其学术思想也具有浓厚的道家色彩。

① 程大昌关于宇宙生成论和万物化生的观点，直接由道家的宇宙生成观脱胎而来。道教始祖老聃在《老子》中，提出了"先天地生"且超越时间和空间、无形无象的精神实体"道"，同时勾勒了一个宇宙生成图式："道生一、一生二、二生三、三生万物。"程大昌在《易原》一书中阐扬的宇宙以及万物生成模式，正是老子这一图式的翻版。

② 程大昌在政治论中提出了"无为"而治的思想。尽管他赋予"无为"以新的含义，将"无为"与"有为"有机地统一在其政治论中，我们仍能从中发现道家政治学说留下的印记。因此，在程大昌的学术思想中，"儒道合一"的色彩相当浓重。

程大昌生于徽州，长于徽州，求学时期也一直在徽州。甚至在之后长达43年的官宦生涯中，还穿插了7年的"家居"生活。因此，徽州的文化环境，对其学术思想的形成有至关重要的影响。徽州古称新安，地处万山丛中。自唐末及五代十国以后，中原大族因避战乱而纷纷迁入，"其俗益向文雅"。另《歙事闲谭》记载："武劲之风，盛于梁、陈、隋间，如程忠壮、汪越国，皆以捍卫乡里显。若文艺则振兴于唐宋，如吴少征、舒稚诸前哲，悉著望一时。"这就是说，唐宋时期徽州的风尚已由崇武而转为重儒。宋代洪适在《休宁县建学记》中说，程大昌的家乡休宁重视乡学，大多数子弟早晚诵读，出了不少举子和读书人。正是在这种儒风的熏陶下，程大昌开始了他的求学生涯。据《新安文献志》收录的《程公大昌神道碑》记载，程氏10岁能为文，从小就展露了业儒的天赋。当时，不仅休宁一地如此，整个徽州文风甚盛，"自井邑田野以至于远山深谷、居民之处，莫不有学、有师、有书史之藏"，后人称之为"东南邹鲁"。南宋时期的徽州，盛行讲学风气。朱熹曾3次回婺源省墓并讲学，徽州"受业者甚众"。绍兴六年（1136年），南兰陵人陈之茂（字阜卿）任休宁县尉后，更加不遗余力推崇文教。乡人"相率出钱建校于县之南，以其赢买书千卷，之茂日至为诸生讲说一经"。据有关史料记载，在绍兴六年以后，程大昌拜在以"经术文章重于时"的陈之茂门下，开始步入经学之门。吴天骥在《休宁进士题名记》中说，徽州"自南渡来，师友渊源，得所从受，故士多长于谈经"。当时的徽州学者谈经说理、悟性体道，从中涌现了一大批卓有成就的理学家，并开始形成了新安理学学派。在程大昌学术思想的形成过程中，这些新安理学家对他有直接的影响。譬如，朱熹同程大昌之间常以文章往还，翰墨之交甚笃。朱氏在《答程大昌书》中，称程氏《禹贡》之书"披图按说，如指诸掌，确大有益于学者"，并对《易老通言》推崇备至，称"病中得窥易老新书之秘，有以见立言之旨，深远奥博，非先儒思虑所及"。程大昌所著《雍录》《禹贡图》《演繁露》诸书，曾得同时期著名新安理学家吴昶"为之折衷"。总之，程大昌学术思想的形成，深受北宋理学思潮、中国哲学传统和徽州文化环境的影响。他的学说和主张，并非无源之水，而是"其来有自"的。

二、明代新安理学三大家

新安理学崇尚朱熹，但更崇尚真理，这在明清新安理学家中表现得尤为明显。针对元代新安学人唯朱是崇、排斥异说的偏颇学风，明代新安学人进行了深刻反思，认识到元代学者固守门户并不能真正领悟朱子理学之真义，更不能探求新知、不断创新。由此，他们兴起了一股抛开门户之见、一切唯真是从的思想解放思潮。在这一思潮中，有三位思想家最具代表性，他们是朱升、郑玉和赵汸，号称"明代新安理学三大家"。明代新安理学三大家均生活于元末明初，他们对元代新安学风的弊端深有感触，他们的学术活动以对新安学风的反思检讨为起点。朱升说："濂洛既兴，考亭既作，而道学大明于世。然后学者往往循途守辙，不复致思其已明者。既不求其真知，而未明者遂谓卒不可知。"（《新安文献志·朱学士传》）郑玉亦有同感，他认为元代学者固守朱子门户，其本意虽在维护朱子学的权威与纯正，但由于其唯朱是从，只知其然而不知其所以然，结果反而有失朱子学本旨，造成了"圣学名明而实晦"（《新安文献志·朱学士传》）的后果，最终"得罪于圣人，而负朱子也深矣"（《宋元学案·师山学案》）。对于当时学界各立门户的学风，郑玉批评道："宗朱则毁陆，党陆则非朱，此等皆是学术风俗之坏""殊非好气象也。"(《宋元学案·师山学案》)赵汸对当时学者囿于朱子之文，忙于注疏文本，一味"推究文义"的做法亦不以为然，认为这是治学的"末流工夫"，并非真正的学问。他认为："近世君子多以辨析义理便是朱子之学，纂述编缀便是有功斯文，故于向上工夫鲜有发明，日用之间无所容力。"(《东山存稿》卷3)基于对元代新安理学家固守门户、唯朱是从之学风的反思检讨，明初新安理学家致力于学风的转变，力倡独立思考、唯真是从的新学风。朱升一生以注经为务，他注经的目的并非单纯为了维护朱子学，而是旨在"求其真知""以求真是之归"。他在《论语孟子旁注序》中叙述其注经原则为："其先儒之说顺附经文，而或有不类、不妥者，则必再三玩索体认，以求真是之归，此学者穷经最得力处，必身亲为之，然后历其难而知其也。"(《朱枫林集》)郑玉也反对"未知本领所在，先立异同"的治学作风，强调"不可先立一说，横于胸中，主为己见，而使私意得以横起"(《师山文集·与汪真卿书》)，主张为学必须独立思考，探求学问真谛，把握学术"本领"。与朱升、郑玉一样，赵汸也反对盲从权威，认为为学贵在自得，旨在探求实理。詹煜（yù）在《赵东山行状》中介绍赵汸的治学风格时说："新安自朱子后，儒学之盛，四方称之为东南邹鲁。然其末流，或以辨析文义、纂辑群言，即为朱子之学。先生独超然有见于圣贤之授受，不徒在于推究文义之间。故其读书，一切以实理求之，反而验之于己，非有以信其必然不已。"(《新安学系录》)从朱升求"真知"、郑玉求"本领"，到赵汸求"实理"，标志着明代新安理学中反对迷信权威，注重独立思考，一切唯真是从学风的形成。

　　赵汸（1319—1370年），字子常，学者称东山先生。徽州休宁龙源人。在元末明初理学界中，赵汸是重要的代表人物之一。《明史》称其"初就外傅，读朱子《四书》，多所疑难，乃尽取朱子书读之。闻九江黄泽有学行，往从之游……后复从临川虞集游，获闻吴澄之学。乃筑东山精舍，读书著述其中。鸡初鸣辄起，澄心默坐。由是造诣精深，诸经无不贯通，而尤邃于《春秋》"(《明史·赵汸传》)。从有关资料来看，赵汸学术思想的最大特色是"和会朱陆"，而其学术研究的重心则是关于《春秋》的探讨。同时，关于治经的指导思想，赵汸也有自己的独特见解。他的一系列学术成就对元末明初理学界产生了重大的影响。

　　赵汸之所以能在学术上取得超出当时一般学者的成就，成为元末明初理学界以及新安学派的重要代表人物,主要原因之一是其重新树立了治经的指导思想,这也是他对学术发展的重要贡献之一。在当时的新安理学家中,追求唯"朱"是归的治经指导思想和学风,属于普遍现象。对于以固守朱子学为学派宗旨的新安理学家来说,并非一无是处,因为它确实达到了维护朱子学纯洁性的目的。但盲目迷信的风气以及与之紧密相关的唯"朱"是归的治经指导思想,也带来了三个严重后果:第一,真正不仅"知其然",而且"知其所以然"的学者愈来愈少,多数人只停留在鹦鹉学舌阶段。第二,容易导致学者墨守成规而难以创新,从长远来看,不利于朱子学的发扬光大。第三,容易造成部分士人的逆反心理,滑向"旁门左道"。作为当时学术界的有识之士,赵汸注意到了元代学者之弊以及唯"朱"是归的治经指导思想所带来的严重后果,于是起而呼吁矫正元代学者学风之弊,进而提出了新的求"实理"的治经指导思想。

那么,何为求"实理"呢?赵汸深感元代新安理学家唯唯诺诺,以解析文义、纂辑群言作为发明朱子之学方法的不足。而所谓求"实理",则包含了两层意思:一是指读书求理应求真实之理、本来之理,而非仅止于推究文义中的"理"。二是指对于所得之理,不仅要"知其然",而且应"知其所以然",即"非有以信其必然不已"。这就是赵汸求"实理"治经主张的核心内容。这一指导思想的提出,表达了赵汸摆脱盲从,并通过自己的思考,探求理学真谛的愿望,也间接反映了他具有比较清醒的意识头脑。

第四节　新安理学的实践理性

首先，新安理学虽宗儒崇朱，却并不盲目，表现出"求真""求实"的实践理性精神。新安理学具有鲜明的宗儒价值取向。儒学价值观是伦理型的，极重伦理道德意识的培养与弘扬。先秦儒学提出了一整套伦理道德观念，汉唐儒学将这些伦理道德观念引向政治领域，用作维护现实秩序的工具。新安理学的开创者二程、朱熹则将儒家的伦理道德观念升华为哲学理念"天理"，从而使儒家的伦理价值观走上了形而上的哲学之路。与此同时，程朱又将被提升为形而上之哲学理念的"天理"运用于形而下的领域，具体化为百姓日用之"理"和处理现实社会人伦关系之"礼"。程朱之后的新安理学家们继承了程朱的为学之道，一方面将儒家伦理哲理化，另一方面又将儒家哲学世俗化，既高扬程朱理学中作为伦理道德意识之哲学凝练的"理"的观念，又恪守程朱理学中作为哲学理念"天理"之世俗化形态的"礼"的规范，使得"理"与"礼"成为新安理学的基本价值观念。新安理学又具有强烈的崇朱倾向，朱熹理学是其灵魂。历代新安理学家所研究的课题都来自朱熹理学，他们所采取的治学方法也是仿照朱熹的，而新安理学的思想观点和价值观念更表现出一贯的宗朱立场。原因是，朱熹这位举世闻名的大儒祖籍在徽州婺源，新安人对朱熹及其学说有一种天然的亲和感，并以有这样一位同乡而深感自豪。这种亲和感、自豪感与朱熹本人在当时中国思想界的影响结合在一起，遂使新安人对他产生了崇拜感。

其次，新安理学对中国传统文化的轻商观念有所超越，表现出儒商结合的实践理性精神。中国自古重农轻商,农业被视为"本",商业被视为"末",在几个最基本的社会阶层"士农工商"中,"商"的地位最低。这种价值观念在儒家思想中表现尤甚。孔子认为万般皆下品,唯有读书高,从商自然属"下品"之列;宋代某些儒生甚至宁可饿死,也不愿从商。儒家这种正统的轻商意识与自给自足的小农经济相互结合、相互促进,使得重农轻商、重农抑商观念在中国传统哲学和文化中根深蒂固,成为中国古代文化中的一种主流意识。然而,徽州人的价值观念却不是这样。在传统社会中一直被视为末业的商业在这里却受到很高评价,经商的成功与否被视为与个人的能力、地位和荣誉挂钩。一提到徽州,人们自然会联想到徽商,以至徽商文化成为徽州文化的最重要象征之一。在中国封建社会后期的数百年间,徽商以其雄厚的实力活跃于中国的商业舞台上,对中国封建社会后期的经济、文化和社会生活产生了重大影响。那么,在理学故乡徽州,儒家重农抑商的价值观念为何未产生作用?换言之,身为理学大师程朱之同乡的徽州人在崇奉程朱理学的同时,为何在这一点上表现出叛逆性?究其原因,应该说与新安理学的实用理性精神有内在联系。徽州地区的自然条件表现为山高水险,社会状况表现为地少人多,使得农业生产受到很大限制。是墨守传统观念,守着乡土挨饿,还是弃农从商,开拓生存新天地?很多徽州人选择了后者。而徽州人的这种选择与新安理学的价值导向是分不开的。生活于徽州这一特定环境下的新安学人善于用儒学中的理性精神对儒学本身的某些价值观念进行调整,他们立足于徽州社会的现实状况,创造性地将"商"与"儒"有机结合起来,认为儒者重道义,商人也可以讲道义,两者可以在一个人身上统一起来。所以在徽州,儒士与商人合二而一的现象比比皆是,有的是先商后儒,有的是先儒后商,有的则是亦商亦儒,儒商结合是徽文化的显著特征,徽商因此有"儒商"之雅称。

再次,新安理学对儒家传统的义利观有所超越,表现出义利统一的实践理性精神。由于义利问题与人的生存问题有着直接的联系,义利之辨与人类生存的价值导向和人生追求息息相关,所以自古以来就引发了人们探讨的兴趣。在哲学领域,义利之辨亦历来为古代先哲所重视,人们纷纷从不同角度对义、利概念进行解说,对义利关系进行评论,提出了各种各样的义利观,有重义轻利型的,以儒家为代表;有重利轻义型的,以法家为代表;有义利兼重型的,以墨家为代表;还有义利皆轻型的,以道家为代表。中国传统思想的正统派儒家还将申明义利之辨看作头等大事。先秦儒家孔孟将人们在义利问题上的价值选择看作是区分君子与小人的关键,所谓"君子喻于义,小人喻于利"(《论语·里仁》)。宋代新儒家则将义利之学看作最根本的学问,二程认为"天下之事,唯义利而已"(《河南程氏遗书》卷11);朱熹说:"义利之说,乃儒者第一义。"(《朱子语类》卷24)事实上,义利之辨不仅是儒者第一义,而且在整个中国传统哲学中都占有举足轻重的地位,义利观是伦理型中国哲学价值观的集中体现。然而,在新安理学中,我们却发现了一种反常现象,即很少讨论义利之辨的问题。考察新安理学家所关注的问题,有宇宙论、方法论、天理论问题,却没有发现多少属于义利观方面的问题;考察新安理学的基本内容,有理学思想、礼学思想、易学思想、春秋学思想、四书学思想,却没有发现多少义利学思想。这表明,新安理学对中国哲学,尤其是儒家极为重视的义利之辨采取了淡化态度,这是新安理学这一地域性理学流派不同于中国哲学一般特征的个性特征。那么,这种个性特征是如何形成的?这就必须到徽州社会生活的根本特征中去寻找根由。徽州社会的根本特征是重视商业,经商成风。而经商与谋利又有着内在的统一性,新安理学家作为儒士群体,他们既然对经商持肯定态度,也就必然对商人谋取合理利益持肯定态度。其结果是,生活于徽州的新安理学家对传统儒学,甚至包括程朱理学重义轻利乃至贵义贱利的义利观,都有所超越。他们不像先前儒家那样着眼于义与利的对立,而是着眼于两者的统一,主张以义取利、以利行义,使两者相辅相成,在义的基础上达到有机统一。

最后,新安理学关心社稷民生,表现出经世致用的实践理性精神。传统儒学是十分强调经世致用和关心社稷民生的,但在后来的发展过程中,不少儒家士大夫却在不同程度上偏离了这一宗旨,表现出脱离实际、流于空谈的倾向。这种倾向在宋明理学中表现得比较突出,程朱、陆王的后继者们抛弃了前期理学关注民生的传统,一味地空谈心性、义理,置国家大事、民众生计于不顾,表现出明清之际的启蒙思想家们所揭露的"置四海之困穷不言,而终日讲危微精一之说"(《顾亭林诗文集》)的空谈之弊。至于在中国哲学中占有重要地位的道家、佛教等更是缺乏经世致用精神。而新安理学则不同,它不仅没有像佛道那样将个体解脱、精神自由作为终极目标来追求,也没有像儒家阵营内某些脱离社会实践的儒生那样死揪学问、陷于空谈,而是始终关注社稷民生,关心社会现实问题。譬如吴儆,他一边做学问,一边为官,并将对社稷民生的关心熔铸到其学问之中,从而使他的学说具有浓厚的经世致用之特色。在学术上,吴儆既受朱熹理学的影响,也与张载、吕祖谦等交往甚密。他的理学思想不仅与朱子理学有渊源关系,而且与张载的湖湘学派及吕祖谦的金华学派亦有师承关系,这使得他的思想具有较多的开放性和务实性。他曾潜心研究《孟子》,将《孟子》中的民本思想发展为富国强兵之策,认为统治者的任何作为都要立足于民情和社会现实,指出"圣贤之将欲有为也,必因夫民之所甚病与其所乐为而后为之。立法更制,民情之所未病,法虽善而不为;民情之所欲为,事虽难而必成"(《富国强兵策》)。吴儆认为,当时民众"其所乐为者,莫大于水旱之有备;而其所甚病者,莫甚于盗贼之不时"。他提出的解决这两大问题的方法是:"因民之乐于有备而预为储蓄之具,因民之病于盗贼而教之战阵之法。"(《富国强兵策》)针对当时地方秩序混乱的社会现实,吴儆还深入研究了如何加强地方治理的问题,提出了治理地方的"三害论",认为"长令之为私""黠吏之害民"及"豪民之为横"是地方治理中的"三害";抑制"三害"的措施是"借豪民以去黠吏,抑豪民以养平民"(《竹洲集》)。从这里我们可以看出,关注现实、关心百姓、关怀社会是吴儆思想的灵魂。入元以后,蒙古族入主中原,这在新安理学家看来,无疑是"夷狄入侵""乱我华夏"。在这种情况下,新安理学家对社会的关怀由南宋时期的关注民生转为保持民族气节。如黄宗羲评价元代新安理学家许月卿(时人称山屋先生)称:"新安之学,自山屋一变而为风节。盖朱子平日刚毅之气,凛不可犯,则知斯为嫡传也。"(《宋元学案》卷89)至明代,新安理学家一方面弘扬求真务实之学风,另一方面又极关心国事,为统治者出谋划策。如朱升在学术上注重探求"真知",在政治上曾以"高筑墙,广积粮,缓称王"三策见重于挥军南下徽州的朱元璋。明朝建立后,他作为明太祖的心腹大臣,"备顾问于内廷,参密命于翰苑"(《朱枫林集》),并以"开国功勋"名重一时。新安理学的实践理性精神不仅在历史上对徽商的形成起到了重大的推动作用,而且在现代化建设中仍然不失其积极意义。现代化建设既需要理性精神的引导,又需要脚踏实地的实践,实践理性精神是现代化建设不可缺少的精神力量。这种精神的培养和形成既需要发扬马克思主义的实事求是作风,也需要从中华优秀传统文化中吸取有益的成分,新安理学的实践理性精神在这方面对我们是有所启发的,是应该为我们所继承和弘扬的。

第五节　新安理学的历史影响

朱熹师从李侗，接受程颐的思想观点，并加以发挥，建立了严密的理学思想体系。他将道家和禅学思想融入儒学之中，使儒学蜕变为古代社会后半期的经典理论——理学。朱熹还提出了"天""气""格物致知""知行为一"等一系列重要思想范畴。他认为"理"是至高无上和包罗一切的，故称"理学"。朱熹所说的"理"，实际上指封建伦理纲常。而且他认为"理"是永恒存在的，企图将封建伦理永恒化。他还认为理和气不能相离，在哲学上发展了二程关于理气关系的学说。朱熹广收弟子，亲自讲学，门生遍布各地，有学术成就、政治建树者颇多，这使得朱熹学派成为理学史上最有势力的学派。南宋理宗把朱熹"存天理，灭人欲"的思想，作为维护封建统治的理论根据加以推崇，追封已故的朱熹为太师、徽国公，亲自为歙县"紫阳书院"题额。从此，程朱理学成为徽州正统的学术思想。

元代以后，历代封建王朝竭力推崇理学。徽州学者对程朱理学更是信奉不移，"凡六经传注，非经朱子论定者，父兄不以教，子弟不以为学"，并在篁墩建"程朱三夫子祠"。当时，徽州"书院林立，以紫阳为大"，紫阳书院被视为传播程朱理学之圣坛。清代曹振镛称："自宋、元、明，迄今数百年，江以南之私淑文公，能于学校自表见者，必推我新安。"故徽州被称为"理学之邦"。新安理学家，除朱熹及其门弟子外，还有休宁理学九贤，歙县钱时、曹泾、郑玉、唐仲实、姚琏、吴曰慎，以及祁门汪克宽、黟县李希士。新安理学的主要著作，有解释程朱理学命题的《四书发明》《太极纂疏》《礼记集成》《六典撮要》等。从南宋前期至清乾隆年间，新安理学在徽州维系了600多年，对徽州社会文化的发展产生了很大影响。

一、读书穷理

朱熹提倡读书,认为穷理之要,必在读书,促进了徽州读书好学风气。缙绅之家往往自编教材,由父兄率子弟诵读。理学家对理欲、心物、义理、天人等概念的意义、关系的追问和逻辑论证,提升了徽州文化的理性思维,培养了深厚的理性主义传统、新安理学家恪守朱熹的义利之辨,反复颂扬"正其义不谋其利,明其道不计其功"的思想,学子以之为书院学规、士夫以之为立身处世的教条,徽州商人"贾而好儒",以"仁义礼智信"为商业伦理。

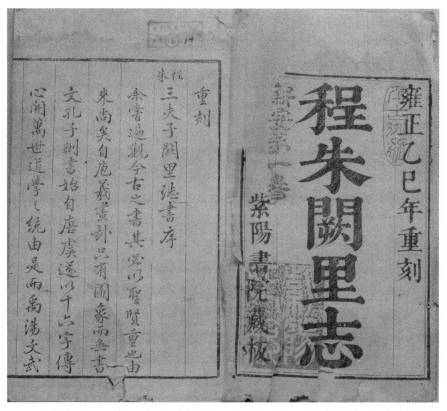

元代以后,历代王朝俱兴理学,定朱熹《四书章句集注》为科举考试的依据。徽州对程朱理学更是恪守不移,"是以朱子之学虽行天下,而讲之熟,说之详,守之固,则唯新安之士为然""凡六经传注,非经朱子论定者,父兄不以为教,子弟不以为学"(道光《休宁县志》)。

二、民风民俗

新安理学对徽州的影响几乎无所不在,最具说服力的当属徽州民风民俗。历史上,徽州民俗区别于其他郡府的特质在于"邹鲁之风",即具有浓厚的儒教化特征。作为徽州文化鲜活的见证,对徽州民俗的研究是一项重要的课题。

理学存在的社会基础是宗法伦理关系,而聚族而居是徽州普遍的风俗。"父老尝谓,新安有数种风俗胜于他邑,千年之家,不动一抔;千丁之族,未尝散处;千载之谱系,丝毫不紊;主仆之严,虽数世而不改,宵小不敢肆焉。"(康熙《徽州府志·风俗》)这些资料说明,徽州人聚居具有严格的传承,其指导思想是以家庭伦理观念为中心,严于上下之别,具有强烈的宗法伦理色彩。历史上宗族聚居好处很多:重宗谊,修世好,岁时合族以祭,使"贫民亦安土怀生",这是保证社会稳定的一个有效手段;歙地有"千百年祖墓,千百丁祠宇,千百户乡村",所以能维系经商外出者的故乡观念。同时,正因为聚族而居,乡村城市诸姓皆无错乱,各有段落,如此则"主教堂,礼拜之寺无从建焉",所以"徽州独无教门",不尚佛老,以至"求其崇宏壮丽所谓浮屠老子之宫,绝无有焉"。凡此等等,都说明了族居这一徽州普遍的民俗所体现的是一种稳定的社会状态。《歙事闲谭》的作者许承尧认为,其中最根本的原因就是理学的教化作用。因此我们可以认为,聚族而居的民俗是受新安理学的直接影响而产生的,它体现的是一种稳定有序的社会状态,同时也强化了作为封建伦理纲常的理学的地位,二者是相互促进的。朱熹与新安理学家的基本观点和主张,成为南宋以后徽州宗族在制订族规和祖训时的最重要的理论依据;或者说,徽州宗族的族规和祖训,其实就是朱熹与新安理学家们伦理思想的具体实践体现。

三、建立礼的典范

新安理学家们有关礼学的著作,是徽州宗族活动的指南性经典。宗族活动的规范,在宗族活动乃至宗族文化中占有举足轻重的地位。徽州的宗族活动,以朱熹的《家礼》和新安理学家有关礼学的著作为规范样本,活动内容、程序和具体细节严格遵循《家礼》等著作中的有关规定。因此，朱熹与新安理学家在徽州宗族活动的规范性建设方面，有着突出的贡献。因为朱熹的《家礼》的主要内容与家祠、家祭等宗族活动的内容紧密关联，且朱熹是在徽州人心目中具有崇高地位的"徽国文公"，所以该书成为最受徽州宗族推崇的经典之一。在现存的徽州家谱、族谱中，不少族规、家训都明确规定必须按照朱熹的《家礼》开展宗族活动。

在朱熹宗族思想中，祠堂有着特殊的重要地位。在朱氏思想的影响下，徽州宗族普遍认为"举宗大事，莫最于祠。无祠则无宗，无宗则无祖"。所以自南宋以后，徽州宗族开始兴修祠堂，并逐渐将其视为宗族最重要的活动之一。尤其是明清时期，在徽州商人强大的财力支持下，徽州宗族的祠堂建造规模达到了空前的程度。无论大姓、小姓，大宗、小宗，都建有宗祠、家祠，一些大姓还建有统宗祠。仅黟县西递村明经胡氏宗族，在明清两代就建造了宗祠、支祠26座。而从整个徽州地区来看，用"祠堂林立"来形容该地区宗祠之多，一点都不过分。这种社会现象的出现，与朱熹及其《家礼》对祠堂的重视程度有直接的关系。

四、维护伦理纲常

宋、元、明三代，徽州出了不少民族志士，表现出了坚贞不屈的气节，也与朱熹的新安理学分不开。但是，理学的核心是纲常伦理，新安理学讲究忠君孝亲、男尊女卑、丧制礼服、修祠续谱、建坊树碑。大批的"贞女烈妇""孝子贤孙"为传统礼教而殉身，这是理学在程朱桑梓之邦结出的恶果。理学精神最显之处就是"存天理，灭人欲"，倡导"饿死事极小，失节事极大"。如今依旧竖立在徽地的贞节牌坊即是旧时的证明。理学以"天理"为念，要求人们置身国事，孝慈亲友，也强调对人欲的节制，所以要求妇人守节也是题中之义。作为程朱理学渊源的徽州此风尤盛，对于节烈的提倡更是不遗余力。《休宁碎语》卷1中写道："新安节烈最多，一邑当他省之半。"婺源县城有一处牌坊记载的烈妇自宋代至清光绪年间共有5800人之多，民国时期修订的《歙县志》16本当中就有4本是《烈女传》，其他未见于史料者便可想而知了。究其原因，在于该地广大妇女深受理学教化的影响，耳濡目染，渐成观念。以理学的价值观念为指导的族居形式也强化了这一信念，族居是为了维护社会的稳定，维持纲常名教不可动摇的权威，以至诸姓之间绝无错乱；妇人若是改嫁，也就破坏了这一稳固的社会状态。质言之，守节与族居虽有形式上的差异，但二者在维持封建伦理纲常方面是一致的，并且在这一原则之下，二者也是相互联系的。

总之，历史上徽州民俗与新安理学具有这样的关系：新安理学反映的是封建伦理纲常的需要，徽州民俗则以新安理学为价值指南，从而与封建伦理纲常相一致，并进而互为强化；在此基础上，徽州民俗也是内部要素之间相互联结、互为因果的稳定系统，这一系统所承担的职能就是在百姓的人伦日用之中强化理学作为封建统治者的意识形态的无上地位，举凡布局严谨的民居、俭中求细的饮食等日用风尚莫不如是。

新安理学家们不仅构建思想体系，为徽州宗族社会的形成提供理论依据，而且积极实践，热心于宗族活动，对徽州宗族社会风尚的出现起到了推波助澜的作用。他们的实践活动主要包括两个方面：一是以身作则，带头为各自宗族和里社提供物质支持。例如，朱熹在《家礼》中强调了宗族祭田的重要性，为此，他还专门在绍兴二十年（1150年）春第一次回婺源老家省墓时，赎归其父质田百亩，请族中父老主供祀事。二是组织和参加祭祀、修谱、联谊等各种宗族活动。关于这方面的情况，在新安理学家的著作中有比较突出的反映。特别是作为宗族中文化层次较高的人，不少新安理学家成为族谱或宗谱的主要编撰者。他们认为："人之祖宗，莫不欲其子孙之盛大而昌炽。为子若孙，亦莫不欲其克承先志为务。然天运靡常，兴衰继踵，有莫之为而为者，有莫之致而致者。天与命与，故谱系者，所以承其天而委其命也。"在新安理学家看来，族谱对敬宗睦族具有重大的作用，"宗法废而后谱作，谱作而后族尊，族尊则一族之人殆有所统，孝敬之心油然而生，不致相视如途人，谱其有关于世教也大矣"。因此，在族谱的编撰中，新安理学家积极参与，发挥了重要的作用。

第六节　新安理学向皖派经学的转变

清乾隆年间，休宁人戴震继承明初新安理学家"求真是之归"的学术主张，倡导以"求是"为治经宗旨，反对宋儒讲求义理乃凿空之言，侧重于音韵、天文、地理、名物、典章制度的训诂、考证，开了皖派经学"风气之先"。以戴震为领袖的皖派经学，既兴起于新安理学之乡，又对绵亘数百年的新安理学以反对，从而宣告了新安理学的终结。

一、转变原因探寻

首先，新安理学学派阵容萎缩，"朱子之学"已发展到山穷水尽的地步。新安向来以"人才辈出"著称。明初，尚有朱升、赵汸、郑玉等人力承"朱子之学"统绪，讲学授徒，提携后进。明中叶后，新安理学却几无大家可言，也缺乏有力的人才来弘扬新安理学宗旨，对学派振兴无功可言。"朱子之学"作为正宗哲学的地位早已岌岌可危。

新安理学转变为皖派经学，看似是地方学术思想的转变，其实也是在清代"汉学"替代"宋学"的主流趋势背景下发生的。

明代学术，讲求"义理"之学。清人郑性所说的"明儒沿袭"，即指明人继承宋元风气，以理学为学问大端。黄宗羲说："有明文章事功，皆不及前代，独于理学，前代所不及也。"可知，明代的学术界，便是理学的世界。明儒的成就，在于对理学"牛毛蚕丝，无不辨晰""发先儒之所未发"。明初理学，尊崇程朱学派。譬如，在浙江传学的方孝孺、在山西讲经的薛瑄等明初大儒，都承接了程朱的思想。这个时期新安理学的重要人物朱升，其师承渊源也可直溯朱熹。洪武三年（1370年），科举制度正式建立，规定以朱熹所注《四书》《五经》为取仕准绳，确立了"朱子之学"在明代"显学"的地位。此后，研习"朱子之学"者日众。然其人大多出于功名计，而不是出于学术。他们不敢越"朱子之学"雷池一步，斤斤计较于一字一义的得失，从而使"朱子之学"流于支离，陷入僵化。为挽救学风、振兴理学，思想家王守仁强调"内省"，却容易流于空疏，至于那些高谈性天，搦管呻吟，自矜有学的人自然难以担负起社稷安危的大任。于是，明亡之后，有识之士痛定思痛，起而抨击王学末流祸国殃民，形成了明末清初反理学的潮流。代表人物有黄宗羲、孙奇逢、唐甄、顾炎武、王夫之、陆世仪、颜元、陈确、傅山等。他们一改宋明儒空谈义理的风气，而致力于经世致用。在学术方法上，转而注重考据。

在此清初学风转变过程中，清廷高压与怀柔兼施的文化政策，起到了推动作用。一方面，它以迭兴不已的"文字狱"，将士人思想禁锢起来；同时，又开四库全书馆，把学者的目光引向考据。梁启超先生曾比喻四库全书馆是"汉学家的大本营"。如此一推一拉，再加之学者本来已厌倦空谈，清初学风转变在所难免。

皖派经学取替新安理学，正是处在这种学术潮流中。作为一派领袖人物的戴震及其所开创学派的特色，都明显受清初学术界学风的影响。此外，明初新安理学家倡导"求真是之归"的学术主张，也为皖派经学的兴起埋下了伏笔。

元代的新安理学家，基于固守"朱子之学"的宗旨，凡一切有悖于朱熹学说的言论，均不遗余力加以排斥。元代理学家唯"朱"是归的指导思想，无疑达到了维护"朱子之学"纯洁性的目的。但这种"先有一说，积于胸中"的学风，容易导致墨守藩篱而难以创新，同时，将"朱子之学"奉为教条，也易造成士人的逆反心理，于是明初的朱升、赵汸、郑玉等人，开始矫正元代学风之弊，他们将元代新安理学家偏激、峻厉的风格，导向平稳、庄重，提出"求真是之归理"，而不是"唯朱是之归"。

以戴震为首的皖派经学，继承了明初新安理学家"求真是"的治经方法，倡导以"求是"为治经宗旨。尽管前者只希冀求得"朱子之学"的真谛，后者已经更进一步在整个思想界和经学范围内求索"真理"。但从地理环境影响来看，戴震的"求是"，实肇端于明初新安理学家的

"求实""求真"。因此,明初新安理学内部这种新生活跃的思想因素是学风转向的原因之一。

综上所述,从宋元明时期的新安理学到清初皖派经学的转变,其原因一是新安理学本身已无发展前途,二是当时学术界风气的影响,三则是源于明初新安理学内部新的思潮。

二、新安理学到皖派经学的过渡人物:江永、程瑶田

新安理学的学风专从经文中寻求义理,并奉"朱子之学"为学术宗旨。皖派经学的特点,则是以"求是"为学术宗旨,不迷信权威,重在音韵、名物、典章制度等考索上。江永、程瑶田既讲求义理,不出"朱子之学"的规矩,有着新安理学风格的烙印;同时,又不专讲义理,在推步、钟律、音声、文字之学方面,造诣很深。因此,可以说,江永、程瑶田二人是新安理学演变为皖派经学的过渡人物。

江永,字慎修,婺源江湾人。生于康熙二十年(1681年),卒于乾隆二十七年(1762年),活了82岁。他一生主要在家授徒讲学,只有两次外出,"一至江西,应学使金德瑛之招也;一游京师,以同郡程编修延之也",时间都不长。而且,江永鄙薄功名,不乐仕进。婺源知县曾荐举江永,江永以年老辞谢,并写信给戴震称:"驰逐名场非素心。"因此,当时江永在外的名声,反而不及其门生戴震。

戴震《江慎修先生事略状》称,江永少时,"与里中童子治世俗学"。所谓"世俗学",当指科举之业。但江永并未沿着这条路走下去,转而废科举,精心于《十三经注疏》,且于《三礼》(《周礼》《礼记》《仪礼》)尤为用功。早年江永所学与用心,尚未出新安理学家所致力处,即围绕着几部经书做学问。

江永的《礼经纲目》对新安理学传统学风的继承更为明显。在他62岁时,还专心注理学要籍《近思录》,成《近思录集》14卷。江永对理学的良苦用心,可见一斑。然而,江永毕竟

处在清初学术界由"宋学"转为"汉学"的潮流中,他深受当时学风的影响。因而其学术风格较之新安理学先儒又有注重考据、不务空谈的特点。戴震推重江永在训诂学上的贡献,自汉经师康成后"罕其俦匹"。

程瑶田,字易田,又字易畴。戴震《再与卢侍讲书》又称其为"亦田",歙县人。生于康熙四十五年(1706年),卒于嘉庆元年(1796年)。与休宁戴震、歙县金榜俱学于江永。戴震等人已经越出了"朱子之学"樊篱,完全走上了批判新安理学的道路。而程瑶田则同江永一样,依然游离于新安理学与皖派经学之间,对《宗法小记》《禹贡三江考》《水地小记》《解字小记》《声律小记》《考古创物小记》《释草虫小记》等书,程瑶田既精研训诂、制度、名物、声律,同时对义理、象数等,也"无所不赅",兼有新安理学和皖派经学两种不同的学术风格。

三、戴震:汉学研究独开生面

出于江永门下的戴震,已彻底摆脱了新安理学宗旨"朱子之学"的束缚,树起了一面新学术——皖派经学的大旗。

戴震,字东原,休宁人。生于雍正元年(1724年)十二月,卒于乾隆四十二年(1777年)。他性格内向,"读书好深湛之思",但拙于背诵科举程文,"不喜随人治世俗学"。因此,一生六次进京参加会试,均名落孙山。在京时,穷困潦倒,"饘(zhān)粥几不继,人皆目为狂生"。只在乾隆四十年(1775年),特旨参加殿试,赐同进士出身,授翰林院庶吉士,方取得些功名,但不过两年,便在京病逝。

为什么说戴震是新安理学转变为皖派经学开风气之人呢?

首先,戴震彻底否定了新安理学的宗旨"朱子之学"。明末清初"天崩地解"的动乱后,曾经高高在上的理学被反理学思潮扫荡落地。人们鄙视空谈,不再迷信所谓的义理之学。到戴震生活的时代,以讲求性命义理发家的圣贤及其金玉良言,同样遭到怀疑。戴震13岁读《大学》章句时,就曾质疑朱熹如何知道两千年前孔子、曾子的微言大义。

在他的心目中，朱熹及其观点已失去神圣的光环。他究根问底，每一字必求其义，正是这种不仅要"知其然"，还要"知其所以然"的"求是"治学态度，使他最终成为"朱子之学"的反对者。

当时，汉学家大多埋首于考据，而绝不开口谈义理。戴震则不然，在17岁便有志闻道，他批评当时"博雅能文章、善考覆者，皆未志乎闻道。徒株守先儒而信之笃"。在"闻道"思想指导下，戴氏一生著有多部专谈性、命、义、理的书，如《孟子字义疏证》《原善》《孟子私淑录》《读孟子论性》等。他给弟子段玉裁的信中称：《孟子字义疏证》一书，在于"正人心之要"，为"生平著述最大者"。皖派经学在重考据的同时，也谈义理之学，留下了新安理学学术的印记。

戴震本着"求是"的态度，直接从《六经》、孔孟学说中寻求"道"，从而得出了与朱子之学截然相反的观点。戴震远绍张载"气本论"，认为宇宙的本体和动因都是"气"，万物由气分化而成。他疏证"理"之字义，将"朱子之学"的核心"理"，放入平凡物质界中考察，从而否定以"理"为世界本原的学说。

在人性论上，戴震否定"朱子之学"中"天地之性"与"气质之性"的差别，认为人性只有智愚之别，而无善恶之分。

在道德论上，戴震否定"朱子之学"中"存天理，灭人欲"的理欲相斥观。他认为，应该就人之情欲而求理。人人得到恰如其分的物质欲望的满足，这就是"天理"。

其次，戴震将新安理学学术风气从空谈义理，导向侧重考据。

新安理学为朱熹嫡传，后辈理学家尊奉"朱子之学"为金科玉律，从不敢越雷池一步。大多数理学家阐明理学是从义理到义理，玄而又玄。明中叶以后，受王阳明"心学"影响，很多人又流于空谈，凿空得之的空疏学风。戴震从汉代许慎《说文解字》入手，搜求考究，一字之义，必贯群经，从字义来学习经典。

他还认为，读书之始，必先"小学"，"小学者，六书之文是也"，六书是文字之纲领，是治经的法门。于此，戴震专著《六书论》3卷，以指点学者治经之法。

戴震同时推重"古故训之书"《尔雅》，认为儒者治经，宜自《尔雅》始，为什么呢？因为《尔雅》是晓明经典大义的必备工具书。也就是说，可以通古今之异言，明白古今异言的含义，援《尔雅》附《经》而《经》明，证《尔雅》以《经》而《尔雅》明。只有从《尔雅》开始，才能读懂《六经》，求得其中的"至道"。

综上所述，戴震的治学方法，乃是以"小学"为基础，从音韵、字义、典章制度等方面阐明经典大义。这与新安理学家空谈义理的学风大相径庭。由此，在戴震身上，可以看出新安理学与皖派经学的明显界限。

再次，戴震培养了一批以"求是"为宗旨、以考据为学术特色的新安经学家。

新安众多经学名家，均出自戴震门下。如金榜，字蕊中，一字辅之，晚更号檠斋，歙县人。受学于江永暨戴震，"邃于经学，尤擅长《三礼》"。著有《礼笺》3卷，"大而天文、地域、田赋、学校、郊庙、明堂，下逮车、旗、器服之细，罔弗贯穿群言，折衷一是"，因金榜之出，后人感叹："经学之盛在新安，良有以夫！"

洪榜，字汝登，一字初堂，歙县人。生平所学，服膺戴氏，著《四声韵和表》5卷、《示儿切语》1卷，"其书宗江、戴两家之说而加详焉"。另有《周易古义录》《书经释典》等书行世。

汪龙，字叔辰，歙县人，与戴震弟子段玉裁交往，取段氏所注《说文》，补正自己早年著作《毛诗异议》，缮为定本。

凌延堪，字仲子，歙县人。究心经史，冀为其乡先辈江戴之学。专攻于礼学，著有《礼经释例》等书。

清代学者皮锡瑞在《经学历史》中说："乾隆以后，许、郑之学大明，治宋学者已尠（xiǎn），说经皆主实证，不空谈义理。"新安自戴震之后，大批"主实证"的经学大师出现，标志着空谈义理的新安理学已后继乏人。代之而起的，便是由这批经学大师所构成的皖派经学。

可以看出，由朱熹到戴震，历经宋、元、明三代的新安理学已被彻底否定，传统的空谈义理学风转而被侧重考据实证的方法替代；新安学者大多致力于音韵训诂、天文地理、典章制度的研究，形成了"皖派经学"。这表明，新安学术已经完成了从新安理学到皖派经学的转变，而戴震则是其中划时代的人物。宋元明清，新安理学、皖派经学的兴盛让徽州文化光彩亮丽，对中国社会的影响不可谓不深。

参考文献

[1] 周晓光.新安理学源流考[J].中国文化研究,1997(2):8.

[2] 王国良.朱熹与新安理学[J].中国哲学史,2003(1):5.

[3] 周晓光.论新安理学家程大昌[J].安徽师范大学学报(人文社会科版学),1994(3):300-306.

[4] 周晓光.论元末明初新安理学家赵汸[J].孔子研究,2000(2):77.

[5] 李霞.论新安理学的实践理性精神[J].湖南大学学报(社会科学版),2005,19(2):26-28.

[6] 周晓光.试论新安理学向皖派经学的转变[J].安徽师范大学学报(人文社会科学版),1988(4):8.

[7] 周晓光.宋元明清时期的新安理学[J].中国典籍与文化,1993(4):6.

[8] 卞利,马德璟.从东南邹鲁、程朱阙里到新安理学:宋元明清时期徽州地域文化认同的建构[J].安徽大学学报(哲学社会科学版),2022,46(1):1-11.

章末思考

1. 新安理学的内在精神是什么?
2. 新安理学的历史意义是什么?
3. 新安理学的代表人物有哪些?其代表性思想是什么?

第二章 徽州画家与新安画派窥略

新安画派,是指明末清初之际,在徽州(又称新安)地区的画家群体和当时寓居外地的主要徽籍画家。以弘仁为中坚力量,艺术风格独特,他们善用笔墨来表现家山,借景抒情,表达自己心灵的逸气,在画论上提倡画家的人品和气节因素,绘画风格趋于枯淡幽冷,具有鲜明的士人逸品格调,在17世纪的中国画坛独放异彩。因为这群画家的地缘关系、人生信念与画风都具有同一性质,所以时人称其为"新安画派"。

第一节　什么是新安画派？

说到徽州文化，新安画派不可不提。新安画派是17世纪崛起于皖南徽州地区的一支山水画派。它不仅是徽州文化的重要组成部分，而且是中国美术史上的一朵奇葩。新安画派及其众多画作的不断传播，使得越来越多的人了解徽州，了解徽州文化。本章分别从新安画派的源流、成因和代表人物及其历史影响等几个方面逐一进行介绍。

新安画派是怎样形成的呢？先说说什么是新安画派，如何界定新安画派。

一、缘起

对于生活在徽州地区的画家群体，历史上曾有多种称谓，如天都画派、新安画派、黄山画派等。

（一）新安画派概念的由来

新安画家最早称派，是在龚贤（1618—1689年）的一幅山水画（现为美国哈佛大学福格美术馆馆藏）的题记里："孟阳开天都一派，至周生始气足力大。孟阳似云林，周生似石田仿云林。孟阳程姓名嘉燧；周生李姓名永昌，俱天都人。后来之方式玉、王尊素、僧渐江、吴观岱、汪无瑞、孙无逸、程穆倩、查二瞻，又皆学此二人者也。诸君子并皆天都人，故曰天都派。"这里的天都就是指徽州，龚贤写这段跋文的时间不明，但从"僧渐江"的称谓来看，应该是指弘仁在武夷山出家、归黄山之后。这时程嘉燧、李永昌早已作古，以弘仁为首的新安画派也已崛起。龚贤的跋上所说的是"遥想当年"的语气，可以看出这是一种溯源。

最早提出新安画派概念的是清康熙年间的艺术理论家张庚（1685—1760年）。他在《浦山画论》一书中写道："新安自渐江师以倪云林法见长，人多趋之，不失之结，即失之疏，是一亦一派也。"而在此之前，诗人、文学大家王士祯（本名士禛，世称王渔洋）曾说："新安画家，多宗倪、黄，以渐江开其先路。"张庚在其《国朝画征录》中又说："新安画家多宗清閟（按：清静幽邃的意思）者，盖渐师导先路也。余尝见渐师手迹，层峦陡壑，伟峻沉厚，非若世之疏竹枯株自谓高士者比也。"新安画派以弘仁"开其先路"。弘仁、查士标、孙逸、汪之瑞被称为"新安四大家"，其中孙逸、汪之瑞和查士标为休宁人，弘仁是歙县人，因当时休宁曾是歙县的一部分，古名海阳，所以他们又被称为"海阳四家"。

在清代近300年的历史中，新安画派的概念得到了广泛的认同。如秦祖永在《桐荫论画》中就说："新安画风，溯其最初，乃导源于唐薛稷，僧贯休。至明而沈周，董其昌辈先后来游，吕纪、吴伟之迹，歙中最富，风尚熏习，蔚为大观。迨明清，渐江上人出，宗法倪黄，始趋坚洁简淡，卓然成派。"

新安画派首先因地域而得名。查《歙县志》可知，新安，古郡名，秦时置黟、歙二县，到晋初改新都郡为新安郡，或因新安江而得名。

（二）新安画派概念的形成

20世纪上半叶，在重建新安画派历史叙事的过程中，黄宾虹首先提出黄山画派的概念。但是，无论是在《黄山画苑论略》（1926年）中，还是在《黄山丹青志》（1939年）中，黄宾虹都未对黄山画派作出明确的定义。对他而言，这一概念似乎是用黄山的名号作为徽州甚至整个皖南地区绘画成就的泛称。在《中国绘画史》的清代山水画部分，潘天寿提到了新安派、休宁派、黄山派、姑熟派等种种称谓，他说："盖黄山派天姿、人力、气魄、学养四者并重……黄山、休宁两派均以流览名山，足迹遍天下自负，然黄山主气，休宁主韵，大小之间，殊有轩轾耳。"但是，潘天寿似乎是以艺术家的直觉信笔写来，也未作更详细、明确的界定。真正把"黄山画派"作为一个专有名词正式提出的，是贺天健。他在《黄山派与黄山》一文中作了较为全面的表述。他认为黄山画派的代表人物为弘仁、梅清、石涛。"弘仁得黄山之质，梅清得黄山之影，石涛得黄山之灵。"之后，黄山画派作为一个专有名词，不时出现在现代美术的文献中。黄山画派成员所属范围和时限都比新安画派和天都画派宽泛，黄山画派之得名是因为这一画家群皆以黄山为绘画主题，且形成了独特的风格，而画家本人不一定是黄山人或天都人、新安人。近现代很多著名的画家如黄宾虹、张大千、汪采白、刘海粟、赖少其等，似乎都可归入这一流派。

1984年在纪念弘仁大师逝世320周年的学术研讨会上，参会者关于新安画派的命名进行了广泛的讨论，见仁见智，观点交锋非常激烈。会议形成的基本共识是：① 一个特定画派是一定历史发展的产物，因此有其一定的历史条件，必须确立其历史时期；② 画派的形成，以画家的创作活动和人际交往为纽带，必然受到乡土地域和师友传承的影响；③ 画派的艺术创作形式，应该具有自己独特的表现题材，无论是山水、花鸟还是人物；④ 一个特定画派当然要有自己独特的创作思想、创作方法和作品风格；⑤ 一个画派还要有其领军人物和主要代表性

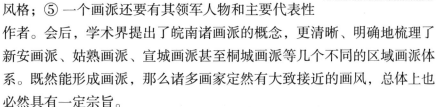

作者。会后，学术界提出了皖南诸画派的概念，更清晰、明确地梳理了新安画派、姑熟画派、宣城画派甚至桐城画派等几个不同的区域画派体系。既然能形成画派，那么诸多画家定然有大致接近的画风，总体上也必然具有一定宗旨。

既然画派的界定需要有特定历史时期、有师承关系、具有独特的表现题材，还必须有独特的艺术风格，且最重要的是要有宗旨，那么新安画派是否成立就得取决于其是否具有鲜明的艺术主张。

二、宗旨

新安画派的画家，多为新安人，或祖籍是新安，或长期寄寓新安的外乡籍画家。新安画派的兴盛期当为明代天启、崇祯，清代顺治、康熙、雍正五朝，也就是从17世纪中叶到18世纪中叶的近百年时间。新安画派的主要艺术成就是山水画，其最本质的艺术特征从以下几方面可

见一斑。

在政治理念方面,新安画派画家生于明末清初朝代更替之时,他们身为明朝遗民,坚守儒家崇尚节操的人格思想,不与清政府合作,重视气节,以画抒怀明志,因此作品格调清雅,境界冷逸,具有一种傲然不屈的气质。

在文化传承方面,新安画派画家继承了宋元山水画家健康纯正的品格,最直接的艺术渊源来自于元代倪瓒和黄公望,如弘仁画迹中多有"仿云林笔意"的题记。他们继承的不仅是倪、黄二人的表现技巧,更主要的是他们的精神。

在审美取向方面,新安画派画家高扬"师从造化"的大旗,以变幻无穷的黄山为蓝本,将中国山水无尽的情趣、韵味与品格生动地表现在尺幅之间。他们用倪黄之法表现黄山实景,开创了中国山水画中的写生画派。

在创作技巧方面,新安画派画家在笔墨表现方面最突出的艺术特色就是渴笔焦墨,强化线的表现力。通过渴笔焦墨追求结构的严谨整饬和不可动摇的量感与张力,从而达到虽然笔墨疏简,但却风神俊逸豪放的艺术效果。

在作品风格方面,新安画派画家极力追求纯净与超逸,并以一种高度典雅的形式表现出来。画风简淡疏远,格调高雅野逸,意境荒寒萧疏。在他们笔下,新安山水涤尽了喧嚣软俗的气息,显现出幽冷隽逸的境界。

总之,明末清初之际,在徽州区域的画家群和当时寓居外地的主要徽籍画家,善用笔墨,摹写乡土,借景抒情,表达自己心中的逸气。作为一个标准的士人绘画流派,在绘画中表现画家的人品和气节因素,绘画风格趋于枯淡幽冷,具有鲜明的逸品格调,在17世纪的中国画坛独放异彩。新安画苑繁盛,新安画派成员众多,力量雄厚。那么,该画派是怎样渐渐发展起来的呢?我们不妨以画家为线索探究一下。

三、演变

据黄宾虹《黄山画苑论略》统计,新安画家名声在外的有230余人。李明回根据文献记载和传世作品再扩展为300余人。其中,具备新安画风、属于新安画派，有画艺传世可观的60余人。新安画派的主要画家可以分为四个层级：

1. 先驱画家

詹景凤、杨明时、李流芳、程嘉燧、李永昌等。

2. 画派领袖

弘仁、程邃、查士标、戴本孝等。

3. 鼎盛期主要成员

方式玉、王尊素、孙逸、汪之瑞、江注、吴心来、汪家珍、祝昌、郑旼、吴山涛、汪济淳、汪洪渡、姚宋、程功、雪庄、何文煌、方士庶、吴麟、程鸣等。

4. 现代后继者

程瑶笙、汪采白、黄宾虹等。

从上述不同时期画家及其代表作不难看出新安画派内在发展的道路。本章第三节将对各位代表画家加以评述。那么，为何在明清时期的新安集中涌现了这样一个画家群呢？我们尝试从古徽州的历史文化环境诸多因素中寻找其兴起的秘密。

第二节 新安画派形成与影响

一、成因

新安画派的形成显然与徽州历史社会文化密不可分,其主要原因可以大致概括为以下四点。

第一,徽商繁荣,奠定了新安画派兴起的经济基础。

16世纪后期正处于明中叶,徽商崛起,徽州经济勃兴。鼎盛时期,徽商曾经雄踞全国300余年。《歙县志》称滇、黔、闽、粤、秦、燕、晋、淮、豫、楚、汉,无不是徽商活动的地方,徽商足迹"几遍天下",竟至有"无徽不成镇"之说。徽商中的贤达之士、风雅之人,资助兴办文化教育,热衷收藏。在这些人的推波助澜下,营造出了一个有利于文化艺术生存发展的良好经济环境。徽商经营的笔墨纸砚,对新安画派的影响更是直接和无可估量的。文房四宝安徽尽出,新安(徽州)占其三。徽州的许多画家、经学家、艺术家都和徽商有着密切的联系,很多文人雅士本身即出身于商人家庭。明代著名的政治家、军事家、学者、诗人、戏剧家汪道昆,清代皖派经学的首领戴震都出身于商贩之家。著名画家程嘉燧、查士标、程鸣、方士庶等,也多来自徽商世家。一方面,在这种"贾名而儒行者"的地方环境熏陶和影响下,注重文化素养在广大徽商中蔚成风气,其鉴赏审美水平也因经常与书画家结伍而得到了很大提升。徽商中许多人能慷慨解囊,广置书院,兴办义学,资助乡里。另一方面,他们大量收藏古字画、古书籍,为当时的文人墨客临摹观赏名家真迹提供了方便,有的还为书画家提供食宿,资助他们游历山川以便创作,以文会友,著书立说。这些对新安绘画派的发展无疑都起到了潜移默化的作用。

第二，教育发达，孕育了新安画家成长的人文环境。

徽州是程灏、程颐和朱熹理学的桑梓之地，历史上素有"东南邹鲁"之称。早在唐宋时期，此地就文风日盛、英才辈出、文人荟萃。文学、艺术、新安医学、程朱理学、徽派雕刻、徽派建筑等，在全国都享有盛誉，独树一帜。"十户人家不废诵读""以诗书训子弟"，"以才入仕，以文垂世"者众。据统计，徽属六县中，明代举人有1298人，清代有1698人。"父子尚书""十里四翰林""兄弟九进士"等皆为佳话，流芳百世。徽州人以理学为学之根本，大兴书院、私塾，以诗书训子弟，规矩言行，讲学明道，砥砺名节，为地方名儒和外来名流游学徽州提供讲坛，故讲学之风很盛，城镇如此，山乡僻壤也莫不受此影响。黟县的西递、宏村，歙县的棠樾、潜口，休宁的商山、五城，绩溪的上庄、龙川，村学到处都有。以文入仕，以艺扬名者代不乏人。即便在今天，游历徽州时仍能看到"几百年人家无非积善，第一等好事便是读书""万世家风唯孝悌，百年世业在诗书""世事让三分天宽地阔，心田存一点子种孙耕"等颇富哲理的楹联、匾额，精雕细刻，悬之厅堂，既反映了新安理学在徽州的普及与根深蒂固，也充分反映了徽州人很高的美学欣赏水平。徽州深厚的文化积淀，还孕育了一批批精绝的技艺人才和徽州雕刻、徽派篆刻、徽州印刷、徽派版画等艺术门类，对新安画派的发展和水平的提高，起到了极大的促进作用。

第三，大好山水，提供了新安画家创作的自然资源。

新安画派艺术风格的形成，受自然环境的影响很深。中国画家讲究行万里路，往往游历于名山大川之间，因对山川感觉不同而形成独特的画风。黄山、白岳、新安江的雄奇秀丽，吸引了历代文人雅士驻足神游。明代大旅行家徐霞客于1616年和1618年2次游览黄山，写下了《游黄山日记》，并发出"五岳归来不看山，黄山归来不看岳""薄海内外，无如徽之黄山，登黄山天下无山，观止矣"的赞叹，足见其对黄山评价之高。对新安画家而言，徽州境内纵横的山岭，特别是黄山、白岳等风景名山，提供了无数奇景，激发了他们的创作灵感。他们有的"日日对山痴坐"，有的"岁岁与白云青石为友"，细心体味着自然的无穷意蕴。尽管新安地处偏僻，山水阻隔，交通不便，但徽商遍布全国各地，加之其强大经济后援,为新安画家遍访名山大川、游历交流、扩大眼界提供了条件,使新安画家和全国各地画家之间的艺术交流成为可能。从技法上说,新安画派也深受自然景观的影响,多石疏树的黄山山峰促使他们采用以线条为主的画法来描绘多角的山形。作为新安画派主将的弘仁,"家在黄山白岳之间",于黄山岩栖谷隐十余年,足迹踏遍了黄山36峰24溪,对黄山的胜景极为熟悉。而程邃、查士标、孙逸、汪之瑞等新安大家,无一不写家山真景,体现了家乡山水对画家之助,也体现了画家对大自然的独特感受。

第四,民族危亡,形成了新安画风形成的历史契机。

新安画家当时所处的时代,正面临社会急骤动荡,整体的民族精神、民族文化、民族意识、民族感情,都经受着最严峻的考验,无数艺术家在由明入清的历史大挫折中,都直接或间接地卷入政治旋涡的中心。明王朝失败后,他们在精神上依然不屈,对故国和家山寄予了无限的怀念和热爱之情。而新安画派的画家们正是带着强烈悲愤的心情,被迫面对新朝的统治。他们为了明"志",不为当时政治、社会和贫困潦倒的生活所迫,把气节视为自己的灵魂、信仰和生命,坚决不向异族统治者屈服。或避免清人纠缠,遁入空门,如弘仁;或终生不仕,终老布衣,如查士标,还劝其子侄莫恋官场;或如程邃,鄙视降清的阮大铖、马士英,怒责马士英惑乱天下;或如郑旼,本名"旻",入清之后移日于左(旼),从头顶挪到了左侧,以表达无君之痛。如此等等,表现出文人孤傲清高、刚直不阿、愤世嫉俗的情绪。在亡国之痛的打击下,他们往往追求遁迹山林的生活,喜欢运用恬淡幽静的笔墨描绘没有人烟的山水,以表达不随流俗的情怀。同时,他们内心的沉郁抗争和对不灭的文化传统的执着也不自觉地流诸笔端,又使作品在幽静中沉潜着一股向上的力量。诚如俞剑华《中国绘画史》所说:他们"头可断而志不可夺",每"痛失祖国之沦亡,哀异族之宰割,而又无力反抗,其牢骚抑郁不平之气,发为言语文字,逐一寄于画上"。

二、影响

新安画派在中国绘画史上具有重要的地位。明清以来,文人画风日盛，风格日趋圆熟萎弱和甜怪自赏，绘事与人格力量及天地正气渐渐疏离，醇正之格日显淡漠。黄宾虹在《渐江大师事迹佚闻》一文中说："有明一代，江南画学，渐趋邪、甜、俗、赖，不为士夫所重。独新安四家，趋向醇正，不为邪、甜、赖，超出吴越，识力过人。"弘仁等新安画家生当明清易代之际，坚守儒家崇尚节操的人格思想，保持着一如既往的遗民心境。这样的士人绘画流派直接承继了宋元山水画家健康醇正的品格，在明清文人绘画风行的氛围里，这一画派堪称审美境界最高的地域性画家群体，人品、艺品均开山水画一代宗风。

新安画派体现了时代的良知和赤心，自然受到时代的认同和尊重。其影响所及，重视名节的文人墨客为寄托亡明之思在家中供奉"遗民图"，附庸风雅的商贾市井为炫耀自己的文化品位也在家中悬挂"遗民图"。以弘仁为代表的新安画家因自己作品的独特蕴涵与当时沉潜和激荡于民间的社会思潮相遇合，在清初画坛及书画市场上备受赞赏。据张庚《国朝画征录》记载，查士标名望较高后，求其书画者往往"车马填门"，一些人即使"拥高资"，也常常"冀一见而不可得，三顾两瞻终不笔"，有人甚至带上被褥在他家附近住上半年，还是难以得到他一张画，仅此也可窥见新安画家，特别是名家作品受欢迎程度之一斑。

新安画家派对乾隆年间兴起的扬州画派产生了深远的影响。当时，徽商的主阵地转移到扬州，许多新安画家也跟着移师扬州。"扬州八怪"中年纪最长的汪士慎和年龄最小的罗聘都是徽州人。至于同样被扬州画派推崇备至的查士标，本身就是"新安四大家"之一。他的风神散懒、气韵荒寒的画风，直接启发和孕育了"扬州八怪"粗率豪放的画风。查士标晚年定居扬州，带动不少新安画家在扬州安家。其他新安派画家如弘仁、汪之瑞等，也都不止一次在扬州暂住过。据《扬州画苑录》记载，清代扬州地区有画家558人，以来自徽州的新安画派的画家最多。因此，如果说扬州盐商在某种程度上不过是徽商的转移，那么扬州画派在一定意义上也可以说是新安画派的延续和流变。

新安画派的发展，盛衰交替，代不乏人，余风延续至现代。汪采白继黄宾虹之后，以清秀之笔，举家山三十六峰之万壑千丘，松涛云海尽收眼底，而他的画遂与弘仁继响，300年来传法乳，是名副其实新安画派的殿军。胡适在为汪采白《黄海卧游集》作序时写道："用青绿写他最熟悉的黄山山水,胆大而笔细,有剪裁而无夸张,是中国现代画史上的一种有意义的尝试。"黄宾虹曾说过:"采白的画如菠菜煮豆腐,我的画是齑菜烧骨头。他清丽动人,我老辣味重。"黄宾虹的绘画发轫于新安、黄山诸家,其中既有家乡桑梓的原因,同时也有民族意识和早年反清革命思想的原因。新安画派的突出特点之一就是笔墨间凝结着源于家国民族之痛的强烈的个性意识和脱俗的心理,从而与当时流行的纤弱柔靡作风相区别。

本节通过画家简单探究了新安画派的演变,大致了解了画派的发展脉络,下一节我们将具体介绍一些较有特色的新安画派的代表人物。

第三节　新安画派的早期代表人物

一、先驱

詹景凤（1519—1602年），字东图，号白岳山人，又号大龙宫客等，室名遐梦庵，安徽省休宁县流塘村人。隆庆元年（1567年）丁卯科举人，但其后春闱屡挫。在他一生的官吏生涯中，始选江西南丰教谕。教谕就是执掌地方所有教育事业的长官，相当于今天的教育局局长。1582年补选为湖北麻城教谕；1588年左迁至南京翰林院孔目，后提升为南吏部司务；1595年被贬为四川保宁教授；1598年又升至广西平乐府通判。平生善于辞令，雅好诙谐。由于在仕途上颇不如意，沉沉浮浮，所以喜爱游历，所到之处，尽情题咏，抒发自己的心情和抱负。詹氏家族数代好古，收藏古画和古玩甚丰，而詹景凤在4岁时就开始模仿堂兄詹景宜的画，具有一定的才学天赋。爱游历名山胜境，在齐云山云岩湖居住过较长时间，湖中留存有"詹东图读书台"遗址，并在湖畔石岩下的天泉书院讲过学。詹景凤书法初学王羲之父子，之后逐渐形成了自己的风格，用笔不凡，端庄可敬，善草书，变化百出，不失古法，与明代书法家祝枝山并称于书坛，有手书狂草《千字文》传世，齐云山至今还留有多处他的石刻镌题。詹景凤绘画则深受黄公望和倪瓒影响，萧疏淡远，气韵古逸。作为书法大家的他常常以书法入画，如写墨竹时一竿直上，瘦劲绝伦，所以他的绘画作品往往别具意趣。著有《画苑补益》《东图玄览》《詹氏小辨》等传世。

杨明时（1556—1600年），字存吾，号不弃、未孺道人，安徽歙县人。出身豪门，家多收藏，法书名画，弥不遍览，博雅多能，精于鉴别。曾于万历二十五年（1597年）应歙县丰南吴用卿之邀钩摹《余清斋法帖》。画工山水，宗董源；亦擅写兰竹墨花。程邃曾在画跋中说："黄鹤山樵法纯用荒拙以追太古，粗乱错综，若有不可解者。是其法也。余乡扬不弃独臻其妙。惜为吴江村一流窃其所作，每为虎贲郎中，而扬氏名不甚著。予绝爱扬作，可以掩映争光。"可知杨明时在得倪云林、黄子久遗意同时，还对王蒙的荒拙之法体会颇深。其传世作品有《古木修篁图》《竹石幽兰图》《秋山亭子图》等。

李流芳（1575—1629年），字长蘅，号檀园，出生于嘉定，祖籍安徽歙县。万历三十四年（1606年）举人，后又两度赴京参加殿试皆不第。万历三十四年（1606年）举孝廉，为人耿直，诗风清新自然，文品为士林翘楚。魏忠贤建生祠偏他不前往拜谒，并与人说："拜，一时事，不拜，千古事。"与娄坚、程嘉燧、唐时升合称"嘉定四先生"。擅画山水，好吴镇、黄公望，出入宋元，逸气飞动，笔墨苍劲清标，墨气淋漓，有"分云裂石"之势。写生亦有别趣。吴伟业称其为"画中九友"之一。尝语钱牧斋谦益"精舍轻舟，晴窗净几，看孟阳吟诗作画，此吾生平第一快事"。牧斋说："吾却有二快，兼看兄与孟阳耳。"他工书法，法苏东坡，又精篆刻，与何雪渔齐名。传世作品有万历四十八年（1620年）作《溪山林屋图》轴，现藏于南京博物院；天启元年（1621年）作《书画合册》（8页）及《吴中十景图册》，现藏于上海博物馆；天启二年（1622年）作《仿董源山水图》轴，现藏于故宫博物院；天启四年（1624年）作《仿黄公望山水图》轴，现藏于中国美术馆；天启六年（1626年）作《松荫观泉图》轴，现藏于上海人民美术出版社；崇祯元年（1628年）作《山水图》（一名《山居读易图》），现藏于安徽博物院。其还著有《檀园集》《西湖卧游图题跋》等。

程嘉燧（1565—1643年），字孟阳，号松圆、偈庵。其先居歙县，初寓武陵（今浙江杭州），后侨居嘉定，晚居虞山（今江苏常熟）之拂水庄，题其室曰耦耕，与李流芳等为诗画友"。画学方面，画史说他"学倪云林、黄公望"，所画山水"笔墨细净而枯淡""所作沉静恬淡如其人"。兼工写生，最矜重其画，不轻点染。他的诗风流典雅，论诗反对前后七子剽窃模拟之风，为晚明时期一大家。书法清劲绝俗，时复散朗生姿。崇祯十三年（1640年）75岁高龄时，程嘉燧回故乡定居，为新安故里画坛带来了一股"喜仿倪云林"、师法黄山白岳的强劲之风，也为他自己成为新安画派的先驱奠定了坚实的基础。程氏一生的作品，除画、音律外，还著有《松圆浪淘集》《松圆偈庵集》《破山兴福寺志》等。

李永昌（生卒年不详），字周生，安徽休宁人。明代姜绍书《无声诗史》卷4称："李永昌字周生，新安人，仪观都雅，工书画，书宗董华亭，可与吴翘相伯仲，画仿元人，饶有士气。家固素封，而亦好事。崇祯丙子，余参中府军事，周生过出三代尊罍，泊所藏书画示予，俱各精好。其冠上缀汉玉二枚，雕琢精雅，神采陆离，亦奇瑶也。有诗4卷，名曰《画响》，音调清越，皆阐扬画理者。"又康熙《徽州府志》卷17称："李永昌字周生，休宁皂荚树下人，善书画，与董思白齐名，思白雅重之，画今不可多得。其所书匾额，邑中多有存者，片纸只字，争珍惜之，如董笔云。"

二、领袖

弘仁（1610—1664年），安徽歙县人，字无智，号渐江。俗姓江，名韬，字大奇，又名舫，字鸥盟。明末诸生。父早殁，家境清贫，但弘仁勤奋好学，并抱有远大志向。师从汪无涯。研读五经，习举子业。明亡离歙去武夷山，从建阳古航禅师为僧。顺治十三年（1656年）由闽返歙，往西干五明寺。弘仁早年以忠孝立身，并以孝声发于乡里，"志于道、据于德、依于仁"始终是他处世的原则和做人的准则。

弘仁的山水画，格局简约，山石取势峻峭方硬，林木造型盘弩遒劲，虽师法倪瓒，但又能"一极瘦削处见腴润，极细弱处见苍劲，虽淡无可淡，而饶有余韵"（扬翰《归石轩画谈》）。他很少用粗笔浓墨，也少点染皴擦，不让作品中出现丝毫粗犷霸悍、张扬外露的习气，全以精细的松灵之笔徐徐写出，于空灵中显充实，静谧中寓深秀，结构出一派纯净、幽旷而又峻逸隽永的意境，给人以品味无穷的审美感受。虽承继宋元，但又有鲜明的自家面貌。弘仁最突出的艺术特色是清逸刚淳，而这在相当程度上得力于他的用笔。汤燕生称其在用笔上具有"千钧屈腕力，百尺鼓龙鬣"的气魄和功力。但千钧之力又不是一泄无余，而是徐徐使出，如盘弩曲铁，控制得恰到好处，行于当行，止于当止，并做到不可增一，不可减一。山石林木的形貌、体量和神髓就是靠这精钢一般的线条表现出来的，剔除了一些芜杂和浊秽，如钢浇铁铸一般不可动摇，所以有人称："石涛得黄山之灵，梅清得黄山之影，渐江得黄山之质。"返歙后每岁必游黄山，以"江南真山水为稿本"，曾作黄山真景50幅，笔墨苍劲整洁。富有秀逸之气，给人以清新之感。其《黄山松石图》亦伟俊有致，不落陈规。所作《晓江风便图》写浦口景色，笔墨苍劲，兼用侧锋，是其晚年代表作。除山水外，亦写梅花和双钩竹。与查士标、孙逸、汪之瑞并称"新安四大家"（亦称"海阳四家"）。画史上又称弘仁（浙江）、髡残（石溪）、原济（石涛）、朱耷（八大山人）为画坛"四僧"。行书法颜真卿，楷书学倪云林，得其神韵，亦工诗，后人辑成《画偈集》148首。

程邃（1605—1691年），字穆倩，别号垢道人，自称江东布衣，安徽歙县人，生于江苏松江。早年曾从黄道周游。任兵部尚书杨廷麟幕僚时，因议论朝廷事，被流寓白门（今南京）十余年，始终不与邻居阮大铖、马士英等为伍。明亡后一直侨寓扬州。精篆刻，善书画，工诗词。篆刻效法秦汉，首创朱文仿秦小印，又博采皖派何震、吴派文彭诸家之长，融会贯通，自成一派，与巴慰祖、胡唐、汪肇龙合称"歙中四家"。作品淳古苍雅，章法严谨，笔意奇古。每作一印必求精到，稍不如意，则磨去重作。画学黄于久，中年后自成一格，纯用枯笔，干皴中含苍润。杨孟载评论说："黄子久画，如老将用兵，不立队伍，而颐指气使，无不如意，唯垢道人能之。"王昊庐亦言："张璪有生枯笔，润含春泽，干裂秋风，唯穆倩得之。"黄宾虹评其画有"干裂秋风，润含春雨"之趣。善鉴别，家藏名画、古器甚多。书法不蹈袭古人，尤工分书，长于金石考证，亦精医道。崇祯十三年（1640年）尝作《仿黄子久深岩飞瀑图》轴，著录于《知鱼堂书画录》。传世作品有康熙十年（1671年）为王时敏作《山水图》轴，现藏于苏州博物馆；康熙十二年（1673年）作《山水图》轴，图录于《中国绘画史图录》下册；康熙十一年（1672年）作《秋岩耸翠图》卷、康熙二十三年（1684年）作《幽居图》轴，现均藏于上海博物馆；康熙二十四年（1685年）作《山水图》轴，现藏于故宫博物院；康熙二十六年（1687年）作《千岩竞秀图》轴，现藏于浙江省博物馆；《山水图册》及《秋山独往图》轴，现藏于安徽博物院；《山水册》现藏于歙县博物馆。其还著有《会心吟》《萧然吟诗集》等。

查士标（1615—1698年），字二瞻，号梅壑、懒老、梅壑散人、后乙卯生、白岳逋客，安徽休宁人，后寓江苏扬州。明亡（1644年）弃举子业，专事书画。家藏多鼎彝及宋、元人真迹，精于鉴别。书法学米芾、董其昌。其绘画以山水见长，取材广泛，并旁及枯木、竹石等，初学倪瓒，后参用吴镇，又受董其昌影响，用笔不多，惜墨如金，风神闲散，气韵荒寒，人称"逸品"。主要有两种艺术风格：一种属于笔墨纵横、粗放豪逸一路，多以水墨云山为题材，师法米氏父子的云山烟树，笔法荒率，渲染兼用枯淡墨色，融合了董其昌秀润高华的墨法，粗豪中显出爽朗之致。另一种笔墨尖峭，风格枯寂生涩，以仿倪瓒山水为主。还有一些作品，因仿不同古人而呈不同面貌。晚年画艺超迈，直窥元人之奥，与弘仁、孙逸、汪之瑞并称为"新安四大家"（又称"海阳四家"）。凡应酬临池挥洒，必于深夜而不以为苦。传世作品有康熙六年（1667年）作《水云楼图》卷，现藏于故宫博物院；康熙十九年（1680年）作《平川挚舟图》轴，现藏于上海博物馆；康熙十六年（1677年）作《空山结屋图》轴，现藏于首都博物馆；康熙十三年（1674年）作《竹暗泉声图》轴，现藏于南京博物院；《溪山放棹图》轴，现藏于沈阳故宫博物院；《云山烟树图》卷，现藏于中国美术馆；《仿古山水册》现藏于辽宁省博物馆；《幽谷松泉图》轴，现藏于安徽博物院；《仿高房山水墨山水图》轴，现藏于苏州博物馆。其还著有《种书堂遗稿》等。

戴本孝（1621—1699年），字务旃（zhān），号前休子，终生不仕，以布衣隐居鹰阿山，故号鹰阿山樵，安徽和县人，一作休宁人。绘画多写黄山胜景，擅用干笔，格调松秀枯淡，墨色苍浑，构景空疏，近于元人的体格（石涛的早期山水画曾受其影响）。其笔下的山石多用枯笔蘸焦墨皴擦而出体面，很少用线条勾勒山石结构，也较少点苔。在构图布景上属意元人意境的空疏高旷，但并不专仿元人笔墨。曾游历五岳，眼界开阔。他重视"师法自然"，因而笔下的山川丘壑变化多端，但画面的意境清旷，意趣高远。戴本孝生性放达，遍游名山大川，一路广交朋友，纵情山水，作诗绘画，创作出诸多精品。戴本孝的画作精品多以黄山为素材，最有影响的有《望天都峰》《炼丹台》《登莲花峰》等。部分画稿收藏于中国博物馆。性喜交游，与弘仁、龚贤、石涛等友善。善画山水，创作上主张学古人而不拘泥于古人成法，强调要"以天地为真本"和"我用我法"，所作多为卷册小景，风格学元代倪瓒、王蒙、黄公望等而自出新意。善用干笔焦墨，构图疏秀，意境清远枯淡，内容多借山水抒发自己荒僻幽寂的心境和对社会变迁的沧桑之感。画史将其列入清初新安派。亦工书法及诗。著有《前生诗稿》《余生诗稿》等。

第四节　新安画派的中坚力量

新安画派主要画家群最能体现画派风格，本节向大家介绍几位该画派的中坚力量。

孙逸（？—1658年），字无逸，号疎林，亦号石禅，明末清初海阳（今安徽休宁）人，流寓芜湖。与萧云从齐名，合称孙萧。其山水画得黄公望法，人以为文征明后身。淡而神旺，简而意足。尝画歙山二十四图。亦工花卉。传世作品有崇祯十二年（1639年）与李永昌、汪度、弘仁、刘上延为李生白联作《冈陵图》合卷，每人画一段依次相接，孙逸所画第四段，墨色变化层次分明，质朴洁净，萧疏清逸，现藏于上海博物馆。崇祯十六年（1643年）作《茅屋长松图》轴，现藏于故宫博物院；《仿云林山水图》扇页，自题："云林不是人间笔，胸次无尘腕下仙，摹得东冈草堂法，两三株树小亭边。旋吉词兄属涂并题，正。孙逸。"现藏于安徽博物院。顺治十一年（1654年）作《秋山图》轴、顺治十四年（1657年）作《仿黄公望山水图》扇页、康熙十九年（1680年）作《山水》册页，均著录于《中国书画家印鉴款识》。

汪之瑞（生卒年不详），字无瑞，号乘槎老人、瑞道人，安徽休宁人。为李永昌弟子，初从永昌学画，后宗法黄公望，常出没于黄山云海松石之间，领略其自然风光，写黄山草图千万次，对黄山树石结构及形态变幻了然于胸。以悬肘中锋渴笔焦墨，多作披麻、荷叶皴，爱作背面山。为人豪迈自喜，有不可一世之概。查士标拟之为野鹤神骏，又以为米颠之流亚。入清后，崇尚气节，每酒酣耳热，或扣缶长歌，欹戏不能自已；或奋笔挥洒，如风雨骤至，终日可得数十幅。尝言"画能疏能密,有奇有正,方称好手""厚不因多,薄不因少",此皆画山水之要旨也。书法学李邕,生劲可喜。传世作品有《虚亭诗意图》轴、《溪亭纳秋图》册页,现均藏于安徽博物院;顺治六年(1649年)作《为跨千画山水图》轴,现藏于故宫博物院;顺治十年(1653年)作《空山水阁图》轴,现藏于浙江省博物馆;《松石图》轴,现藏于上海博物馆。

郑旼(1633—1683年),字慕倩,号遗苏、慕道人,安徽歙县人。以布衣终老山林。他是一位具有崇高气节的遗民,在生活极其贫困的情况下,坚持不与官场人士交结,"簪绂中人有愿近昵者,哭拒之,或逊避去,虽坚请不出也。饥则以诗画易米,然以金帛干之则必不与,即或成幅亦毁之"。他也是一个性格比较奇特的人,明亡时他年仅12岁,较弘仁一辈成年之后才遭遇亡国之痛的人,本应鲜有黍离之悲,但他对异族统治的仇恨似乎比他的老师们还要强烈得多。据记载,他常"多故国之思""言触往事者,辄哭不休",到了天下承平的康熙十几年,他还在说"祥光烛灭,大明中兴必矣"这样足以"灭九族"的话。据他留下来的《拜经斋》可知他的生活十分困苦,甚至"脱棉衣置库,济炊烟""乏粮,以芋代餐",但他坚持不受任何人的接济,以卖画度日。他曾自刻一印押角,印文曰:"闲来写幅青山卖,不使人间造孽钱。"传世作品有康熙二十一年(1682年)作《雨气真寂图》及《林泉小亭图》二轴,现藏于安徽博物院;康熙二十年(1681年)《溪山泛舟图》轴,现藏于浙江省博物馆;康熙十三年(1674年)作《香烟诗意图》轴,现藏于香港艺术馆虚白斋;康熙十二年(1673年)作《九龙潭图》轴,现藏于故宫博物院,同年作《山水图》轴,现藏于上海博物馆。其还著有《拜经斋集》《致道堂集》《正己居集》等。

吴山涛(1624—1710年),字岱观,号塞翁。祖籍仁和(今浙江杭州),崇祯十二年(1639年)举人。清初官甘肃同谷知县,有政声。以建少陵七歌堂被诬。罢官后,浮家泛宅,浪游苕霅。书法飘逸,山水不落蹊径,在程正揆、查士标之间。细密之作,深入元人阃(kǔn)奥,潇然淡远,堪与张风方驾。康熙年间卒,终年87岁。著有《塞翁集》。

汪家珍(生卒年不详),字璧人,又名葵,字叔向。安徽歙县人,少时为诸生,明亡后乃放弃功名,厮守民间。其学识修养十分深厚,能诗善画。山水初学黄公望及王蒙,后又临仿弘仁,并参新安其他诸家,与汪之瑞、孙逸齐名。古今画史上称其所绘黄山峻岭奇松，悬崖峭石无不姿态生动。花鸟鱼虫，尤传神入妙。传世作品《乔松图轴》展现了一幅优美静谧的自然画面，图绘远山浮游于云烟雾海之中，山下江天辽阔，水面如镜，近岸上乔松独立于坡岸之上。树下有高士盘踞而坐，开卷诵读，另有一人与其对坐，身旁古琴横陈。附近童仆于炉前煽火煮茶，坡下岸边立一童子，颇具生活情趣。此图采用高远法构图，结景疏旷，笔致精湛，风格秀润。左上角有作者自题诗一首，款署"门人汪家珍画并题"。钤"汪家珍印""叔向"印鉴。右上角有他人题诗一首并题文一段，款署"世脱弟叶尽臣题"。钤"叶尽臣印""立酸翁"印。左下钤"黄宾虹"等印。右下钤"汪聪""李凤"等印。

江注（生卒年不详），字允凝、允冰，号若米舫，安徽歙县人，弘仁（即江韬）侄。工诗、画，山水得其叔弘仁指授，程邃称其"嗣厥美，毫发无遗憾"。新安画派大家之一。隐居黄山，尝与梅清、梅翀等游太平十寺。其画山水，意境幽僻，得倪瓒遗意，笔墨苍古，酷肖弘仁。施闰章题其诗曰："允凝固当以诗名，不徒其画逼渐公（弘仁）。"许承尧谓："弘仁逝世后，名益高，征其书画者日众，遗笔已罄，苦无以应，乃由江注、祝昌、姚宋为之。"然江注代笔，"面貌虽似，而骨韵不及弘仁"。传世作品有《黄山图》及顺治十八年（1661年）作《著色山水人物图》轴、康熙六年（1667年）作《小青绿山水图》轴，现均藏于安徽博物院；《山水册》现藏于故宫博物院。康熙二十四年（1685年）尚健在。其还著有《允凝诗草》等。

祝昌（生卒年不详），字山嘲、山史，号梅屋，安徽舒城人，久居新安，晚年客汉阳。顺治六年（1649年）进士。工诗文，善山水，先学弘仁略得其技，后潜心临仿元代诸名家真迹而略变弘仁面貌，故画多逸致，自具风貌，与姚宋同为新安派健者。其性多孤介，或遇之不以礼，虽金饼求购尺幅终不售。传世作品有顺治六年（1649年）作《山水扇》，著录于《中国书画家印鉴款识》；顺治八年（1651年）作《山水卷》，图录于《神州国光集》；顺治十六年（1659年）作《山水图》册页（12页），现藏于安徽博物院；《水阁秋深图》轴，现藏于上海博物馆；康熙五年（1666年）作《溪山无尽图》卷，卷末自题诗跋："旅迫柴肩事事删，空斋泼墨写深山。扁舟故点千峰冷，草阁今添一个闲。

亦释衣冠行世外，自无车马到烟间。笔锋收尽嵇山远，雨雨风风总不关。归隐者余以言志也，未遂买山之心，空负泉石之性，聊以笔墨，寓意烟霞。丙午暮春，偶抹长卷三十尺，自不知丘壑布置前无古人矣。予友吴子滨，意欲怀之，吴子素探六法，以弟事之，良为苦心，岁月侵进，昔一峰为清閟作长卷，清閟以师事之，清閟超绝，别开生面，今之吴子期矣。并教我。山史祝昌。"现藏于苏州博物馆。

姚宋（1648—1721年），字羽京，字雨金，号野梅、木石闲人、三中道者。康熙年间歙县人，寓居芜湖。与吴豫杰同时有名，系弘仁弟子。山水学弘仁，笔墨劲秀简洁。长于工画，山水、人物、花鸟、虫鱼、兰竹，以及指头、木片、西洋编纸等画靡不工。据传能于瓜仁上画十八罗汉，诚为绝艺，为新安派画家之一。传世作品有康熙四十九年（1710年）作《三星图》轴及《杂画册》，现藏于安徽博物院；康熙五十四年（1715年）作《山水图》轴，现藏于故宫博物院；康熙五十六年（1717年）作《水阁凭栏图》轴，现藏于南京博物院；康熙四十六年（1707年）作《黄海松石图》轴，现藏于上海博物馆；康熙二十七年（1688年）作《溪山茅亭图》轴，现藏于镇江博物馆。

雪庄（主要活动于顺治、康熙年间），又名道悟，号雪庄，晚号黄山野人。淮安山阳人。幼年师事湖心寺僧大依（即南安老人），向南安老人学诗。康熙二十八年（1689年），雪庄因慕黄山胜景，以70岁高龄云游到黄山，在山僧的一再召唤下定居黄山。他遍游黄山前海、后海等胜境，观景摹形。时值黄山连下七天大雪，平地雪厚一丈多，雪庄被困卧于土神祠中，已经冻僵了，被扫雪的僧众发现救出，得以不死，于是就在这个地方"剥木皮结棚以居"。此处四周奇峰环立，披云挂霞如拥蜃楼，正是写生的佳处。人们因此称他为"皮棚和尚"。雪庄在黄山30年，画了很多黄山胜景图，还写了不少诗歌，是以画黄山见长的著名诗画僧。90岁高龄时，他被康熙帝请到北京讲法，因不愿涉足尘世，被强行请到京城后，"终日酣睡，与人不交一言，诸贵臣往候，皆以睡为辞。逾月放还山"。今黄山还有"皮棚"古迹。

第五节 别派与衍流

本节所介绍的这一支派虽然其画家不是徽州人,但画风与审美取向略接近于前述新安画家,所以称之为别派。

一、别派

方以智(1611—1671年),明末清初画家、思想家,字密之,号曼公、昌公、鹿起,安徽桐城人。崇祯十三年(1640年)进士,授翰林院检讨。多才力学,宏通赅博,与陈贞慧、冒襄、侯方域为复社成员,有"明季四公子"之称。明亡后,为僧,法名弘智,字无可、大可,号墨历,又号浮山愚者、无可道人、极丸老人,人称"药地和尚"。于青灯古佛旁甘耽枯寂,粗衣粝食,百念都绝,唯意兴所至偶作诗画。书作章草,亦工二王。山水得元人法,多用秃笔,淡烟点染,不求形似,饶有生趣。其论书画亦有独到见解。传世作品有《高台松柏图》轴,现藏于安徽博物院;崇祯十五年(1642年)作《仿子久山水图》轴,现藏于美国高居翰景元斋;《树下骑驴图》轴款署"浮渡山长无可智",现藏于故宫博物院;《枯木寒岩图》轴,图录于《晋唐五代宋元明清书画集》。精通考据、训诂、音韵、哲学和自然科学,著有《通雅》《物理小识》《药地炮庄》《东西均》《浮山集》等。

萧云从(1596—1673年),字尺木,号默思,又号无闷道人。祖籍安徽,芜湖人。明末清初著名画家,姑熟画派创始人。幼而好学,笃志绘画、寒暑不废。崇祯十一年(1638年)与弟云倩加入复社,次年为副贡生。入清不仕,闭门读书赋诗作画,或遨游名山大川。善画山水格疏秀，兼工人物，与孙逸齐名。早期作《秋山行旅图卷》，绘《太平山水图》43幅，另有《闭门拒额图》《西门恸器图》《秋山访友图》《江山览胜图卷》《归寓一元图卷》《谷幽深卷》《崔萧诗意卷》等。康熙元年（1662年）重修太白楼，画匡庐、峨嵋、泰岱、衡岳四大名山，七日而就，遂绝笔。晚年结识铁匠汤天池，指导汤以铁作画。著有著作有《梅花堂遗稿》《易存》《韵通》《杜律细》等，后黄钺编有《萧、汤二老遗诗合编》，画为故宫博物院、安徽博物院所珍藏。

程正揆（1604—1676年），字端伯，号鞠陵，又号青溪道人、青溪老人、青溪旧史。湖北孝感人，寓居南京。崇祯四年（1631年）进士，榜名为正葵，官工部侍郎。至清初，改名正揆。顺治十四年（1657年）挂冠。程氏所处的明末清初的江淮一带，是书画名家风云际会的洞天福地。他们大都远庙堂而近江湖，有的终生不仕，甘于布衣，有的始入宦海，后弃官为民。他们或相聚于茶社厂肆，或结识于草堂竹林，以诗文会友，以翰墨结缘。当时，活跃于斯者，有弘仁、程正揆、髡残、石涛、郑板桥、王概等诸多奇才逸士。程正揆与同道友人一样，诗文书画兼而善之。他的行楷书师法李北海、颜鲁公，其字于平正中追求奇险峭绝，在萧然中体现风韵雅趣。程氏画风的形成，初得益于董其昌的指点传授，后又上溯元代黄公望、倪瓒，着意于枯劲简淡的风格，对明代沈周山水，程氏亦很喜爱。而在结构上，他倾向于随意顺势，自然天成。至于设色，则浓施淡染，不拘一格。其还著有《青溪遗稿》28卷。

梅清（1623—1697年），原名士羲，后改今名。字渊公，号瞿山、梅痴、雪庐、柏枧山人、敬亭山农，安徽宣城人。顺治十一年（1654年）举人，曾四次北上会试不第告终。后家道中落，屏迹稼园，郁郁无所处，遂寄情诗画自娱。书法师颜真卿。石涛早期居宣城敬亭山近十载，与其相交甚契，故其画风与原济相似，后人称梅清、梅庚、石涛、戴本孝等为黄山派。平生好写黄山胜景，屡上黄山观烟云变幻，风涌飞流，银涛起伏，岚锁群峰，心印手随，使所作墨色苍浑，别饶风致，自谓"游黄山后，凡有笔墨，大半皆黄山矣"。他笔下的黄山，以气势取胜，行笔流动豪放，运墨酣畅淋漓。取景奇险，用线盘曲，富有运动感。有异于新安派比较生涩清俊的画风。王士祯题诗云："谁能画松兼画龙，鳞而爪鬣行虚空；谁能画松如画石，石骨荦确松蒙茸。"宣城二十四景图册为其生平精作。间画梅，亦奇古。传世作品有《黄山十九景图》册，现藏于上海博物馆；康熙三十一年（1692年）作《黄山图册》，现藏于故宫博物院；《黄山炼丹台图》轴、《黄山图册》现均藏于安徽博物院；《西海千峰图》轴，现藏于天津艺术博物馆；《天都峰图》轴，现藏于辽宁省博物馆；《黄山胜景图册》现藏于香港艺术馆虚白斋。其还著有《天延阁集》《梅氏诗略》等。

石涛（1642—1708年），俗姓朱，名若极，广西桂林人。明藩靖江王朱守谦后裔，朱亨嘉子。成年后削发为僧，法名原济，一作元济。小字阿长，字石涛，号大涤子、小乘客、清湘遗人、瞎尊者、零丁老人、苦瓜和尚等。擅花卉、蔬果、兰竹，兼工人物，尤善山水。其画力主"搜尽奇峰打草稿"，一反当时仿古之风，其画构图新奇，笔墨雄健纵姿，淋漓酣畅，于气势豪放中寓静穆之气，面目独具。书法工分隶，并擅诗文。石涛是明清时期最富有创造性的杰出画家，在绘画艺术上有独特贡献，是清代知名画师。摹古派的领袖人物王原祁评曰："海内丹青家不能尽识，而大江以南，当推石涛为第一。"石涛传世作品甚多。精品主要藏于故宫博物院和上海博物馆。故宫博物院所藏山水代表作有：《搜尽奇峰打草稿图卷》，苍浑奇右，骇人心目；《清湘书画稿卷》，集诗、书画于一纸，山水、花卉、人物俱备，笔墨苍劲奇逸，挥洒自如，为石涛50余岁的精品；《采石图》，绘南京采石矶风景，构图新奇，笔墨洗练；《横塘曳履图轴》，用笔放逸，墨色滋润；《云山图轴》，以截取法取景，云山奇石，水墨淋漓。兰竹、花卉方面的代表有《梅竹图卷》《蕉菊图轴》《墨荷图轴》等。

二、衍流

到了清中后期，新安画派式微，不过还有一些发展的余续。

程瑶笙（1869—1936年），名璋，字德璋，号瑶笙。生于同治八年（1869年），卒于民国二十五年（1936年），休宁率口人。幼时随父举家旅居江苏泰安经商。瑶笙13岁时随父学典业，然而他自小即酷爱绘画，从业后仍利用业余时间，涂抹点染，后又拜当地画家汤润之为师。他聪明好学，不仅掌握绘画技法，还钻研画理，从老师和父亲那里得知徽州故乡原是书画之乡，历史上有过天都、新安画派，画风鼎盛，画家常出，于是瑶笙向往徽州，更想接受黄山、白岳大自然美景陶冶。自此瑶笙就留意搜集新安画家作品临摹，朝夕揣摩，受益匪浅。据传，他将父亲去世后留下的遗产一千多元都用来购买绘画所需材料，四处搜罗购买日本出版的博物画册，并细心研究。20余岁他脱离典业，到常州粹化学校出任国画教员，后又转到上海与宋教仁等在中国公学任教。瑶笙精通生物学，擅长运用西画透视写生，且造诣较深。在上海期间，程瑶笙参与"题襟馆"绘画组织活动，他和吴昌硕均是此间的主要成员。他的绘画，一花一木、一禽一兽、一山一水，既合乎生物学原理，又笔墨凝重，勾勒有致。他往往先把物态特点与精神紧紧抓住，再通过智慧的头脑与灵敏的手腕，倾泻于纸上，生动活泼，妙到毫端，虽寸笺尺幅，人皆喜爱，吴昌硕亦十分佩服。程瑶笙的绘画始于民间，靠自学成才，少时临过画谱，在汤润之指导下，博学众家，勤于练笔。汤氏和他谈画史画论，常提到新安画派，由此他接受新安画学的影响。他为了探索新安画源曾去扬州、南京一带追逐查士标、程邃诸新安大家墨迹，后来他几次重返徽州，登黄山、游白岳，逗留故土，搜集新安画家墨迹，醉心钻研。他在上海又常与任伯年、吴昌硕等人切磋技艺，在相互启发同时，他们的友谊也日益增强，亲密无间。程瑶笙的绘画生涯有四五十年的历史，传世作品要数晚年最为精彩，但多数散落在沪、粤、江、浙等地。他谢世后，友人集其遗作80余幅，由商务印书馆精印《程瑶笙先生画集》传世，徽州人胡适题签。程氏山水画有中西合璧之味，山峦的结构和形态有巨然的遗风，表现手法上有时采取西画的光线明暗互衬，如《写唐人王少伯诗意山水画轴》表现手法上就有利用光感明暗烘托与传统的勾勒皴擦染相辅相成，画面别开奇趣，气势磅礴，颇有龚半千的厚重秀润华滋的遗风。还有一幅《天都山猿图轴》描写了黄山短尾猴在山中古松上顽戏，生气喜人，趣味横生，确是传世中的精品。

汪采白（1887—1940年），名孔祁，字采白，一字采伯，号澹庵，别号洗桐居士，歙县西溪人。其出生于徽州的名门望族，徽州素有"十姓九汪"之称。祖父汪宗沂，字仲伊，光绪二年（1876年）拜翁同龢为师，光绪六年（1880年）进士，被曾国藩聘为忠义局编纂，后任李鸿章幕僚，主讲安庆敬敷书院、芜湖中江书院、徽州紫阳书院。黄宾虹、许承尧均出其门下。一生著述极丰，朴学、小学、音律、医学、兵法无所不精,有"江南大儒"之称。汪采白少承家学,拜叔父汪律本为师。汪律本,字鞠友,光绪举人,后接受西方教育,任教南京两江师范学堂,同盟会会员,擅诗词书画。汪采白5岁又拜黄宾虹为师,习四书五经并丹青之法。21岁入两江师范学堂国画手工科,拜叔父汪律本挚友李瑞清为师。李瑞清,江西临川人,字仲麟,号梅庵,晚号清道人,晚清著名书法家。毕业后,汪采白先后任武昌高等师范学校教授、北京师范学校教授、南京中央大学国画系主任、安徽省立第二中学校长、北平艺术专科学校教授。汪采白平生善山水,其青绿师法宋人,浅绛仿倪瓒、沈周;貌写家山则得力于弘仁、查士标,画风萧散秀逸。在日寇占领华北期间,采白曾作《风柳鸣蝉图》以抒心意,画作展出后被法国公使订购。一日本商人也愿出巨金,要采白先生再画一幅,被其愤然拒绝,曰"我非机器也"。同窗好友陶行知称誉先生"行止有耻"。可惜采白先生英年早逝,年仅54岁。

第六节　现代国画大师黄宾虹

近现代以来,艺术界能真正称得上大师级人物的并不多,来自徽州故里的黄宾虹即是现代杰出的国画大师。

一、生平

黄宾虹（1865—1955年）,原名懋质,因生于农历元旦,又取名元吉,又因讳十世祖元吉名,改名质,字朴存。用别号甚多,以宾虹为最。祖籍安徽歙县西乡潭渡村,生于浙江金华。早年为贡生,任小官吏,后弃官参加反清活动。1907年逃亡上海,后任编辑、记者,并在昌明艺专、新华艺专、上海美专任教授。1937年赴北平,任北平艺专教授。1948年赴杭州,任国立艺专教授。中华人民共和国成立后,黄宾虹任中央美术学院华东分院教授、中国美术家协会华东分会副主席、全国政协第二届委员。1953年,黄宾虹任中国艺术研究院美术研究所（即原中央美术学院民族美术研究所）首任所长,为中国的美术学学科奠定了学术基石。黄宾虹初学画于义乌人陈春帆,后力攻山水,宗新安派,效法宋元,并游览名山大川,写生作画,屡经变革,遂自成风

格。其画中年苍浑清润,晚年尤精墨法,有时在浓墨中兼施重彩,益见斑斓古艳。他以"明一而现万千"的表现手法,描绘出浑厚华滋、意境幽深的山川神貌。间作花鸟草虫,也奇趣有致。并对画论、画史深有研究,著有《美术丛书》《古画微》《虹庐画谈》《学画通论》等。黄宾虹认为,作画在意不在貌,不应重外观之美,而应力求内部充实,追求"内美"。他曾说:"国画艺术的最高境界,就是要有笔墨。"黄宾虹系统梳理和总结了前人对于笔墨运用的经验,在晚年总结出"五笔七墨"之说——"五笔"为"平、留、圆、重、变","七墨"即"浓墨、淡墨、破墨、渍墨、泼墨、焦墨、宿墨"诸法。如此,以笔为骨,诸墨荟萃,方能呈现"浑厚华滋"之象。由此,黄宾虹便在实践上,也在理论上为中国画笔墨确立了一种可资参证的美学标准。这是一个超越前人的、历史性的贡献。黄宾虹晚年所作山水,元气淋漓,笔力圆浑,墨华飞动,以"黑、密、厚、重"为最突出的特点。其意境清远而深邃,去尽斧凿雕琢之迹,大趣拂拂,令观者动容。在这样一种郁勃的意象和高华的气格当中,人们能感受到中国文化的强大张力。

二、善变

黄宾虹先生在他89岁前后艺术鼎盛时期,不幸患白内障而双眼近乎失明。但一生勤奋、以画为乐的他并未放下画笔,依旧靠极弱的、几近失明的视力去书写心中之画,或可说此时的他全凭心去感受与体会心与笔墨交融而带来的快意。不可思议的是,在宾虹先生几近失明状态下所作的画与明目时所画风格统一、笔墨形式相同,并且仍有大量能代表其一生成就的精品出现在这一时期。

黄宾虹先生生逢乱世,生活极其坎坷自不必说,其艺术遭遇亦极具戏剧性。当年他在国内一流的美术院校教学时,就曾有教师及学生因看不懂他的作品而怀疑,甚至认为黄宾虹不会画。对于这些议论,无奈的宾虹先生只好说:"我的画在我身后三五十年后定会被世人所重。"他在91岁高龄时还不止一次对朋友说:"我或者可以成功啦!"这些话让自信的黄宾虹言中,他的艺术被世人所重,而他被尊为山水大师、画坛巨匠。其研究者、追随者甚众,各类画册、文集、书法集、语录等书籍层出不穷。

黄宾虹一生的艺术经历最突出的就是"勤勉"与"善变"二词。他幼年即好绘画，6岁即临山水册并间习篆刻。10岁时得倪姓前辈画师指点之画诀"作画当如作字法，笔笔易分明，方不致为画匠也"，这句话影响了黄宾虹一生的绘画创作，使他一生受用不尽。他一生强调"画源书法""欲明画法，先究书法"等，并对甲骨文、钟鼎文等古文字的研究用功极深，通过收集整理、研究学习这些古文字，他直接汲取了运用于绘画中的笔法养分，为他后来随心所欲地进行书写性绘画打下坚实的基础。宾虹先生在50岁以前，全力投入于传统的学习，是师传统阶段。早年行力于李流芳、程邃，以及髡残、弘仁等，但也兼法元、明各家。所作重视章法上的虚实、繁简、疏密的统一；用笔如作篆籀，遒劲有力，在行笔谨严处，有纵横奇峭之趣。新安画派疏淡清逸的画风对黄宾虹的影响是终生的，他在60岁以前是典型的"白宾虹"。在60至70岁间，他深入山水中，游历大半中国，是师法造化阶段。1928年黄宾虹首游桂、粤，画了大量写生作品。自此以后，黄宾虹基本上从古人粉本中脱跳出来，而以真山水为范本，参以过去多年"钩古画法"的经验，创作了大量的写生山水，在章法上前无古人。60岁以后，他曾两次自上海至安徽贵池，游览乌渡湖、秋浦河、齐山。江上风景甚佳，他起了定居之念。贵池之游对黄宾虹画风的影响，便是使其从新安画派的疏淡清逸，转而学习吴镇的黑密厚重的积墨风格。70岁前后，黄宾虹有巴蜀之游。这是他绘画上产生飞跃的契机。其最大的收获，是从真山水中证悟了他晚年变法之"理"。证悟发生在两次浪漫的游历途中："青城坐雨"和"瞿塘夜游"。

"青城坐雨"发生于1933年的早春，黄宾虹前往青城山的途中遇雨，全身湿透，索性坐于雨中细赏山色变幻，从此大悟。第二天，他连续画了《青城烟雨册》十余幅，画法涵盖焦墨、泼墨、干皴加宿墨。在这些笔墨试验中，他要找到"雨淋墙头"的感觉。雨从墙头淋下来，任意纵横氤氲，有些地方特别湿而浓重，有些地方可能留下干处而发白，而顺墙流下的条条水道都是"屋漏痕"。当我们把这种感觉拿来对照《青城山中》，多么酷肖"雨淋墙头"啊！完全是北宋全景山水的章法，一样的笔墨攒簇，层层深厚，却是水墨淋漓，云烟幻灭，雨意滂沱，积墨、破墨、渍墨、铺水，可谓竭尽所能！

"瞿塘夜游"发生于游青城后的五月，回沪途中经过奉节。一天晚上，黄宾虹想去看看杜甫当年在此所见到的"石上藤萝月"。他沿江边朝白帝城方向走去。月色下的夜山深深地吸引着他，于是他在月光下摸索着画了一个多小时的速写。翌晨，黄宾虹看着速写稿大声叫道："月移壁，月移壁！实中虚，虚中实。妙，妙，妙极了！"至此，雨山、夜山成为黄宾虹最擅长、最经常的绘画主题，合浑厚与华滋而成美学上自觉之追求。70岁后，其所画作品，兴会淋漓、浑厚华滋；喜以积墨、泼墨、破墨、宿墨互用，使山川层层深厚，气势磅礴，惊世骇俗。所谓"黑、密、厚、重"的画风，正是他逐渐形成的显著特色。这一显著特

点，也使中国的山水画上升到一种至高无上的境界。

以此为转机，黄宾虹开始由"白宾虹"逐渐向"黑宾虹"过渡。从此，他开始留意能表现夜山的创作了，他认为夜山的黑密、沉静、幽深、雄奇均可入己画，并潜心体会，终形成大气磅礴、黝黑厚重的"黑宾虹"。他作画喜暗不喜明，反复勾勒层层积染而墨韵无穷，达到"浑厚华滋"的理想境界，他在师古人的同时尤重师造化，并身体力行到不同地域去感受、体验景致各异之山水。80岁后他的作品中已达到用笔淋漓自然、笔墨浑厚华滋的境界。这都源于他极力推崇倡导到自然中写生，他曾说过"天下书多读不完，最忌懒惰；天下景多画不尽，最怕乱涂"这样的名句。黄宾虹的写生，是"行万里路"接近体验自然的过程，目的是为了创作积累素材。黄宾虹一生绘画作品，越小越精，有些教学稿与册页犹绝。有人说，如果黄宾虹50岁去世，或许就没人知道他。然而，黄先生在世90岁，画了80余年，更重要的是他极为勤奋，"有谁催我？三更灯火五更鸡"是他终生自警的联句，还说："鄙人每日黎明而起，漏将午夜，手不停披。"以此对艺术的热情与投入，使他在诗、文、书、画、金石、文字等方面均有极高的造诣，并在山水画史上树起一座耀眼的丰碑。他一生作画极多，仅浙江博物馆就藏有其画五千余件。

综观其一生，在时事动荡中坚守"治世以文"，始终保持"抱道自高"的学者本色，将绘事提升到学问的高度，将"诗书印""文史哲"

的综合修养全都融入绘画，以绘画表现和振兴民族文化精神。

本章主要介绍了什么是新安画派，较为详细地介绍了新安画派的代表人物，概述其画风、艺术主张，也初步阐述了新安画派诞生与兴盛的原因，在此加以总结。

早在万历年间，由于徽商崛起，经济飞速发展，新安画派应运而生。其时民间的雕版印刷业也逐渐趋于鼎盛时期，书籍发行的兴旺培养了一大批刻制木刻插图的刻工。新安画派由于徽州独有的地域特色和江山代有人才出的技法师承，表现出旺盛的生命力。新安画派的大师们既以黄山的峭丽奇傲来表现自我，宣泄苦闷，又以黄山禅宗般的灵境表现超尘脱俗与忘我无我，同时还以黄山时动时静、变幻流畅的气韵表现音乐般的节奏与纯粹意义的美。这些看似矛盾甚至抵牾的东西，竟然在他们的作品中表现得极其和谐统一，因此，他们的人品与作品所能达到的覆盖面极广、渗透力极强、感染力极大，对于后来的中国山水画家，尤其是新安画家，产生了极其重大的影响。直到今天，如著名山水画家张大千、刘海粟、赖少其等名师大家也被认为是新安画派的现代延续，不过比起古人，他们有了更大的变革创新，真是"江山代有才人出，各领风骚数百年"啊！无论如何，新安画派既是古代中国绘画曾经出现的一种流派，也向人们充分展现了地域文化的魅力与特色，是我们安徽文化的一张名片，也是博大而宏富的安徽文化的集中体现。

参考文献

[1] 王伯敏.中国绘画史[M].修订版.北京：文化艺术出版社，2009.
[2] 王永敬，李健锋.古典与现代:黄宾虹论[M].合肥：安徽美术出版社，1998.
[3] 赖少其，郑逸梅，宋亦英，等.新安画派研究会会刊[Z].歙县新安画派研究会，1985.

章末思考

1. 新安画派形成的历史原因是什么？
2. 新安画派有哪些艺术特征？
3. 新安画派的代表人物有哪些？他们有什么样的特点？

第三章 徽州医家与新安医学概说

源远流长的新安医学为祖国的医学发展作出了卓越贡献，是中国医学宝库中的一颗璀璨明珠。她与新安画派、徽州的古建筑、徽州的戏曲等其他独具地方特色的优秀历史文化遗产共同构筑了古代"徽州文化"大观，至今仍然深刻影响着我们的生活。现今仍有很多药方和诊治方法来自于古代医学，甚至可能直接继承于新安医学。本章我们将对历史上著名的徽州医家和新安医学进行简要概述。

第二章我们介绍了徽州古为新安郡，因新安江流经域内，所以古徽州又称为"新安"。自古以来境内峰峦叠嶂，风光灵秀，草木繁茂，气候宜人，是怡情养性的好地方。常言道"一方水土养一方人"，秀美的山川养育了很多兼通医术药理的名儒宿学，不少儒生仕途不遇，便秉持着"不为良相，即为良医"的儒家思想，怀"活人济世"之心，悬壶为业。所以，在这片山清水秀的地方涌现了很多名医。其实，现在看来，生态环境好的地方往往自然资源也较为丰富，为医学提供了坚实的物质基础，当然在生态和谐的理念下，追求人体自身的平和也成了徽州地区普遍的思想观念。

除此之外，明清以来徽州的刻书业十分兴旺，再加上徽商足迹遍及全国，为徽州人所撰写的医学书籍的传世提供了有利条件。于是，在上述种种自然与人文的环境因素共同影响下，造就了在中国医学史上占有重要地位的地域性流派——新安医学的崛起。

第一节　新安医学的发展

首先，让我们来简要了解新安医学的发展历史。作为地方医学流派，新安医学的历史可谓辉煌鼎盛，人多书多，这一点在中医史上比较少见。据史料考证统计，自宋代至中华人民共和国成立前，"徽州府"卓然成医家者820人，其中在医学史有影响的医家有600多人；明清两代更是医学鼎盛时期，其中明代医家153人，清代医家452人，在他们当中又有多达421人撰辑、汇编了医学著作730余种。新安的医学著作很广泛，涉及经典著作的注释整理、临床诊治经验的总结、古医著的编辑恢复、类书与丛书的编纂、医学普及读本的撰写，以及各种医案、医话，内、外、妇、儿、喉、眼、伤、疡、针灸、推拿等临床各科专著，还有脉学、诊断、治法等理论专著，所涉及门类和专业十分齐全，这在我国任何地方的医学史上也是罕见的。在新安"徽州一府六邑"之地，历史上竟产生了如此众多的医家，编撰了如此众多的医著，且在中国医学史、中医学说发展史上具有如此举足轻重的地位，其影响之大，实属罕见。新安医学的各类医籍在以地区命名的中医学派中，堪称"首富"，以至有学者称"新安"为明清时期中医学的"硅谷"。2019年11月，《国家级非物质文化遗产代表性项目保护单位名单》公布，"歙县新安国医博物馆"被文化和旅游部认定为传统医药"中医诊法（张一帖内科疗法）"项目的保护单位，可见新安医学对当前的文化影响依然绵长而深远。

现知最早的新安医药家可追溯到距今1600多年的东晋新安郡太守羊欣。他官至中散大夫，人称"羊中散"，擅长隶书，有病不服药，自饮符水治疗。在任13年，羊欣非常喜欢新安地方的山水，曾对子弟们说:"人生仕宦至二千石,斯可矣。"愿意长留于新安做地方官。他撰写了《药方》数十卷。而恰好是太康元年(280年)新安改新都郡置,辖安徽新安江流域、祁门、浙江淳安以西等地。这是现存历史记载最早出现与新安有关的医药家文献材料。唐代,吴人杨玄操任歙县尉,对《难经》进行注释工作,是三国时期吴太医令吕广注解《难经》的继起者。此外,还有歙西七里头圣僧庵慧明,精研医学,时称"圣僧"。

探究新安医学的发展,应该是自宋代萌生,经元明两代的长足发展和兴起,再到清代鼎盛兴隆四大阶段。

一、萌生

自宋代开始徽州文化逐渐隆盛,所以留存后世的宋代徽州文献也日渐丰富。北宋歙县人张扩,从湖北蕲(qí)水庞安时学医,后又师从四川王朴,善于脉诊,治病有良效,名扬京城与洛阳等地。其侄孙张杲,潜心医学50年,博采宋以前古代医书、医案,于淳熙十六年(1189年)撰成了《医说》10卷,记叙了从三皇到唐代110多名名医的临床治验,人称"医林之珍海",是我国现存最早的记载大量医学史料的书籍,也是第一部较为完整的新安医学著作,还是最早流传朝鲜、日本的新安医著。张扩之学传承数代,有130多年,成为新安第一代名医世家。此后,婺源人王炎又撰《伤寒论》,程怒倩著《医方图说》,并涌现出歙县黄孝通、休宁吴源、婺源马荀仲等名医,这些名医的出现标志着新安医学的兴起。

二、发展

元代,新安医学得到发展。如休宁人徐道聪,精通儿科,时值元末兵荒马乱,婴幼儿多生疾病,传闻他偶遇高人授于幼科,经他救治的孩子无数。其子徐杜真精内科,撰写了《杜真方书》,可惜今已无存。歙县翰林鲍同仁精研针灸撰《通玄指要》《二赋注》《经验针法》,吴以凝撰《去病简要》27卷等。婺源的王国瑞也精通针术,撰写了《扁鹊神应针灸玉龙经》。此外,休宁太医提举程深甫,郡医学提领范天锡,医学教授马萧、张良卿和祁门名医徐存诚等,均相继驰名于世。

三、兴起

明代，是新安医学的兴起时期，名医迭出，医籍宏富，取得了许多令世人瞩目的成就。最出名的就是祁门人汪机（1463—1540年）。他毕生研究医学，撰写《石山医案》等医书13部共76卷。他精于望诊、切脉，"治病多奇中""活人数万计"，被誉为明代四大医家之一。歙县江瓘（guàn）编辑《名医类案》12卷，是我国第一部总结历代医案的专著。祁门的徐春圃撰写《古今医统大全》100卷，与清代歙县的程杏轩的16卷《医述》同被列入"中国十大古代医学著作"。徐春圃还在隆庆二年（1568年）发起"一体堂仁宅医会"，这是我国最早的医学学术团体。

当时名震江南的还有休宁孙一奎，他以医术游于王公大臣之间，并在三吴、徽州、宜兴等地行医多年，撰写了著名的《赤水玄珠》30卷，引录历代文献273种，以明证和论治有条理见长，深为后世医家推重。歙县程宏宾有《伤寒翼》，汪源有《保婴全书》，许宁有《医学伦理》等。休宁程充辑成《丹溪心法》5卷，使丹溪学说在新安产生了很大影响。歙县程玠撰有《松厓医径》《医论集粹》《脉法指明》《眼科良方》等，其兄程琏撰有《太素脉决》《经验方》（今已佚）。

除此之外，歙县方有执撰《伤寒论条辨》8卷，首次提倡"错简说"，开一派之先河。而歙县的吴昆所撰《医方考》6卷，则是我国首部注释医方的专著。明代的新安名医还有程充、吴正伦、程衍道、余午

亭、汪宦、陈嘉谟、方广、丁瓒（zàn）等，太医陆彦功于弘治十年（1497年）撰写《伤寒类证便览》12卷，新安刘锡于正德五年（1510年）撰写《活幼便览》，休宁吴显忠则撰有《医学权衡》。在这150多年中，新安医学较宋、元时期，可谓具有长足发展，这与明代大江南北的城市经济繁荣，以徽商崛起为表现的商业文化繁荣，以及徽州理学思想的兴盛都有直接或间接的关系。明嘉靖至清末（1522—1911），新安医学进入全面发展时期。这一时期医学名家大量涌现。

四、全盛

清代，新安医学蔚为大观。徽州涌现了程敬通、程林、程应旄、汪昂、郑重光、程国彭、吴谦、郑梅涧、郑枢扶、汪文琦、许豫和、汪绂、吴师郎、程杏轩、许佐廷等医学名家。其中，休宁人汪昂著有医书多种，简明实用，浅显晓畅。其《汤头歌诀》等书至今仍是中医院校重要的入门教材。歙县吴谦官至太医院判，以高超的医术和渊深的理论知识，被誉为"清初三大名医"和"清代四大名医"之一。

新安医家进一步推动了学术争鸣。有人统计过，在清代268年中，新安名医多达281人，其中136人共撰写了239部医学著作（不包括编辑、汇集、校注类著述）。这些医学著作在全国都有一定影响，其内容涵盖医学经典的注释，理论的发挥，诊断、方药、运气等方面的学说，而且内、外、妇、儿、伤、疡、喉、眼、针灸、推拿等各科，无不具备，这一时期新安医家在医学理论、临床医学和药物学等方面皆多有建树，在新安医学史上出现了一个光辉灿烂的时期，在全国造成了相当大的影响。

古代新安医学的发展既保存了中国医学文化，也为中国医学的不断进步提供了坚实基础。

第二节 新安医学为什么能兴起？

通过前一节的学习，我们了解到新安医学作为一个地域医学流派，涌现出了如此之多的医家和医学著作。那么，新安医学为什么会诞生、发展乃至兴盛呢？新安医学何以逐渐形成全国较有影响的医学体系呢？

一、社会与人文环境

新安医学的兴起首先有赖于历史时期的特殊政治经济文化环境。据史料记载，我国历史上因为战争曾有过三次人口大迁徙，即晋代的两晋之乱、唐末的五代之扰、宋代的靖康之变，这使得众多的中原氏族大量南迁，而古新安因为地处偏僻，少有战乱，成了他们避乱南迁的重要选择。他们的到来，使得徽州一带逐渐成为儒士高度密集地区。人民安居乐业，有利于经济和文化的发展，也为新安医学的兴盛提供了良好的社会条件。这些北方士族文人大量南迁，相继移居新安，带来了发达的中原文化，使得新安从蛮荒之地一跃成为文化水平发达的山区。所以自宋以降，理学昌明、名医辈出。一些官员、文人、学者、医家，如苏辙及《伤寒论》的研究专家许叔微等，都先后在新安任职，影响和发展了新安地区的文化。北宋时，新安郡邑均设府学、县学、书院，各隅又设社学，所以新安一地文风昌盛。宋室迁都临安（杭州）后，临安为经济、文化中心，而新安地近京都、毗邻江浙，为徽州的经济、文化带来了繁荣。况且"新安为朱子阙里、儒风独茂"，世称其为"东南邹鲁"文化之邦。随着宋代雕版印刷和活字印刷的发明，徽州刻书业至南宋时已很发达。明万历时，刻书风气尤盛。不少徽商乃一代刻家，他们以"藏书宏富而高标风雅"。这就为传播医学典籍提供了方便。新安一带的文明、文化和中医药学，都有悠久历史、优良传统。见诸史料记载的，如东晋新安太守羊欣"素好黄老，兼善医术"；唐初歙州县尉杨玄操"精于训诂及医道"。羊欣、杨玄操虽属客居，但史籍能有这样的记载，可见其当时发挥的作用。另从孙思邈《千金要方》一句"江南诸医，秘仲景方不传"的含义中，也可看出隋唐中原以南地区中医药的发展已有超越之势。这是新安医学产生的独特政治社会文化环境。

二、人才与文化教育氛围

明清时期，随着农业的恢复和发展、资本主义工商业的初步繁荣，徽商进入了鼎盛时期，新安地区商业大兴，徽商"贾而好儒"，文化教育空前发达，学研风气浓厚。仅嘉靖年间时，新安除府学、县学外，有社学462所。可谓"十户之村，无废诵读"。据康熙《徽州府志》记载，徽属六县共创建书院54所。此外，各地还有诸多文会，以"名教相砥砺"。徽州人历来有尊儒重教的传统，而徽商则有贾而好儒的价值取向。他们重视对文化的全面投入，一方面以自己雄厚的经济实力助学助教，培养和造就了一大批"知识分子"，"学而仁者医"。新安的各类学校也在提高当地文化素养，培养人才方面发挥了巨大作用，为新安医学输送了大量医学人才。另一方面，徽商还把大量资本投资于医药事业，推动了新安医学的发展和繁荣。许多新安医学著作的出版，与商人的资助密不可分。如清代徽商胡雪岩就在杭州创立了"胡庆余堂"，成为与北京"同仁堂"相提并论的全国两大药店之一。再如，吴勉学是靠刻售医籍著作起家的大书商，他博学藏书，校勘经史子集及医书数万种之多。

三、徽商经济基础

徽商散布全国各地，对促进医学交流、吸取众人之长也起到了一定的作用。徽商的流寓，既使得他地的医学传播到新安，又将新安医学传播至他地，促进了新安医学的繁荣，扩大了新安医学的影响。如叶天士在医学上的成就，与新安有一定的渊源关系。叶天士与徽商往来甚密，常与徽州人氏相互考订药性。可以说，新安医学是伴随着经济的兴盛而繁荣，外向发展的徽商经济是新安医学形成的经济基础和动力。

四、人口增长需求

人口增加的医疗需求也刺激了新安医学的发展。新安医学也是为了适应这一时期本地人民医疗保健的需求而发展起来的。而且新安医学并不仅仅局限于本土新安，是以整个江南地区为大舞台的。作为京师重地的江南地区，其人口繁衍更是急剧上升，人烟稠密，经济发达，进一步促进了新安医学的发展。"物因人而始重，人得贤而益彰。"由于新安经济和文化的繁荣，与外地的交往也日趋频繁。百姓对医疗事业的需求非常迫切。很多儒生因仕途不遇，或体弱多病而弃官，他们抱着"不为良相，则为良医"之愿望，存心济世，以医为业，成为"儒医"。

五、自然环境条件

"徽者，美也"，新安地区山水幽奇，雨量充沛，气候温和，自然生态环境得天独厚，蕴藏着丰富的中药材资源，大宗药材400余种，地道药材和珍稀品种60余种，其中紫术、黄连、麦冬、白石英、茯苓、萱草、黄精、何首乌等都是珍贵的中医药材。譬如，新安地方的菊花竟有数种之多，如黄山贡菊，有清以来就是名贵药材，被列为佳品。此外，徽州四面环山的封闭环境，在战乱时期是躲灾避难的世外桃源，在和平年代则是休养生息的理想场所。崇山峻岭的围阻，人民生活的安居乐业，促成区域内医学思想的相对独立性。同时，徽州区域内有一条东西走向的新安江横贯其间。属钱塘江水系上游的新安江，加上一条由徽州先民开通的蜿蜒曲折的徽杭古道，成为徽杭经济文化联系的纽带。这些得天独厚的自然条件为医学的兴起奠定了坚实的物质基础。

六、思想文化因素

最不能被忽略的，就是徽州的思想文化这一重要因素。徽州自然环境相对封闭，聚族而居，作为程朱理学之邦，宗法制度、宗族观念尤为坚固，而森严的徽州宗族制度、宗法观念是医学家族链稳固和发达的土壤，促成了新安医学以家族为纽带的世医传承。宗法制度文化保持了新安医学家族传承医术的长期稳定，牢固的世医家族是新安医学传承的纽带，有效防止了中医学术的失传。新安医学注重师承、家传，崇尚医德，追求德艺双馨，并形成了一些学有所传、业有所精的医学世家。如南宋歙县名医张扩首传于弟张挥，再传侄孙张杲，历经3代，约130年，成为新安第一名医世家。歙县黄孝通于南宋孝宗时，为御赐"医博"，传于第14世孙黄鼎铉、第17世孙黄予石，历经25世，代不乏人，成为新安医学史上世传最久的妇科世家。其他较著名的，如歙县的"新安王氏医学""澄塘吴氏医学""黄氏妇科""江氏妇科""南园郑氏喉科""西园郑氏喉科""蜀山曹氏外科""野鸡坞外科""吴山铺程氏伤科""江村儿科"，休宁的"舟山唐氏内科""西门桥儿科""梅林江氏妇科"，黟县的"三都李氏内科"等。这些名医世家，皆秉承家学，以医学世代相传，声名大噪，经久不衰，成为新安医学学术兴旺、不断发展的重要标志。

试举一例，明代大司马汪道昆所著《太函集》曾用一整卷约万字的传记，记载了明代歙县岩村的世医吴洋、吴桥父子二人。当时的医生星罗棋布，各用所长，譬如小儿医丁氏、妇人医黄氏等。初时族中医生认为滋阴为雷同，视参蓍不啻为鸩毒，但是吴洋以为应该弄清楚寒热虚实状况，再对症得当滋补，往往能收获出其不意的疗效。所以自此，新安的百姓才开始服用参蓍。吴洋之子吴桥传承父业，医术高明，声名出于其父之上，其孙文仲继承衣钵仍然行医于乡里。新安医家或承世代之家学，或受师门之秘传，或同业之磋商。有的专攻经典，阐发医理；有的涉猎百家，融汇古今；有的偏重临床，深研一科；也有应考而入太医院者，或毕生汇纂、翻刻医籍者等。新安医学自宋代肇兴，至明清鼎盛。其间名医辈出，著作浩瀚，学术争鸣蔚然成风，极大地丰富了祖国的医学宝库。《素问·金匮真言论》："非其人勿教，非其真勿授。"《素问·三部九候论》："愿闻要道，以属子孙，传之后世。"《素问·方盛衰论》："授师不卒，使术不明。"诸如此类，说明"其人""真人"，代代传承，师徒圣明，是中医药学的内在要求。由此可见，新安医学作为一个典型流派，其形成、传承和发展，的确是中医药学的规律所在，也是历史必然。

中医药发展中的7个主要学派：医经学派、经方学派、河间学派、易水学派、伤寒学派、温热学派和汇通学派。在这些学派的产生、发展中，都有新安医学的代表人物。特别是金元明清，正是新安医学发展的高潮，从理论到临床，从医籍整理到刻版印刷，从人才培养到交流普及，都有独特贡献。上述这些促发新安医学的兴起的独特条件和因素在其他地区是很难见到的。这也是至今新安医学仍然蓬蓬勃勃、欣欣向荣的历史原因。

第三节 新安医学的学派

"儒之门户分于宋,医之门户分于金元。"新安医学源远流长,自宋以降,代不乏贤,至明代已形成独立的医学流派。那么,究竟新安医学有哪些派别呢?

新安医家自始皆以《黄帝内经》为本,重视《伤寒论》的基础研究。明代的新安医家受"金元四大家"的学术思想影响较深,并融合诸家说,构成了"外感宗仲景,内伤法东垣,热病用河间,杂病师丹溪"的明代医学发展的主要态势,并以"丹溪"学说"贯通于诸君子,尤号集医道之大成者也"。丹溪就是元代四大名医朱丹溪。简言之,丹溪学说对新安医学的影响较大,而新安医家又因为同乡、同族、同门之间互相传承、互相影响、对外吸收、不断完善,于是在发展过程中形成了一定的学派和流派。

"新安医学"属广义的"流派"范畴,是根据地域因素划分出来的。新安医学流派系统是中医学发展历史长河中的一条支流,并且有其自身的"学派"和"流派"体系特征。有人认为,作为地区医学,仅有前后相袭的源流历史还不够,还必须有异于其他地区的特别突出之处,才具有专门研究的价值。在新安医学发展史上,既有以学说观点为核心的不同学派,也有医学不同领域的特色流派。经过整理归纳,主要有以下几类:

(一) 温补培元派

明清时期,新安医家重视医论的研究,蔚成风气。上自《内经》《伤寒论》,下至金元四大家,他们结合行医,学术效法李东垣,师宗朱丹溪，在新安医界中影响深广。他们重视"调理脾胃和培补元气以及扶正祛邪"的临床治法，认为多种疾病的病机，是由"阳有余、阴不足"所致，治法主张"滋阴降火"。李、朱学说观点在徽州流传甚广，影响颇大。明代祁门名医汪渭、汪机父子都私淑丹溪养阴之学。如朱震亨谈及妇科调经治崩时则云，"治崩次弟，初用止血以塞其流，中以清热凉血以澄其源，末以补血以还其旧"。这一治法上的见解至今仍为妇科临证所借鉴。

由于固本培元理论用之临证而获卓效，邻省的一些医家如浙东张介宾、江苏李士材等，在其学术上多受启迪。新安不少医家重温补培元，并多有阐发。明代休宁的孙一奎，精医理，用药重补，他撰写的《赤水玄珠》，对寒热、虚、实、表、里、气、血等辨析详尽，凡古今的病名阐释得也都十分清晰。证有医据，论治井然，深为医家推重。尤其是命门、三焦、火气，此三项他均有独到见解。他提倡"生命之运动在于气"，注重正气之补养。

再如歙县人吴正伦，精医术，名噪京都，临证用药多培补，主张"用温补而验者十之五六"。歙县余午亭，以辨证医治十分有效，临证强调"扶正气、益脾胃"，发展了汪机创立的"培元"学说。清代歙县人吴澄，精《易经》，以《易》通医。讲述医理通贯辩证唯物观点，提出"外损"和"理脾阴"学说。他认为："况人于日用之间，不免劳则气耗，悲则气消，恐则气下，怒则气上，思则气结，喜则气缓，凡此数伤，皆伤气也。以有涯之气，而日犯此数伤，欲其不虚，难矣！"（《石山医案·营卫论》）他一直强调"补气即是补阴"的观点。

（二）时方家的平正中和派

中医临床有经方和时方之分。后世称汉张仲景《伤寒论》《金匮要略》等书中的方剂为经方，而宋元以后所通用的方剂称为时方。时方家中善用药正中和的首推清代叶桂（字天士，1667—1746年）为代表，人称"叶派"。叶氏祖籍新安，自歙迁居吴地，其祖父叶时、父叶朝采皆精医术。受师门的秘传，临证经验丰富，精于内科杂病，为当时苏州的名医。叶桂所创"卫、气、营、血、辨治温病"的学说影响了新安一代医家。他用药抉择精审，以干正轻灵取胜，为药性学家。歙县人程国彭，精医术"活人甚众"，著有《医学心悟》，着重阐述疾病的"寒、热、虚、实、表、里、阴、阳"的辨证,以及"汗、吐、下、温、清、和、补、消"八法施治。其治方简明清晰,不泥成法而轻灵多变,切实可用,为后世医家临床应用所推许。

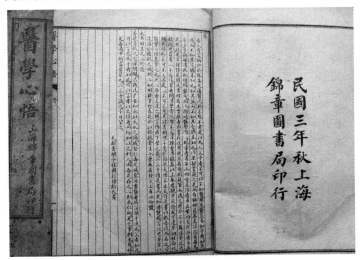

歙县人程有功,撰有《冯塘医案》,程氏医学精邃,擅治杂病、虚劳,用药干和轻变,声名远播,曾"著书数十卷皆毁于兵燹"。弟子王学继、叶馨谷都是歙县人,传其术,有声名。王学继治医名闻江、浙、皖、赣四省。当时朝廷重臣张苻(fú)、左宗棠在患病时常邀其诊治。诸子皆传其学,治业有成。仲奇(学继曾孙)独承衣钵,以治内伤杂病而称誉海上,名扬徽沪间,人称"新安王氏医学"。这支医派流传很广,薪火相传。譬如现代徽州名医程道南,擅治寒热杂症,以滋养肝肾,清营宁络,降逆止血诸法施人,用药虚灵玄妙。

(三) 医学普及启蒙派

新安医家对中医学的普及贡献尤多,他们将浩繁艰深的医学名著,取其精华,写成通俗的启蒙读物,以方便读者。明代汪机著《医读》7卷(清康熙年间刻本)将药性、脉候、方剂编成歌诀,便于诵记。明末清初程衍道于崇祯十三年(1640年)校勘重刻天宝十一年(752年)王焘《外治秘要》40卷。该书辑录了唐代以前医家对各科疾病的理论和方药,分1104门,记载药方6000余剂,重视灸法,是我国现存唐代以前医学之大成典籍之一。程氏一生以行医授徒为乐。他的《心法歌诀》以歌诀形式表述疾病诸证原因、症状、诊断、治法、方剂等。内容简明实用，便于初学者掌握。

清代歙县人吴谦（字六吉），乾隆年敕编医书，奉旨与御医刘裕铎为总修官，编纂医学全书。他认为古医书有法无方，唯《伤寒论》《金匮要略》《杂病论》始有法有方。其于乾隆七年（1742年）编成《医宗金鉴》，全书90卷，分15门，其中《订正伤寒论注》17卷、《订正金匮要略四注》8卷，论述各科疾病的诊断、辨证、治法、方剂等内容，简明扼要，有法有方，切合实用，并将各科证治编成歌诀，便于记忆；歌诀后又加注释，是一部中医临床重要参考书籍，流传颇广，曾作为太医院的教材，在历史上有很高的评价，也是当代医学常备的参考书，学医必读的教科书。中华人民共和国成立后，该书曾被多次出版。

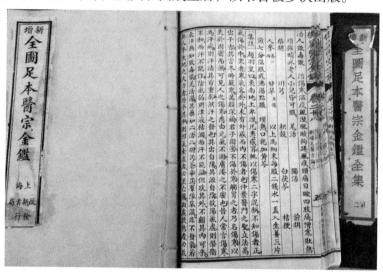

明代陈嘉谟，历经七载寒暑，五易其稿，于嘉靖四十四年（1565年）以80岁高龄撰成《本草蒙筌》12卷。收载药物742种，其中447种有附图，并详细记载了气味、产地、采集、加工、贮藏与治疗。不少内容为陈氏以韵语对仗写成，便于记诵。其中对药物炮制，更有创新。李时珍在《本草纲目》中评其曰："《本草蒙筌》书凡12卷，……每品具气味产、采、治疗方法，创成对语，以便记诵，间附己意于后，颇有发明，便于初学，名曰蒙筌，诚称其实。"足见此书普及推广医学的功能。明代祁门徐春甫，博览医书，精内、妇、儿等科，治病有奇效，存活甚众。嘉靖三十五年（1556年）编成《古今医统大全》100卷。该书纂辑诸家之长，分科汇编，包括基础理论和临证各科，是一部内容十分丰富的大型医学全书，至今对中医临床应用和理论研究都有较高的参考价值。

清代休宁汪昂为便于读者学习，删繁就简，写了不少通俗易懂的医学读物。汪昂一生研究医书，边自学、边行医、边著作。在医学实践中不断总结、提高、升华，写出了大量令医家交口称赞的通俗医学读物，荣登医学理论之殿堂，为普及医学作出了贡献。徽州还有不少医家以诗赋歌诀形式来汇集、传播古代医籍，这也是新安医学何以传播久远的重要原因。

（四）经典注释考证派

新安很多医家注释考证医学经典，阐述发挥医学理论，他们成就卓然，在新安医家间，研究《伤寒论》的学风盛行。东汉张仲景的《伤寒杂病论》是中医学中最早系统论述外感疾病的经典著作，在原书失散后，经后人整理编纂，分编为《伤寒论》和《金匮要略》两部。伤寒病在古代曾一度严重流行，因此《伤寒论》一直被当时和后世医家所珍视。但要论及治《伤寒论》的派别，则首推明代歙县方有执的"错简重订"说，他认为《伤寒论》在流传过程出现了很多颠倒错乱的现象，也有后人掺入伪作的成分，与原书相去大为不同，必须加以重新整理。（《伤寒论条辨·跋》）方氏"错简重订"说提出之后，和者竞起，程应旄、郑重光等均赞同其说，影响所及，还波及新安域外，并引起了研究《伤寒论》医家间的争鸣，逐渐形成了与之对峙的"维护旧论"派。方氏这一流派不仅在新安医学史上，而且在中医学史上都占有相当重要的地位。后来的新安很多医家都对这部医典进行了整理、论述和注释。

再如偏重对《黄帝内经》等经典著作的考证、校点、阐释、发挥的一类流派。新安医学盛于明清，而明清时期考校成风，这对新安医家的影响颇大。尤其是新安地区儒医甚多，儒医更加重视对经典著作的诠注与阐发，因为他们精小学，通音训，因而对医学经典订正注释有较高的成就。如汪机的《内经补注》《续素问钞》，吴昆的《素问注》等。有些由于受程、朱理学的影响，对运气学说及天人合一之理论多有阐发；有些则受到江永、戴震等朴学大师的影响，在文字考据、训诂方面多有建树。

（五）临床上的养阴清润派

新安郑氏喉科代不乏人，子孙传其业，多有建树，有"南园"和"西园"喉科之分。清代歙县人郑梅涧，世医出身。其父郑于丰遇福建喉科名医黄明生，得其所传喉科秘本，并令子侄研习，遂治喉科日精。梅涧幼承父技，得喉科秘传，悉心钻研，专喉科有年，临证经验丰富，求医者盈门。乾隆年间，他将多年临床所得撰成《重楼玉钥》，在民间广为传抄。该书阐述了咽喉的解剖、生理、病理的重要性，揭示了喉科疾患的诊断与治疗，详述36种喉病的名称、症状、治疗和方药，其辨治阐述精到，卷末附有《梅涧论症》，对类似白喉（白缠风喉）的辨证施治颇有见解，还专论了喉科的针灸疗法等。梅涧之子郑承翰，行医二十余年，创金从水养法，对白喉有特别的研究，手定"养阴清肺汤"方剂，为后世名医所采用。

（六）针推派

新安的王国瑞、吴昆、汪机、吴亦鼎、郑梅涧等对针灸均有造诣，他们著有《扁鹊神应针灸玉龙经》《神灸经纶》《针方六集》《针灸问对》等。王国瑞幼从父学针术，并传于子孙，成为元明之际的针灸世家，其发展了按时选穴，所创立的"飞腾八法"理论在针灸学史上有很大影响。此外，郑梅涧善于用针灸治疗喉科疾患，颇具特色；吴亦鼎专攻灸法，所著灸法专著《神灸经纶》在我国尚属稀有；周于藩以按摩推拿术治疗小儿疾病，著有《小儿推拿秘诀》等。他们都取得了不俗的成就。

（七）临床特色专科派

新安医学科属齐备，其科属专业的继承、发展，除了受师传影响外，主要为家族链传授的结果，这是新安医学很突出的特点之一。医家的医技和医疗经验由家族一代代流传下来，从而形成了独具特色的医学专科。在同一个专科或领域历经几代甚至几十代人的努力，因而也在临床上积累了大量的经验。

第四节　新安医学的特色

历代医学家的不断产生，各不相同的学术流派的形成，促进了我国医学的不断发展。新安医学作为一个有影响的独特流派，其学术争鸣非常活跃，而治学严谨是新安医家学术上的一个显著特点。他们在经典医籍的注释阐发上善于汇集诸家学说，湛于考证，并能结合临床实践，去伪存真，不囿陈规，敢于创立新见。他们的主要学说、观点及医著，对中医体系的发展起着积极的推动作用。

上一节总结了很多新安医学流派，它们大多拥有丰富、宝贵的临床经验，至今仍然发挥着重要的积极作用。从继承与创新发展的角度来看，新安医学最突出的就是理论传承和创新，在积累临床经验、探研中医学术的过程中，新安医家敢于突破、大胆创新，提出了一系列有科学价值、有重要影响的学术见解。在16世纪新安医学形成时期，新安医家认为，医者应"于书无不读，读必具特异之见"，要有"独创之巧""推求阐发""驳正发明""意有独见""改故即新""博古以寓于今，立言以激其后"，著书立说必须"发群贤未有之论，破千古未决之疑"。于是，创新发明、著书立说成就了一批领新安医学风气之先的开拓者。

如汪机在大量难治性疾病的临床体验中，发现提高人体抗病能力的重要性，他融汇李朱之学而发明"营卫一气"说，提出了"调补气血，固本培元"的思想，开新安温补培元之先河；孙一奎临证体验到生命"活力"的重要性，融"医""易""理学"等多学科于一炉，对命门、相火、气火的概念提出新的见解，用"太极"对命门学说进行阐发，创"动气命门"说，揭开了命门学说指导临床的新篇章；吴澄专门研究虚损病证，创"外损致虚"说，可与叶天士"养胃阴说"相得益彰；余国佩创"万病之源，燥湿为本"说，皆为当时"医家病家从来未见未闻"之学术见解；郑梅涧创论治白喉"养阴清肺"说等，对明清以来整个中医学术的发展都起着重要的促进作用。新安医学的突出成就是在理论上开拓创新，学术上争鸣活跃，立论领先医林。

具体来说，新安医学的理论主张主要存在以下七个特点：

（一）重视脾胃为气血之源，强调固本培元

新安医学认为疾病是人体正气失调的外现，故"调养补气"能帮助人恢复固有的自稳调节功能。这与现代医学中通过增强人体免疫生理功能，协调人体的防卫系统观点是相符合的。尤其是对久病体弱者，如慢性疑难杂症、晚期肿瘤患者，以固本培元施治，具有现实的临床效果。故湿热之病多而伤寒少，温病因伏气与新感所致，汪机称："苟但冬伤于寒，至春而发，不感异气，名曰温病，其病较轻；温病未已，更遇温气，变为温毒，亦可名曰温病，但病较重，此伏气之温病也。又有不因冬伤于寒而病温者，此特春温之气，可名曰'春温'，如冬之伤寒，秋之伤温，夏之伤暑相同，此新感之温病也。"又称，"新感发于上焦，伏邪发于下焦"。汪氏的这一观点提出后，中医温病学自此形成了"伏气"和"新感"的概念，并推而论之，伏邪（所称伏气）自内而发，或新感外邪引动伏邪所致，以及新感引动伏邪，从而把温病学研究推向一个新的阶段。

（二）外科重视治外必治乎内的固本思想

新安医家认为外症必根于内，强调治外必治乎内的论治观点。明代祁门汪机医术精通内外，其治外科善融诸说于一，辨证施治，持论公平。新安医家对于痈疽疮病的诊治，能遵从《内经》荣气不从，逆于肉理，乃生痈疽的医理，并发挥朱丹溪、李东垣治痈证方。

（三）卓然功效的养阴清润之法

歙县人郑梅涧著《重楼玉钥》和其子郑承翰撰《重楼玉钥续编》在中医喉科中影响特大，为公认的"清代喉科名家"。郑氏父子针对当时

白喉流行，通过大量的医学实践，首创"养阴清肺汤"方，并力言治白喉要用养阴清润之法，从而"矫正了时医非辛温发散即苦寒降泻之偏"。这为后世医家临证提供了可贵的借鉴。

值得提出的是，郑氏父子所创"养阴清肺汤"方较之1901年德国冯·贝林因研究血清治疗白喉而获诺贝尔奖的这一发明几乎早了一个世纪之久。其卓然成就，诚可引以为傲。

（四）总结独特的望、闻、问、切诊断方法

新安医家在总结中医学独特的望、闻、问、切诊断方法，以及对脉学的发展方面作出了自己的贡献。明代祁门人汪机在临证中强调四诊合参，所著《矫世惑脉论》是他在脉学上的代表作。他阐述不能单凭切脉论治，"一脉所主非一病，故所言未必尽中也"。况临床中常有变化，"若论有变，则有脉不应病，病不应脉，变出百端而难一尽凭于脉矣""望、闻、问、切，医之不可缺也""只凭脉而不问症，未免以寒为热，以表为里，以阴为阳，颠倒错乱而夭人长寿者有矣"。故强调要四诊合参，不可偏废。他还批判了《太素脉法》中的唯心观点说"以此脉而察人之富贵贫贱则不可"，可证汪氏治医的科学态度。明代歙县人吴崑著《脉语》一书，批评高阳生的《太素脉》以候脉来测知人的智慧和愚笨、寿夭及富贵的唯心观点，对后世医家颇有启发。清代歙县人汪宏（字广庵）撰写《望诊遵经》，倡导望诊为四诊之首论，其言精辟，立论有据。

（五）重视单味药物的研究,炮制及其方法分类

炮制不仅是中药学的重要内容之一，而且直接关系到药物临床之疗效。历代医家，如张仲景、孙思邈、李东垣、李中梓等，都非常重视炮制，且有精辟的科学的论述。

明代祁门人陈嘉谟著《本草蒙荃》一书，对中药的炮制学的发展产生了积极的影响。陈嘉谟在药物研究与炮制方面所作出的贡献，对现代中医药物的开放和利用，以及如何提高药材质量，保证药物疗效，为人民健康服务，具有一定的临床价值。

（六）依靠家世传承而发扬光大

医学世传、师承授受，由于临床早、临床多，耳濡目染，言传身教，传承完整，得到病家信任。家族传承心心相印、心契相合，有利于临床经验的代代相传、代代累积，有利于专科特色的形成，也有利于传统中医学术的继承和不断完善提高。而且新安医学世家各科齐全，形成了一个医疗网络，普及了徽州乡村医疗，有力地保障了徽州人的健康，为祖国医学事业的持续发展作出了重要贡献。

家族传承是古代封建社会知识产权保护的一种重要形式，新安医学的世医家族链实际上就是新安医学学术链，家庭传承仅仅是外在形式，学术传承才是本质内容，学术传承是名医世家生命力之所在，没有学术上的传承与创新，所谓的家族传承就会成为空壳。新安医学家族链与学术链的统一是相互融合交织在一起的，家族传承与学术传承是有机统一与结合的。

（七）与儒、道、释相融合的有机统一

许多作者都谈及，医而好儒，儒而兼医，亦儒亦医，这是新安医家的一大特点。据有关专家文献统计研究，新安医家兼及研医者中，由儒而习医者占70%。不仅由儒入医、行医悬壶的医家多，而且亦仕亦医的太医亦众多。徽州历代共有太医38人，其中宋代3人，明代23人，清代12人。新安儒医除了秀才、举人，还有由仕而通医的儒医中共进士11人，其中宋代1人，明代5人，清代5人。例如，明代嘉靖、万历年间有汪道昆、许国、毕懋康3人，在当时很具影响力，皆受到文人的称赞。嘉靖十五年（1536年）贾咏即称方广为"新安儒医也"，这是首次出现"新安儒医"的记载。后来还有对徐春甫"以儒通医"、孙一奎"医出于儒"、吴崑"曾业儒，后投举子笔，专岐黄业"等评价。由儒而习医者中30%为继承家传的专科医生，由于受当地人文思想的熏陶，亦有着好儒、发奋读书的习俗，从而构成了高密度、高水平的儒医群体。

新安医家信奉儒学，习医行事"一以儒理为权衡"。不少大儒也对医学进行研究，如朴学家江有浩、俞正燮、胡澍、汪宗沂对《黄帝内

经》《伤寒论》等经典著作从文字、音韵、训诂等方面进行深入的考证，如胡澍的《素问校义》、汪宗沂的《杂病论辑逸》，都是重要的考据著作。

新安医学以儒学为主，但并不排斥佛道。徽州集儒、道、佛人文盛景于一地，不仅有黄山、白岳（白岳即齐云山，是中国四大道教名山之一），又毗邻九华山（九华山是中国四大佛教名山之一）。新安山水间佛教寺院众多，佛道氛围很浓厚，对医家的影响也很大。如石山学派在形成中"援道入医"，孙一奎还热衷"外丹"之术。而且，新安医家与道士、僧侣的关系很密切，甚至其中有许多人身兼道医、僧医两重身份。如程林为和尚，自称静观居士，程钟龄也皈依佛门，而孙文胤师从九华山天台大师习医而成名。新安医学作为徽州文化的重要组成部分，突出体现了儒家这一主流文化和融儒释道于一体的程朱理学的精髓，具有积极向上、入世致用的精神，其本身就具有强大的兼容性和渗透性。儒学为主，融合道佛，以儒通医与融合道佛的有机统一与结合，是新安医学的一个显著特征。

新安医家中还有很多专业医生毕生爱好书画诗文，造诣亦非常人可及。程文囿有诗抄2卷；程充与族人组成诗社，著《管天诗稿》；清代歙县人郑沛兼工篆书刻印，承黄山印派之风，得徽派正传，镌有《十琴轩黄山印册》。据笔者统计：工诗文的医家还有郑承洛、胡庆龙、黄文达、江庭镛、李敏、吴楚等百余人；善书画的有江南春、程林、巴堂谊等近60人。清代歙县人程芝田书法"米南宫"，又善指墨画。民国期间悬壶上海的歙县人王仲奇，脉案处方精彩巧妙，其本身就是书法艺术精品。新安医家深厚的儒学功底，令人叹为观止。

第五节　新安医学的历史影响

明朝和清朝是新安医学发展的鼎盛时期，新安医学盛行于世，彼时社会上出现了一大批优秀医家及医学著作，他们无论在医学理论，还是在医学实践上都对中医学及新安域外医学的发展有很大的影响。

（一）新安医学典籍对中医理论的影响

新安医家主要通过医学著作深远地影响着时代。南宋歙县名医张杲著《医说》10卷，是新安第一部较完善的医书，也是我国现存最早的医史传记，曾流传海外，被翻刻、引用。明代歙县人吴昆著《医方考》6卷，为我国医学史上一部系统注释方书的专著，在方剂中深受医家之欢迎。吴氏还撰有《素问吴注》24卷，为国内《素问》主要注本之一，至今仍为中医学院的参考教材。明代歙县人江瓘，积数十年学习心得体会和行医经验，著《名医类案》12卷，为我国最早的一部总结历代医案的专著。该书在专门收集各家医案的著作中居于首位，对临证施治颇有参考价值，海外也有刊本问世。

新安医家敢于创新，新安医家在广泛的实践中根据实际操作需要提出

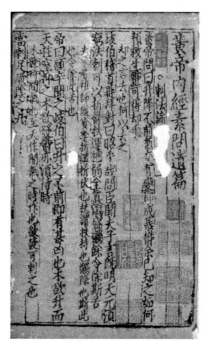

了一系列独特的学术见解,极大地推动了中医学的发展。如孙一奎的"动气命门"说、"胀满火衰"论等都在中医学术发展史上占有重要的地位。

新安医家还组织学术团体,开展学术研究。祁门人徐春甫积极倡导学术思想研究,他于隆庆三年(1569年)在北京发起的"一体堂宅仁医会",是我国最早的医学团体。参加本会的会员有46人,均为安徽、福建、四川、湖北等省名医,其中皖南名医有22人。祁门人汪宧、歙县人巴应奎是其中的新安名医。该学会宗旨为:"穷探《内经》、四子(张、刘、李、朱)之奥",倡言"精益求精"的学术精神,树立良好的医德风尚。新安医家广泛注重医学教育与推广,促进了中医学的推广。除了采用师带徒、家族链的方式教授、传承医学外,还创办了各种医学讨论馆,如"乌聊山馆",极大地促进和推广了新安医学。新安医家能在400多年前,开始组织民间医学团体,进行科技学术交流,实属世界医学史上的创举。

新安医家临床经验丰富,他们结合自身经历编辑了大量医学文案,创造了大量验方、效法,为中医学临床研究与发展提供了宝贵经验。据不完全统计,新安医家在明清时期有著作43部,近代也撰有医著12部,这些医案医著不仅展示了新安医家丰富的临床经验,而且介绍了许多独特的治病方法。如明代汪机所创立的"新感温病"说、孙一奎的"命门学说"、方有执的"错简重订"说,清代程仲龄的"医门八法"等,为奠定中医药学基础理论体系、丰富中医药学宝库作出了突出的贡献,成为灿烂的徽州文化的重要组成部分,是中医药文化遗产与徽州文化遗产的交汇点。

(二)新安医学对徽州以外医学的影响

明清时期,中国的学术重心在江南,以苏、杭、徽三州为学术中心的苏中、浙中、新安三大中医流派呈三足鼎立之势。三地互相交融、合为一体,其中各家中医学派如伤寒派、温病派、温补派、经典校诂派等,其发端者或核心代表人物中大多有新安人。这些流派的传承、发展又是以新安及整个江南地区为大舞台,进而影响着整个中医学术界。如明代新安名医汪机,是新安休宁人,温补培元派核心人物,其再传弟子孙一奎也是新安名医,以两人为核心的一大批新安医家群体成为温补培元派的中坚力量，发展成新安"固本培元派"，其"营卫论""参芪说"等学说思想对浙江的赵献可、张景岳，江苏的李中梓、缪希雍等医家的学术思想均有直接和间接的影响，起到了一定的促进作用。汪机首倡"新感温病"的学说，为明清时期开展温病学术争鸣、提高温病的治疗水平奠定了理论基础，至今仍被高等中医院校温病教材采用。

又如明代新安名医方有执，著有《伤寒论条辨》，影响深远。在其"错简重订"说的影响下，江南地区掀起了热火朝天的学术争鸣热潮，形成了以方有执等的"错简重订"派、张志聪等的"维护旧论"派及柯琴等的"辨证论治"派三派为主的鼎立之势。再如乾隆、嘉庆年间清代皖派经学核心代表人物江永和戴震，分别为新安歙县人、休宁人。在考据对象从儒家经书向医学文献的渗透中，很自然地形成了一条皖派经学影响下医学考证流派学术链条，代表人物段玉裁、王念孙、胡澍、江有诰、俞樾、许承尧、俞正燮、汪宗沂、于鬯、章太炎等皆为江南名人。无论是"固本培元派"还是"伤寒错简派"，或是其他新安医学学派，其传承发展都是以新安及整个江南地区为大舞台，进而影响着整个中医学术界的。在一定程度上可以说，新安医学曾是主导全国中医学术主潮流的地域医学，也可以说，明清时期江南地区其实就是新安医学学术交流互动的"大新安"场所。

新安医家为了生计，亦伴随着做官、经商的人流而客寓、迁徙外地。例如，道光二十三年（1843年）高学文为汪春溥撰写的《伤寒经晰疑正误》作序时称："余游江浙闽粤已二十余年，遂闻天下名医出在新安。"外出的新安医家能很快进入当地的主流社会，行医、传播学术，产生一定影响。有的新安医籍被国外医籍引用或再版，对国外的医学也产生了重要影响。

新安医家外出行医范围与徽州人入仕地、徽商经营地有密切的关系，扬州、北京、南京、杭州、苏州、湖州、武汉、芜湖、慈溪、景德镇、上海、宜兴、淳化等地，均是新安医家迁徙、客寓较多之处。如前文所述清代中叶迁徙到苏州的叶姓医学世家中，叶桂倡卫气营血辨治温病学说，其弟子有吴县顾景文、华岫云等，顾、华氏再传叶氏学说，世称"叶派"，叶氏学说创新、规范了江南多发的温热病的辨治，不仅对苏州医学产生影响，而且带动了中医学体系的发展。

明清时期的扬州也是徽商的集中地，扬州的经济、文化辉煌与徽州人的贡献分不开。在明末清初扬州徽商最富有的时候，程应旄、吴楚、程从周、郑重光等新安名医先后客寓扬州，他们为人治病、著书、刻书、结社研医、开药铺、行仁好施，为扬州的医学作出了贡献。

新安医学在中国医学史上写下了灿烂的篇章，在对中国医学史的发展产生深远影响的同时，对国外医学的发展也产生重要影响。新安医学文献多次被国外医学书籍引用和转载。据资料记载，仅从新安传至日本和韩国的医疗记录就已经超过30种。嘉靖年间，徐春甫编著《古今医统大全》100卷，清代乾隆吴谦编著《医宗金鉴》，清代程杏轩编撰《医述》16卷，皆位于古今中医十大医学全书之列。其搜罗甚广，取会精当，贯通古今，博大精深，为海内学界称道。其中，《古今医统大全》不仅被列入《中国医学大事年表》，书中很多论述还为日本医学家丹波元胤所著《中国医籍考》引用。在《中国医籍考》中，共收载新安医家63人，医籍139部。据日本《皇国医事大年表》记载，日本的人痘接种术源于我国清代商贾李仁山传入，并著《种痘述》（日译名《李仁山种痘和解》）。还如《医宗金鉴》（1742年刊行）于1752年传入日本，日本医生精选《医宗金鉴》中《种痘心法要诀》的内容，以《种痘心法》刊行。1795年，日本藩医绪方春朔在认真研究《种痘心法》的基础上，结合自己曾用鼻干苗法预防天花的经验，撰成《种痘必顺辨》，日本藩医多从其学，于是人痘法渐广行。由此可以看出，日本人痘法的推广，受到吴谦编著的《医宗金鉴》的影响。

新安学者获得了当地医生的认可，且认可度不断得到提升，对日本和韩国的医学也产生了影响。如江西名医喻昌在方有执的"错简重订"说和"三纲鼎立"说的影响下，写作的《尚论篇》传入日本后，被当时的玄医所接受，使得经方派在日本兴起、繁衍，至今在日本"汉方医"中仍占有举足轻重的地位。之后，《医方考》《素问吴注》相继在朝鲜、日本刊行。据考证，新安医籍的外传以明清两代为主。尤其是朝鲜、日本两国，不仅通过各种途径吸收了大量的新安医学知识，而且常整本翻印刊刻新安医家的许多重要著述，有些版本流传至今，成为研究新安医学对外交流史的宝贵资料。这一时期东传的新安医籍主要有：南宋医家张杲《医说》，明代医家吴崑《医方考》，明代医家江瓘《名医类案》，明代医家汪机《石山医案》《生生子医案》，明代医家徐春甫《古今医统大全》，明代医家孙一奎《赤水玄珠》，清代医家汪昂《本草备要》。可见明清以来，新安医学重要的历史地位和学术价值，一直受到内外有识之士的广泛关注。

新安医学在中医药学领域诸多方面取得了显著的成就，在中医学术发展的理论及临床诸科方面都有承前启后的作用。综上所述，新安医学指的就是以新安地区（即原徽州一府六邑）为核心的地域性、综合性中医学术流派，与其他区域性中医学术流派一样，在区域的政治、经济、文化、地理位置等因素的作用和影响下，极大地传承了中医文化，同时作为祖国医学的典型代表和缩影，无论是历史上还是今天，其学术理论和思想仍然发挥着影响、辐射和延伸的重要作用。这是我们安徽人民弥足宝贵的文化遗产和引以为傲的文化瑰宝。

参考文献

[1] 汪珺.浅谈新安医学[J].教育教学论坛，2018（20）：2.

[2] 甄雪燕，梁永宣.新安医学"温补派"创始人：汪机[J].中国卫生人才，2016（10）：2.

[3] 黄树林.新安医学师承教育特色及其影响[J].中医药临床杂志，2022（5）：34.

[4] 刘桔炜，陆翔.明代新安医家家刻医籍史述略[J].安徽中医药大学学报，2023，42（3）：5-8.

章末思考

1. 新安医学有哪些学术流派？
2. 新安医学对祖国的中医药发展有哪些历史性贡献？试举例说明。

第四章 徽州文人与徽州文学

本章所介绍的徽州文人,主要为明末清初流寓扬州的徽州人,具体来说就是大画家程邃、著名诗人汪楫和文化奇人张潮。那么,为什么要选择这几位前往异乡的徽州人来介绍呢?

首先,他们3人几乎都生活在明末清初的时间段里,而明末清初这个时期很特别:各种思想风起云涌,互相冲撞而很复杂,在中国社会大变革时期,文化艺术却得到繁荣发展。其次,这些流寓他乡的徽州人不仅在当时很出名,而且时至今日仍有很大影响。他们虽未生长于徽州故里而是在扬州这一文化名都声名鹊起,成为社会名流,但他们身上都带有徽州文化的印记,流淌着徽州人的血脉,所以他们是一群很有意思的文化人,值得一说。再者,在明清时期的扬州,漕运、典当和盐商等掌握重要经济命脉的商业行业者大都为徽州人,尤其是盐商对扬州社会及扬州文化的影响实在太大了,这些流寓扬州的徽州人自然起到重要作用,所以我们今天特意选择从这个角度向大家介绍徽州文化及其影响。

第一节 流寓扬州的徽州文人

究竟什么是"流寓"呢？流寓就是指流落他乡居住。《后汉书·廉范传》说："范父遭丧乱，客死于蜀汉，范遂流寓西州。"唐杜甫《桥陵诗三十韵因呈县内诸官》诗曰："流寓理岂惬，穷愁醉未醒。"范蠡因为其父遭丧乱客死他乡，所以才流寓西州，而杜甫直接写出对流寓很不满，人生困顿不得志而不得不一醉解千愁，可见流寓并非出于自我的意愿，大多是为客观环境情势所迫或人生不得志、不称意时不得已而为之。古人重乡情与亲情，很少背井离乡，离了家便会有千般万般的情感产生，要不然怎么会有那么多怀乡思亲的诗词歌赋呢？再有，像流落、流放、流民都与流寓一样有个"流"字，可见这些词都有来往无定，人生向比较坏的方向转化，如水似的随处流淌，漂泊迁徙、居无定所之意。然而，本章所说的徽州人流寓至扬州，并没有流落、流民的意思，更不是流放，恰恰相反，徽商到扬州，几乎是重建和复兴了整个扬州城，所以才有了"扬州是徽商的殖民地"这样的民间玩笑话。不过，"无徽不成镇"，明清时期因徽商鼎盛而致使城市经济繁荣，确为不争的事实。由此看来，到扬州的徽州人准确的称谓应是侨寓，即乔迁寓居的意思。本节节名中所说的"流寓"，是因为他们3人的居住地都具有流动性，并非一辈子都在扬州一个地方，扬州只是他们从事文化活动最重要的阵地，所以"流寓"这一概念更合适。

那么，紧随其后的问题是，这些徽州文化人为何不约而同选择了扬州呢？扬州地处长江与京杭大运河的交汇处，是南北交通的咽喉要道，在中国封建社会一直占据着十分重要的地位。从唐代开始，随着城市功能的转变，扬州作为商业城市成为富甲天下的大邑，明清时期又是盐漕转运的中心。从商就得言利,优越的交通地理条件,使得扬州成为商人们的首选之地。所以,扬州成为徽商活动的最重要的地区是理所当然的选择,也因此徽商从崛起到鼎盛富甲天下,直至衰败都与扬州有着不可分割的关系。近代的陈去病在杂著《五石脂》中说:"扬,盖徽商殖民地也,故徽郡大姓,如汪、程、江、洪、潘、郑、黄、许,扬州莫不有之,大略皆流寓而著籍者也。而徽扬学派,亦因以大通。"清代悝庵居士的《望江南百调》中有一首写道:"扬州好,侨寓半官场。购买园亭宾亦主,经营盐典仕而商,富贵不归乡。"侨寓扬州的徽商,经营盐业和典当业,获得了巨额的财富,购买了豪华的园林,又捐钱买官,既驰骋于商界,又混迹于官场,沉溺于有钱有势、亦官亦商的富贵生活之中,乐不思蜀,定居在扬州,连自己的家乡也懒得回去了。这些徽商,因为和桑梓乡族的利益紧密关联,基本上是整个姓氏家族共同从事经商,集体迁徙移居,而且带着鲜明的乡土传统和文化背景进入新的环境。于是,在扬州就形成颇具规模的盐商社区,如歙县人郑景濂,以盐策起家,维持三代聚居一处;徽州望族吴氏侨寓邗上后,仍然以所居之村为派;汪氏支派散衍天下各地,以寓居广陵从商盐业为最多,如汪交如一门五世同居一地,代代都有考中甲第的子弟,冠绝当时的淮南,时人称呼汪氏家族为"铁门限"。这些来自徽州的望族巨室在扬州创设宗祠,同时也传承着"亦儒亦贾"的传统。富裕的盐商家庭,通过财富转化为科举及第,以及仕宦上的成功,一些盐商家族文人辈出,世代簪缨,成为提倡风雅的带头人。简单来说,就是徽商在扬州发了财,资助自家子弟读书做官,投资文化事业等。这些都充分体现了商业与文化的密切关系。

　　胡适曾经说过:"一个地方如果没有徽州人,那个地方就只有村落了。徽州人住进来了,他们就开始成立店铺,然后逐渐扩张,就把这个小村落变成了个小市镇。"梁启超说,以徽商为主体的两淮盐商对于乾嘉时期学术的全盛的贡献,与南欧巨室豪贾之于欧洲文艺复兴,可以相提并论。

负笈挟艺走淮江,
山馆瓶花甲四方。
黄白最饶邹鲁趣,
千金散尽理缥缃。

这首诗说的是徽商虽然做生意走遍天涯，但是仍然不忘读书好学。徽商濡染了新安之风，所以有"儒商"的称谓。有趣的是，不少徽商子弟本身就兼有儒士和商人的双重身份。与其他地方传统观念不同的是，徽州人从来没有将行商看作卑贱的职业，也没有将读书与行商视为水火不容的矛盾，所以很多时候是"亦贾亦商"。在徽州黟县西递村有一副对联："读书好，营商好，效好便好；创业难，守成难，知难不难。"在徽州，"营商"与"读书"一样"务本""敦本"。其实，明清时期徽州人在扬州占尽地理优势，商业上风起云涌，也因为地理要道的先决条件，使得徽州人在当时也处在文化交通的要冲位置，南来北往裹挟着气象万千的文化气质的文化人，徽州人与他们交往倡和，相互影响，这为徽州人能在扬州文化中独领风骚提供了可能。徽商中也有相当一部分兼具商人和文士的双重身份的饱学之士、真才实学之人，如汪楫、汪懋麟、许承宣、马曰琯、马曰璐、江春、江昉、程梦星、程晋芳、郑元勋、鲍志道、鲍漱芳、鲍勋茂、汪应庚、郑鉴元等。他们都活跃于明末清初时期，出于自身的政治、经济利益以及个人文化素养、情趣、雅好，喜好结交文人学士，结成诗社往来倡和，有的将文士直接延至门下，作为食客款留觞咏。

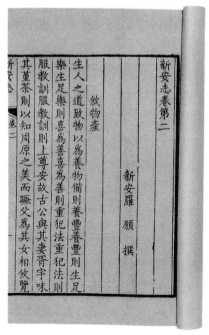 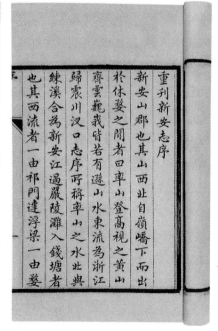

譬如歙县郑氏侨寓维扬，族中科甲仕宦不绝。晚明时期，郑超宗坐拥影园，其得名于著名大画家董其昌。郑超宗在此延礼名硕，四方知名人士纷至沓来，因为园中数百株黄牡丹盛开，郑超宗大宴词人赋诗，集南北名流饮酒，品花赋诗，倡和投赠的诗篇结集为《瑶华集》。当时文坛宗主钱谦益被延聘论定甲乙的盟主，而清初四公子之一的侯方域、粤东诗人黎美周等所作诗歌奉为黄牡丹状元，一时传为盛事，直至清初仍被士林艳羡不已。用现在的话来说，就是徽州人郑超宗举办高级文化沙龙，诚邀天下客，力邀文化界巨星组织评选，最后将文艺创作结集出版。

再如，盐商马曰琯、马曰璐，本为祁门县诸生，与他们结交的人都是当代名家，兄弟二人被称为"扬州二马"，主持扬州诗坛数十年之久。他们所住的"街南书屋"，又称"小玲珑山馆"，是当时扬州诗文之会最兴盛的场所之一，"偕名士结诗社"。在马氏兄弟周围聚集了如全祖望、符曾、陈撰、厉鹗、金农、高翔、汪士慎、陶元藻、杭世骏、姚世钰、方世举等一大批文士，马氏兄弟为他们"适馆授餐，终身无倦色"。著名词人厉鹗，来扬州成为马氏家中的食客，利用马家的巨大藏书研究宋人文集、诗话、小说以及山经、地志等，撰写了像《宋诗纪事》《南宋杂事诗》《东城杂记》《南宋院画录》《樊榭山房诗词集》等大量著作，成为清中叶诗词大家。作为徽商的马氏兄弟为文士、学者排忧解难，提供种种方便，甚至老死送葬，周恤孤儿寡妻。他们为名士学者们的研究、创作解除了衣食之忧。按现在的商业经济观来看，这些文化事业投资是完全没有回报的，不会有任何经济利益回馈，全出于这些徽商个人喜好与对文化的坚守。所以，清中叶的著名学者杭世骏在为马曰琯所撰的墓志铭中称："以济人利物为本怀，以设诚致行为实务。"大诗人袁枚在凭吊马氏的诗中指出："横陈图史常千架，供养文人过一生。"对一些贫寒士子、学者穷毕生精力撰写因财力无法出版的著作，马氏兄弟资助刻印出书，如出资千金赞助诸如词坛盟主朱彝尊刊刻研究中国古代经学流派、版本目录的重要著作《经义考》，为姚世钰刻遗著《莲花庄集》等。虽然这些学术名著不会为他们带来丰厚经济效益，但社会需要学术，需要高雅文化，这是任何时代都不可或缺的，也是马氏兄弟的精神可贵之处。马氏兄弟好客待人，招延文士、学者的所行，受到了名士们的一致赞扬，清代扬州学派重要人物阮元在其《广陵诗事》中称，自马氏兄弟与江昉去世后，"从今名士舟，不向扬州泊"。可见，马氏兄弟的号召力有多强。

马氏兄弟不仅乐为他人作嫁衣裳，自身也好古博学，与门人食客精心校勘古代典籍，如《十三经》《说文解字》等学术著作都出自马氏之手，以至马氏刊刻的版本被称为"马板"。后来，乾隆年间修撰《四库全书》，马氏后人进呈藏书776种之多，位居当时江、浙四大藏书家之首。为此，清高宗褒奖有加，御赐一部《古今图书集成》以示青睐。马氏不仅藏书极其富有，而且拥有大量珍贵字画艺术品，令众人叹为观止。毫无疑问，这些不求回报的文化投资为后世保留了丰富的文化遗产，功在当代，利在千秋。

继马氏兄弟之后，乾隆年间的盐务总商江春、江昉兄弟，时人称为"二江先生"，也雅好交结文人，招引人才赋诗作词，"四方词人墨客必招致其家"。他家设有大厅可容百人，常常高朋满座。江氏在扬州城构筑了著名的园林别墅，其中以康山园最负盛名，海内名流只要来扬州必然会造访该园，乾隆也曾于乾隆四十五年（1780年）南巡时亲自书写题词留念。凡士大夫过扬州，但凡问及他曾馆于何家？其回答不是江春的康山草堂，就是江昉的紫玲珑馆。江氏家族世族繁衍，名流代出，仅《扬州画舫录》记载的江氏族人中的著名诗人、艺术家和鉴赏家就多达15位之多，蔚为一时之盛。从这一条便可看出徽州人家庭背景渊源对于后世子孙的深刻影响。

再如与江春齐名的郑钟山，他也来自读书世家，族中科甲辈出，而且皆以文学显著。盐商汪棣官至刑部员外郎，也以诗文出名，性好宾客，与当时著名学者戴震、惠栋、钱大昕和王鸣盛等人都是好友，往来亲密。还有师从清初文坛执牛耳的王士祯的许氏兄弟——许承宣、许承家，其族中也是四代词科，官宦辈出。汪懋麟、汪耀麟兄弟二人，以擅长作诗闻名遐迩。流寓扬州的程晋芳，是当世有名的盐商，他并不像一般商贾那样"多蓄声伎狗马"，而独好诗书，斥资购取图籍，藏书五六万卷。流寓扬州的徽商中，汪中堪称颇负盛名的学术大师，他与其子汪喜孙，都有聚藏图书、摩玩金石的雅好。汪中的家境本来不算富裕，但是他却有鉴别金石书画的技能，往往别人看不上的东西，他一眼便能鉴识出是否是稀世珍品，通过廉价买入，再转手以数十倍、数百倍的价钱卖出，轻松地赚取大量钱财。汪中以一个大学者的身份从事这种"倒爷"买卖，恐怕也算是徽州盐商群体的特殊一员吧。

在徽商活动的其他地区，还未曾见到有这样多的文人雅士汇集在一起。江都人薛寿在《学诂斋文集》中无不自豪地说："吾乡素称沃壤，国朝以来，翠华六幸，江淮繁富，为天下冠。士有负宏才硕学者，不远千里百里，往来于其间。巨商大族，每以宾客争至为宠荣。兼有师儒之爱才，提倡风雅。故人文荟萃，甲于他乡。"

扬州的徽州人除了像磁石一般吸引着无数文人雅士聚集于广陵，读书登第、步入仕宦也是徽州人群体中时尚所趋。据历史学家统计，1371~1643年间，两淮盐商中所出进士多达106名；到了清代，1646~1804年间，共产生139名进士。两淮盐商的财富创造了高度发达的文化，使得有清一代扬州府的进士总数多达348名，而且还出过11名一甲进士，成为国内重要的文化发达地区之一。盐商的贡献显而易见，而徽商乃至徽州家族在扬州所起的作用也是十分突出的。

在众多侨寓扬州的徽州人中，还有几位是较为独特的，他们成长于徽商家庭，虽然经历不同，个人特点不同，专长有别，但共同之处就在于他们都是明末清初这段历史时期扬州城涌现出的文化名流，在不同领域都影响巨大，是侨寓广陵的徽州人代表。他们分别是被称作"黄山两逸民"之一的清初大画家程邃，曾出使琉球的著名诗人汪楫，以及文化奇人张潮。此外，他们都生活在清初的康熙年间，三人之间也有过书札往来，所以也算是他乡遇故知。本章第二、三、四节特选出这三人一一进行介绍，通过对三位文化名流的个案剖析和平行对比，以归纳徽、扬两个地方同中有异的文化气质。

第二节 "黄山两逸民"之一：程邃

本节我们将目光先聚焦于三人中年纪较长，且历经明清易代，可谓身经磨难最多者——"江东布衣"，也是"黄山两逸民"之一的程邃。

清初大文学家王士禛在《冶春诗》中写道："云间洛下齐名士，白岳黄山两逸民。"前一句称赞的是歙县唐模的"同胞翰林"许承宣、许承家两兄弟，他们是明末清初著名徽商许明贤之子，曾经从王士禛处学过诗；而后一句则说的是休宁的孙默与程邃，他们的身份刚好与前两人大不同，是布衣处士。

这里先简要介绍一下诗中的许氏兄弟。因为都是侨寓扬州，寄籍维扬而后中进士被钦点翰林，所以从宦途上来说许氏兄弟二人在徽商后代中还是很有代表性的。康熙二十年（1681年），许承宣奉命担任陕西乡试主考官，从晋土到秦地，沿途的民间疾苦，他一一记在心上。典试结束回京后，他连续三次上疏康熙帝，其中他写就文章《秦晋间利弊六事》，详细阐述了有关灾荒、赋税、运输、关税、核定盐丁、民丁之实和恢复驿站旧例等内容，语中多利害关系，为同僚所惊悚，但康熙帝认为言之有理，一一允准。他由此声誉鹊起，为朝臣所敬佩。与许多维扬徽商之后一样，许承宣嗜书如命，博学能文，工于诗词，喜好交游。徽州同乡前辈如许楚、程邃与清初的大文章家"宁都三子"之一魏禧，以及清诗坛盟主王士禛等，都经常在许家聚首，同享文酒之乐。他与弟弟承家学诗于王士禛，但又自成风格。所以王士禛就写了上述《冶春诗》表示称赞之意，诗中提到的四个人刚好全都是侨寓扬州的徽州人，只不过许氏兄弟在朝为翰林，而程邃与孙默则是明末逸民，过着半隐居式的生活。王士祯这一联诗恰好道出了侨寓的徽州人的两种不同生存状态，也是维扬徽商中颇有代表性的两类人。

程邃（1607—1692年），字穆倩，号垢（gòu）区，别号垢道人，自称江东布衣，生于江苏松江，祖籍歙县。程邃博学多能，早年就是品学兼优的才俊。曾拜华亭名士陈继儒门下从学，不唯学画，实亦学其品格和学问。同时，程邃也从陈继儒处结识了以思想家名世的黄道周。明末清初，社会动荡，矛盾丛生，狐朋狗党，狼狈为奸。程邃为人，诚实正直，品质端悫（què），崇尚气节，与清初著名的戏剧理论家李渔、大学者朱彝尊交谊甚契，结为挚友，但也招来不少祸端。他任兵部尚书杨廷麟幕僚时，因议论朝廷之事，被迫流寓白门（今南京）十余年，但始终不与邻居阮大铖、马士英等为伍。嗣后又因说了"马士英眼多白，必将乱天下"等话，再遭马士英、阮大铖之流的中伤迫害，幸得陈子龙的调停保护，才免遭毒手。程邃诗文有文采奇气，著有诗集《萧然吟》等。另外，他还善于文物鉴别，家藏名画、古器很多，这一点与很多出自徽商家庭的文人很相似。

程邃于清初移居扬州。坎坷不平的生活之路，不仅未使程邃动摇研究艺术的信心，恰恰相反，他对艺术事业更加矢志不渝。他和淮安的万寿祺，同师事陈徵君，诗文、书画、金石，无不精究，为明末书法家黄道周所器重。他的诗文，信笔写就，若不经意，幽涩奥折，自成一体。曾作《浩歌》一篇，明末清初的著名文人杜濬、魏禧、大词人朱彝尊等都为之序跋。他的行书、隶书、篆书皆堪称于世，颇负盛名。他还长于金石考证，也精于医道。其实，从他身上不难看到，清代中后期出现"皖派"学术的辉煌，新安医学的勃兴自有其渊源，徽州人重实学与经世致用之学的思想由来已久。

王士祯称程邃为"逸民"，是古代对节行超逸、避世隐居的人的美誉，也指亡国后的遗老遗少，比如叔齐、伯夷等。程邃的逸民性格多表现在他的作品中。他以篆刻名世，于绘画只是"镌刻之暇，随意挥之"。在他的艺术经历中，篆刻的位置列于绘画之先。程邃一生虽然作画不多，传世作品尤少，但特点鲜明，足以令人印象深刻。他善作山水，主张以画抒情，曾在一画上题道："仆性好丘壑，故镌刻之暇，随意挥洒，以泄胸中意态，非敢云能事者也。"他的画，纯用枯笔渴墨，模糊蓊郁，苍茫简远，干皴中含苍润，别具韵味，时人给予很高的评价。

总体上看，程邃存世作品共有两类：其一基本沿用传统山水画构图的样式，从中可以看出他深厚的传统根基，也可以窥探此后变革的轨迹；其二则属于他独创的构图样式，是他的艺术魅力之所在，其中以《乱石流泉图》（安徽博物院馆藏）、《千岩竞秀图》（浙江省博物馆藏）等作品为代表。现代著名画家与理论家黄宾虹先生评其画有"干裂秋风，润含春雨"之趣。

程邃的山水画主要有以下三个特点：

1. 独特的视角

程邃的山水画，多取材于故乡黄山、新安江一带的风景。程邃以独特的视角作为发现和创造的起点，重新建构对自然山水的整体把握。他往往将中景拉作近景，以特写手法加以放大，布置在画面上。一块巨岩，或横卧、或矗立，占据画面五分之四的空间。这种独特的视角和手法，打破了宋元以来，山水画一层近树，二层重峦叠嶂，三层远山的恒定程式。

2. 强烈的整体意识

程邃山水画中的形象，以大势大块统摄全局，免去细碎，雄浑强悍。山石的纹理、林木的结构、屋宇的形体等，皆为画面整体的构成部分。它们不是各自孤立的存在，而是充实于画面的统一、有机的融合。经过画家匠心熔铸的山水整体形象，具有不同寻常的量感，构成强烈的视觉冲击力和张力。

3. 平面构成意识

西方古典绘画，恪守焦点透视的近大远小原则，以制造艺术的空间，而中国传统山水画从一开始就追求"外师造化，中得心源"的美学原则。从程邃的作品中可以看出所暗含的某些现代平面构成的因素。他对自然物象的外形进行综合表现，重新熔铸艺术形态，运用"以大观小"的视觉思维和东方古老的平面构成意识，使自然的远近关系转换为画面的层次关系；用笔的结构关系转换为肌理形式关系；使物理关系转换为审美关系，铸造他山水画的整体面貌。程邃的代表性作品，突破了自然山水的限制，关注画面的形式美感而着意于平面上的分割和布置，体现了生命精神的外在物化，从中也可以窥探出其萌生的某些现代意识。

这种特殊的空间艺术的现代意识可能源自传统的书法与篆刻，正所谓"书画同源"，汉字的建构孕育、激发了程邃在艺术上的顿悟和变革。程邃篆刻初学文彭、何震，再学朱简，后博采众长，融会贯通，摒弃"明人习气"，改织巧离奇为凝重古拙之风格，成为清初篆刻艺术领域的一面旗帜，是后期皖派的代表人物，与巴慰祖、胡唐、汪肇龙合称"歙中四家"。他的白文印师法汉印，粗犷朴厚、厚重凝练；朱文印喜用大篆，章法整齐、古拙浑朴。清初的著名文化名流梁清标、周亮工等所用印章都出自他手。清初辑钤印《程穆倩印薮》行世，安徽宣城大文学家施闰章于顺治十七年（1660年）作《程穆倩印薮歌》七古一首：

黄山山人真好奇，性癖膏肓不可治。
雕镂文字寿琬琰，虫角错落蟠蛟螭。
苦心爱者有数子，摩挲只字等禹碑。
亦如昌黎推作者，险奥不废樊宗师。
九月邢关木叶下，山人邂逅同僧舍。
自言好古非雕虫，篆籀周秦足方驾。

> 诘曲迷离多不辨，相逢十人九人诧。
> 可怜古籍秦火焚，存者如缕金石文。
> 岣嵝钟鼎尽奇字，恍惚夭矫凌浮云。
> 今人能手类刻木，仰唇俯足徒纷纷。

这首诗称赞了程邃的作品淳古苍雅、章法严谨、笔意奇古。总的来看，程邃篆刻效法秦汉，首创朱文仿秦小印，融会贯通，自成一派，所以世人称之为"歙派"。

印章的局限性和特殊性决定，以形象入印，只得取消立体和平面关系，而寻求新的平面造形的手法。无论以文字入印，或是以形象入印，都必须研究平面上的布置，即平面上的分割、排列与组合。可以说，正是从篆刻学中形成了中国特有的古老而纯粹的平面构成的美学原则。而制印经验中的"分朱布白""知白守黑""疏能走马，密不容针"等，充分体现了东方古老的平面构成意识和智慧。当代大画家、绘画理论家潘天寿先生就曾指出，研习分朱布白与字体纵横交错之配置，以及印面上气势之迂回，精神之朴茂，风格之高华等，与书法、绘画之原理则全同。所以程邃可谓"画从印入，印从画出"，将画与印的艺术密切关联、相互启发。身经明清易代之际，又险遭奸佞迫害，只得转而专心篆刻与书法、绘画以及诗歌创作，在另一个空间与世界里遣怀抒情，实属不得已而为之。在扬州，程邃有足够的空间与物质基础供其安心创作，然而正是程邃究心文化艺术，才为我们留下绝世的佳作，供我们欣赏玩味。无论是篆刻还是绘事，他的艺术创作都开启了一代风气。

第三节 出使琉球的著名诗人：汪楫

清朝初年，琉球王国的国王年年都会进贡清廷，自明朝时便请册封于中国，所以，每当有老国王辞世，世子就会派使节前往中国。汪楫，是清朝第二位出使琉球的使节，比起他的前任赢得了朝廷更多的信任与好评，不仅使所费钱财大大降低，为朝廷节省很多，更是以其个人魅力赢得名声，得到海外藩国的追捧与崇拜，借此为传播中华文化作出努力，并且也为之后的出使奠定了很多制度和惯例上的做法。在他出使以后，琉球王国经常派遣留学生到清廷的国子监学习儒学，所以汪楫在清代的徽州人中是独一无二的。

汪楫，生于天启六年（1626年），卒于康熙二十八年（1689年），年64岁。祖籍休宁，随父迁居扬州仪征。汪楫一生较为重要的转折点有二：一是康熙十八年（1679年）举博学鸿儒科一等，授翰林院检讨；二是康熙二十二年（1683年）任正使出使琉球。这一时期为汪楫离扬居京的十年时期。

汪楫生于较为富有且家教严格的家庭，少负才气，一开始也以功业为己任，然屡举进士不第，康熙十六年（1677年）才以明经为淮安府的赣榆县的训导，为基层官员编制之一，通常辅佐地方知府，主要负责教育方面的事务，从七品，官职相对较低，大致相当于今天的教育局局长。康熙十八年（1679年），是汪楫一生重要转折点，召试博学鸿儒科被列为一等，入京为翰林院检讨。康熙朝为了弥补科举考试不能将天下英才尽揽于中的不足，特意开设举荐博学鸿词科这一途径，让天下有才能的人都能有足够机会读而优则仕。汪楫得到这样的机会后，人生出现逆转，不仅入翰林院为检讨，还充任《明史》纂修官，并兼修《崇祯实录》，而且还两充廷试读卷官。那一年一同被选入翰林院的还有大词人朱彝尊、陈维崧等一大批文化名人，可见此次康熙帝在正常科举制度之外再开设博学鸿儒科，作为选拔人才的有益补充是多么明智。当然，这也是为了弥合民族矛盾，特别是为了部分解决因为满族统治的狭隘与科举制度的有限，导致汉人中的有才之士难以跻身上层的社会矛盾问题。正如汪楫本处于社会中下层，若不是康熙朝召试，恐怕他也要沉沦一生。正因为他抓住了这样的难得机会，也使得他的才华得以施展。

汪楫曾建言于当时史官总裁：先仿效宋代李焘《资治通鉴长编》，凡是有关诏谕、奏议、邸报之类的公文材料一并汇辑收集，只有材料文献齐备才能撰写出真实可信的历史。这在当时人才云集的翰林院和史官们中间产生了较大影响，可以说是初步奠定了清初史书的撰写基本思想，因而在京城的士大夫间，汪楫赢得了较高名声。

再者，命运之神也在悄悄眷顾这位来自扬州徽商家庭的翰林。当琉球王国的世子派使来华，请求册封时，康熙遍寻朝中文武大臣，希望有合适人选，有人推荐了汪楫。当仪表堂堂，身材魁硕，风度翩翩的汪楫站在康熙帝面前时，皇帝满口称赞，立刻颁旨任命他为琉球正使。汪楫的人生再次出现重大转机，仿佛迈向了个人事业的顶峰。为了顺利出行，汪楫上疏提了七条建议，康熙帝采纳了其中四条，比如颁御书、祭海神、贡使随往、预支俸银赐品服等。为此，朝野再次震动，汪楫的声名更响，被誉为"江南三大布衣"的翰林院编修严绳孙率众人纷纷撰写辞送汪楫先生的歌诗近百首，声势浩大，就连扬州、仪征的百姓听闻后也想要争睹皇家使节仪仗船队的尊荣，毕竟汪楫是从扬州走出去的。

康熙二十二年（1683年），这一年整个清廷并不太平。三月初八，康熙帝在与大学士讨论了为反击俄国入侵者所作准备诸事后，下令勘察河道、修建船舰，进行试航、确定运送军粮的路线和地点。七月，福建总督姚启圣疏请对郑克塽颁赦招抚。是月二十七日，康熙帝在敕谕中希望郑克塽等诚心投归，率众登岸，他将从优录用，妥善安置。康熙帝还强调说决不失信于天下。也恰在六月，翰林汪楫先生被正式选中为正使，特旨赐一品麟蟒服。然而，他并未旋即出海，而是先到了福建，等着琉球王国陪臣到来充当向导。当时，福建地方官员如总督姚启圣正视察厦门，而巡抚董国兴告病回京，布政使马斯良则入京觐见，知府张怀德病废不理政事，偌大省会之地，上无督抚藩司，下无府县官，对于册封外邦为数十年一举的大典，竟没有一个当地官员能给予汪楫有力的帮助。汪楫只能全凭自己的能力克服困难设法解决，整整二十天，为了出使做着充分的准备。汪楫不仅努力大大紧缩出使的规模，为朝廷节省银两，还亲自监造适宜出海的船舰。不过，好在汪楫出身于徽商家庭，这些后勤杂役以及财政方面的调配和保障等现实问题，并没有难倒长年寒窗苦读的他。六月二十三日辰刻，汪楫与副使中书舍人林麟焻一同率船队由福建出发，出五虎门、过东沙山；二十四日过小琉球花瓶屿、鸡笼和淡水诸山，当日经彭佳山、钓鱼屿；二十五日过黄尾屿、赤尾屿；二十六日至姑米山、马齿山，入琉球的那霸港，历时约三昼夜。此次出行一开始便出师大捷，海面似乎有神风相助，用时之短为当时罕见。据汪楫撰写的《使琉球杂录》与《册封疏钞》等史料记载，其实海上航行面临风险巨大，譬如他乘坐的船只束桅的铁箍十断其三而桅杆却不散，系篷顶绳断裂而篷不坠，桅前金栓摇裂逾尺而船未坏，汪楫一行可谓幸运之至。在航行至海沟外围处时，汪楫按照传统惯例祭拜了海神娘娘，所以，他认为此行的顺风顺水应当有天神护佑。汪楫所率使团在康熙二十二年（1683年）岁次癸亥，八月庚子朔越六日己巳，即农历八月六日正式举行了论祭已故的琉球王国国王尚质的仪式，同时完成了对世子尚贞的册封加冕，使其成为新的国王。在琉球的整整半年时间，汪楫不仅接受了琉球王国国王特地举行的数次重要宴会，还在宴会中展现了他抚琴吟唱的才华，其精通音律的本事让琉球朝上下叹服不已。根据出使琉球的经历，汪楫还创作了诗集《观海集》，由其孙在其去世后的雍正年间刊刻而成。离开琉球时汪楫曾婉拒琉球王国国王赐予的重金，以至琉球人特意建立"却金亭"以纪念他，一直到道光、咸丰年间出使者仍能看到这个亭子，足见汪楫尊国体、识大局。他这种始终保持的清廉高尚的品质不仅影响着琉球国人，还深刻影响着后来者。回程途中，汪楫率团再次致祭了海神，此时，距他六月到达琉球那霸港口已有半年时间。

然而，此次回程并未像出行时那样顺利，行至海上遭遇危险，汪楫失血达盆余，病骨支离，但是他强忍着仍然赶往京师复命。不仅如此，船只行驶至浙江海域时，汪楫还遭受了心理与精神上的重创：其生母闵氏遣人通报他，其父已于康熙二十二年（1683年）八月卒于仪征，而彼时琉球王国的国王大臣刚刚撰写了一大批庆贺汪父八十寿辰的诗歌与寿序。更不幸的是，汪楫归家后不久，生母也病逝。接二连三的打击让汪楫有些手足无措。按照传统，自康熙二十三年（1684年）起汪楫丁忧三年，至迟为康熙二十五年（1686年）方才赴京官复原职。

汪楫奉使尽职归后，本应从优议叙，再加上宫坊官缺，故而不应出现外放地方官的道理，可惜恰逢汪楫治丧为父母守孝，里居三年后，康熙二十八年（1689年）汪楫由词林而为外吏，从京师被调任到河南任知府，这无异于贬谪。个中原因很难窥探，不过，可以推测，他应该是卷入了复杂的政治斗争，即便身不在京，其朋友圈或同年、同乡所形成的政治力量一旦遭受打击，他也很难置身于外，或有殃及池鱼的可能。汪楫出任河南知府，表现出色，得到川陕制府佛伦的赏识，并被推荐为陕西督粮参政，虽然没有成功，但据乾隆《洛阳县志》称"（汪楫）康熙二十八年出知河南府。性敏给，礼士爱民，多善政，累光禄寺卿，祀名宦"，可确知汪楫在河南年数不短，政绩突出，上下对其的评价也很高。虽然他并未因此晋升回京师，但也因此得以官拜福建按察使司，后升福建布政使，这年已是康熙三十二年（1693年）。

在福建，汪楫也兢兢业业地从事着本分工作，努力治理社会的公平与法治的问题，赢得了当地百姓的拥戴。朱彝尊《墓表》说："（汪楫）莅官五载，民戴其德，诰授通奉大夫，召入京师将擢卿寺，公以疾告。"垂老多病的汪楫从福建任上辞归故里后，渐渐淡出人们的视野。直到康熙三十三年（1694年），他带病迎驾于宿迁，拜谒了第三次南巡的康熙帝，而皇帝"宣赐御书未几卒"于仪征。当时康熙帝无不亲切惋惜地惊问："卿为汪楫否？老矣。"此时可想而知，汪楫的内心应是何等的激动，时隔近十年，当朝天子竟然还能直唤出自己的名字，足见汪楫在朝廷中的影响和康熙帝的爱才、惜才了。这也更加证明，康熙帝当年任命他出使琉球是相当圆满成功的，汪楫切实贯彻了皇帝怀柔远邦，名播天下的政治意图，彰显了清朝帝国的盛世与国威，而汪楫的功劳也让康熙帝铭记于心。不久，一生经历丰富的汪楫病逝于家中，年64岁。

回顾汪楫的一生，其父的影响不可谓不深。汪楫生父汪汝蕃（字生伯）自言生平无异人，唯"不欺"二字，反复无愧耳。尝筑友善庵，出米数百石赈饥，身与妻子粗粝自如。明清易代后，家中落，乃整饬余绪，每得金便赎回屯营妇女归其家，又埋胔掩骼二十年，凡棺椁多达千余。作为侨寓扬州的徽商，汪家虽算不上富庶的大户，但是汪父将徽商崇尚义举、承担社会责任的优良传统表现得淋漓尽致。行善乐施也应是休宁汪姓家族的传统，据《休宁名族志》记载，"性好市义，焚券蠲（juān）责，终身孝慕，备尽友爱"的汪姓族人比比皆是。当汪汝蕃看到汪楫名声遍及大江南北，常有众人争相与之结交时，其意欿之，教诲告诫汪楫：吾不愿尔曹为名士，名如翦彩镂棘，实不存也。尔曹与人交以其文，无宁以其行。郭泰之异茅容，庚衮之敬褚德，岂为名高哉？尔曹其慎之。汪汝蕃对其子嗣的教诲是恪守道德至上的原则，"无宁以其行"，这种认识应该是与泰州学派王艮文教方面注重道德的基本主张，即"先德行而后文艺"相呼应。"不愿尔曹为名士，名如翦彩镂棘，实不存也"事实上也是反对和批评虚浮的声名，当时"以文艺取士"以及崇尚文名而"莫知孝弟忠信，礼义廉耻"，因此汪汝蕃对于汪楫等子弟的教诲规劝是及时的。

汪父在对汪楫教诲中提到的郭泰为东汉时期名士，与许劭并称"许郭"，被誉为"介休三贤"之一。郭泰出身寒微，博通群书，擅长说辞。与李膺等交游，名重洛阳，被太学生推为领袖。他在第一次党锢之祸后，被士人誉为党人"八顾"之一。茅容也是东汉贤士，耕于野，避雨树下，当众人形容随便、不拘礼节而相对坐着时，茅容独危坐愈加恭敬。有朋友与之交往，茅容杀鸡为馔，朋友以为为自己而设置，既而茅容却以此供奉其母，自己具备草蔬与客同饭。这样的举动充分展现了茅容为真正的重孝知礼之人，显然郭泰比之茅容当然属于风云人物，庚衮也是笃学好问，事亲以孝称之人。汪父之意是让汪楫做平凡的道德实践者，他这番举古圣贤之例教育子弟，用意鲜明，就是向汪楫强调了不要去做空有虚名的所谓"名士"，而应真正学会做人，培塑自己的道德情操，从而提升自己的思想境界。徽州的优良文化、家规传统就如汪氏家庭一样，不管身处何处，仍然被稳固地传承下去，这就是不忘本。

汪楫一生算不上显赫，但是因为出使琉球大获成功，成为他最大亮点。同时，作为著名诗人，他也赢得了如王士祯、朱彝尊、陈维崧、龚鼎孳、魏禧、施闰章等一大批文化名流的盛誉赞赏。时人将著名布衣诗人吴嘉纪、孙枝蔚同汪楫一道视为清初扬州的三大家，也称汪楫与汪懋麟为"江都二汪"，可见其诗歌创作方面的惊人才华。

第四节　文化奇人：张潮

顺治七年（1650年），又一位文化界奇人——张潮诞生了。他的父亲为他取名朝麟，这个名字至少使用到9岁。他很可能出生于北京，因为在张潮出生的14个月前，他父亲张习孔于殿试中金榜题名，中了进士。张潮的祖籍在徽州歙县距离薛坑不远处的柔岭村。柔岭，或作柔川，又作柔岭下，在州府东南边20千米的地方。张潮是甲道张氏的第32代孙。甲道是旧徽州婺源县的一个地方，始祖为张彻，其实到了张习孔的曾祖张显达这一代，他家已迁至铜陵经商。张潮的曾祖张顺、祖父张正茂、父亲张习孔，几代人都亦商亦儒，但并不显贵，直到张潮的父亲中进士后，张潮家才算真正的富且贵了。

张潮于康熙十年（1671年）离开徽州来到扬州的。张潮，字山来，他是自山中而来的，所以以"山来"为字，应当是在他来扬州不久之后取的。张潮来到这个歙县商人聚集最多的盐业之都扬州，顺理成章地也成为经营盐业的一名商人。张潮或许从未家财万贯，富甲一方，然而，盈利颇多应是事实。过去，人们以为张潮从事的是获得最多的"盐运商"，现在看来可能性更大的是盐业的"投资商"，因为他曾有大量食盐在汉口出售，但没有迹象表明他到过汉口，所以他不算是"运商"，而是坐地的投资商。然而，这种投资显然隐藏着巨大风险与危机。

张潮乐善好施，资助了一大批文人，如顾彩、孔尚任、张韵、张鸣珂、吴应麟等。陈鼎为张潮所作的传记中写道："居士性沉静，寡嗜欲，不爱浓鲜轻肥，唯爱客，客尝满座。淮南富商大贾，唯尚豪华，骄纵自处，贤士大夫至，皆傲然拒不见，唯居士开门宴客。四方士至者，必留饮酒赋诗，经年累月无倦色。贫乏者，多资之以往，或囊匮，则宛转以济,盖居士未尝富有也,以好客故,竭蹶为之耳。"这里描写的就是张潮与其他沉醉于奢侈之风的徽商决然不同,与四方宾客诗酒往来,平等交往。以至前来拜见张潮的客人常常排着长长的船队等候接见,算是扬州一时的盛况。这一点,张潮与汪楫也是很像的,不过,张潮与众宾客相谈甚欢的场面更有过之而无不及。

除了助人之外,他还立下其他功德,如资助修建了沭阳文庙,资助重修了黄山慈光寺,出资整修了苏州虎丘真娘墓等。至今虎丘真娘墓上还立着张潮为她所立的墓碑,碑文为:"康熙甲戌浴佛日——古真娘墓——新安心斋居士张潮山来氏重立。"这是张潮于康熙三十年(1691年)从徽州返回扬州途中,逗留苏州虎丘时,为这位唐代名妓胡真娘修墓立碑的。缘何为她立墓碑?真娘是唐代苏州著名的歌妓,据传她本是一个胡姓人家的女儿,父母双亡,孤苦伶仃,被骗堕入青楼,因容貌姣美、擅长歌舞而成为名噪一时的吴地佳丽。然而,她人品高洁,守身如玉,立志不受侮辱,为反抗鸨母的压迫而投缳自尽,葬身虎丘,墓在剑池之西的虎丘寺侧。大文豪白居易也有诗歌《真娘墓》来凭吊她,流露出诗人对这位洁身自好的薄命红颜的无限怜惜之情。张潮也秉承文人对真娘的无限惋惜和同情,以及对美好事物的无比怜爱之情,对丑恶势力加以无情鞭挞。通过凭吊真娘这样一个出身卑贱的名妓,也充分展现了诗人自己的痛苦、悲愤、惋惜、感伤的强烈感情,或许他也有着对自己人生的无尽感慨。

同很多徽州人一样,置田买房是亘古不变的传统。张潮不但有房产,在扬州有不少田产,在如皋还有"别业",在老家徽州北乡的凤凰村有田一顷余,而在南乡柔岭的一处大房产,大概是他父亲留下来的,康熙三十三年(1694年)遭遇一场大火,连同祖上遗物一同被焚毁,片瓦无存。为此,张潮痛苦不已,在与友人的信札中非常沉痛地诉说了这段不堪回首的经历。

张潮才华出众,财力超群,是一个不善言谈、不苟言笑、木讷而孱弱的人。他可谓是著书狂、编书狂和刻书狂。虽然他满腹诗书,但屡试不中,一生未曾登第,自觉怀才不遇,一生怀有炽热的世俗功名之心。由于心慕仕途,他曾经花了大约一千两银子捐得了个"翰林院孔目"的空衔,同时还为他的弟弟张渐花了大约五百两银子捐得了个"教谕"之职。所谓"孔目",因"细事皆经其手,一孔一目无不综理,故名"。到了清代，翰林院只有一满一汉两位孔目，况且汉人孔目仅为未入流的虚衔，并非实职，所以张潮的友人医生江之兰对此不以为意，说他捐纳官位，仅得翰林院之末席，实为屈才，此举不过是"医治内热的清凉散而已"。然而，对于张潮来说，这也确实只是满足一下自己的虚荣心，他根本未曾就任过，故陈鼎所作传曰："以资为翰林郎，不仕，杜门著书，自号心斋居士。"由此可见，即便表面狂放的诗人，其个性与内心也是十分复杂的。

张潮虽然才华出众，却始终不满于自己的文名，从《幽梦影》的成书过程可见一斑。他在扬州发了财，也在扬州轻而易举地刻了很多自己的书，但真正让他的名声传之久远的还是那本小书《幽梦影》。书中收录了他本人的格言、警句和随感共219条，就这么薄的一本小书，从酝酿到写作整个过程约15年，不可谓之不长了。是不是真因为书写得慢呢？也不是。这219条格言，张潮共邀了115位文人，写下了多达700条评语，外加几篇序言，还都要找有名的文人来写，这有多么艰难啊。无怪乎，人们佩服和惊叹于张潮的神通广大！这也从另一方面可见张潮的名心之重。不过，正因为有了名家评点，使得这本小书意义非凡，凝聚了很多人生的智慧，实际上是"大家小书"。

对张潮的名心，许承尧在他的《歙事闲谭》中亦有所表述。他说张潮"诗颇纤薄，而同时评论其诗者有邓孝威"等20多人，并且"单词只语皆录入，名心可谓盛矣"。许承尧对张潮这个同乡前辈的评论还是十分中肯和公允的。当然，也大可不必去苛责张潮，谁又能真正摆脱名利思想呢？要文名何尝有错呢？人生的追求又何须是"高大上"的呢？

张潮以文士和刻书家闻名遐迩，慷慨大度，但他因身体等其他原因，不喜远游，所以前来拜谒他的人很多，而他去寻访的人却很少。杭州陆次云在将要抵达扬州时，就有多位友人说道："君此去，当往晤张山来先生矣。"既到达维扬，多位友人又问道："君曾晤山来先生否？"由此可见，凡是前去扬州的文士，都把拜访张潮当成必要的事项。正如苏东坡所说，到苏州不游虎丘，可谓遗憾；套用此话，可以说到扬州不拜访张潮，也是桩憾事。

张潮一生所刻书甚多，其中《幽梦影》是一部他本人的格言集，《虞初新志》是一部清初文人传记的选集，《檀几丛书》和《昭代丛书》则是清初文人的小品丛书，《尺牍偶存》和《友声集》是他与友人之间

1500封书信的集录,《心斋诗集》是他的诗集,《心斋聊复集》是他的文集,此外还编有《花影集》《花鸟春秋》《补花底拾遗》等。在众多的著述中,为他赢得长久声誉的还当是那部《幽梦影》。对于《幽梦影》的赞誉,还是其书第一则中的评语最为精到:"读经宜冬,其神专也;读史宜夏,其时久也;读诸子宜秋,其致别也;读诸集宜春,其机畅也。"庞笔奴曰:"读《幽梦影》,则春夏秋冬,无时不宜。"

  对于这本书的取名,也颇有些趣味。据张潮与友人的几封信中透露,张潮原本想把这本书叫作《香梦影》,但不管是"香",还是"幽",那"梦影"两个字却是始终都在的,也始终带着几分朦胧。翰林孙致弥在他那篇充溢着老庄思想的短序中,同样以其朦胧之语让读者更觉朦胧。"吾闻海外有国焉。夜长而昼短,以昼之所为为幻,以梦之所遇为真;又闻人有恶其影而欲逃之者。然则梦也者,乃其所以为觉;影也者,乃其所以为形也耶?"在他看来,张潮的思想犹如"破蒙之钟","息影"之"阴"。而精于医术的江之兰又在他的短序中提出了另一种理解,他认为《幽梦影》与导致多梦的"异疾"无涉,也不是以"梦木撑天",或"梦河无水",预示祸福的梦而仅仅是"影":"心斋之《幽梦影》,非病也,非梦也,影也。影者维何?石火之一敲,电光之一瞥也。"以佛家的电光石火来理解人生之短暂,而张潮则对此有着"幽"深之理解与把握。这都是顺着"幽"路来理解的。张潮的侄子张兆铉对此却不以为意,觉得叔叔的书名取得不妥,他说:"惊人之句,大率显而非幽,觉而非梦,质而非影也。"所以,他以为当取名《心斋随笔》或《偶笔》为佳。张潮虽然没有听从侄子的话,改掉书名,但也听取了部分意见,因为在《幽梦影》的每2卷首页上都刻有"心斋张潮随笔"这几个字。

  后人评价张潮的《幽梦影》是一部奇书,其奇处之一,是笔调所及,范围甚广;奇处之二,是作者将自己独特的人生见解,用小品的笔法抒写出来,文笔清新可爱,含有丰富的哲理,令人回味无穷;奇处之三,就是作者的每一则格言之后,附有同时代人的妙趣横生的评语。虽然《幽梦影》有如此诸多好处,但它的刊刻,在涨潮生前并没有给他带来多大的荣耀与文名,而在他死后,这本书的影响与价值才呈现出上升的趋势。道光二十九年(1849年),《幽梦影》收入新编的《昭代丛书》而流行于世;又30年,《幽梦影》被收进《啸园丛书》再度出版;此后直到清朝覆亡,《幽梦影》先后被收进八部大型丛书之中。早在20世纪30年代,林语堂就将其译为英语,《幽梦影》如今还有2个外文译版,一个是日文版,另一个是法文版。

《幽梦影》的成功恐怕不在于思想深邃、意境隽永,而在于这些格言和警句文字乖巧,趣味隽永。事实再次表明,张潮确实善于取悦读者,赢得了读者的欢心,让他们高高兴兴地沉浸在才子的华彩文字之中。总而言之,《幽梦影》是文坛上层的高级装饰品,它的最大特点在于它是一部"快书""趣书"。首先,《幽梦影》的内容主旨本身就具有这样的性质:在一个充溢着情趣与愉悦的圈子里,读书、赋诗、饮酒,谈论音乐、友谊、爱情以及花石鸟草等,也可以说《幽梦影》是一本有关文人审美价值的浓缩与诠释。《幽梦影》的另一种巨大魅力就是来源于众多的评论,有的一则正文下有数条评语,而这些评语并非写于一时,随着时间的流逝,前后评语之间相差数年甚至十多年,评者中有的已经过世,有的依然健在。然而,在后来的评论者心目中,逝者虽死而犹生,双方依然进行着热烈的对话与辩论,智慧的光辉仍不时地在他们的评语中闪烁。这是一种怎样奇特的景象呢?

然而,就是这样一位才华卓绝之人,也并没有受到命运特别的宽佑。他的爱妻大约死于康熙二十八年(1689年),他为之悲痛,写诗50余首,编为《清泪痕》,有句曰:"他年纵是归同穴,曾补生前缺限无。"其深情可以略见。数十位诗人亦为其妻作悼亡诗。张潮生前的最后一封书信是写给友人王晫的,时间是在康熙四十五年(1706年)六月初三,信的内容是告诉朋友:夫人病逝(应为续配),仅隔五天,他的"四舍弟"撒手人寰。是年冬天,"既已破家,艰窘万状"的张潮又遭"无妄之灾":"书室中为强暴女流所蹂躏,詈(lì)骂污秽不堪听闻。"于是,他走向了家破人亡、朋友散尽的凄凉结局。关于他的卒年有两种说法,一为1707年,一为1709年,至今无定论。根据《歙县志》上说,他还于1699年左右入过一次狱,可能是因为所写文字的原因。

从张潮的言语中,或许我们能部分还原这位文化奇人的思想与内心。譬如"天下有一人知己,可以不恨。不独人也,物亦有之。如菊以渊明为知己;梅以和靖为知己;竹以子猷为知己;莲以濂溪为知己;桃以避秦人为知己;杏以董奉为知己;石以米颠为知己;荔枝以太真为知己;茶以卢仝、陆羽为知己;香草以灵均为知己;莼鲈以季鹰为知己;

瓜以邵平为知己；鸡以宋宗为知己；鹅以右军为知己；鼓以祢衡为知己；琵琶以明妃为知己……一与之订，千秋不移。若松之于秦始；鹤之于卫懿；正所谓不可与作缘者也。"张潮语惊四座，不仅赋予天下自然万物以生命与气质，还能将它们的精神特质与历史上的著名人物相联系，使物与人也能互为知己。

再如他谈读书时说："少年读书，如隙中窥月；中年读书，如庭中望月；老年读书，如台上玩月。皆以阅历之深浅，为所得之深浅耳。"这说得多准确，读书不就是读人生吗？人阅历越深，对书的理解自然就越深。很显然，张潮的体会应是来自自己的经历。说到个性与做人，张潮说："傲骨不可无，傲心不可有。无傲骨则近于鄙夫，有傲心不得为君子""求知己于朋友易；求知己于妻妾难；求知己于君臣则尤难之难。"

他对世间的美有着独到的见解。他说："所谓美人者，以花为貌，以鸟为声，以月为神，以柳为态，以玉为骨，以冰雪为肤，以秋水为姿，以诗词为心，吾无间然矣。"除了强调容貌，他还指出了文心修其内的品质。

对于人生社会的态度，他说："胸中小不平，可以酒消之；世间大不平，非剑不能消也。"可谓一语惊四座，还写道"古今至文，皆血泪所成"。他的狂放不羁，还表现在他所说的"天下无书则已，有则必当读；无酒则已，有则必当饮；无名山则已，有则必当游；无花月则已，有则必当赏玩；无才子佳人则已，有则必当爱慕怜惜"。

他似乎将山水、诗酒和读书看作整个人生，所以他写道"善读书者，无之而非书：山水亦书也，棋酒亦书也，花月亦书也。善游山水者，无之而非山水：书史亦山水也，诗酒亦山水也，花月亦山水也"。还写道"有青山方有绿水，水唯借色于山；有美酒便有佳诗，诗亦乞灵于酒"。也难怪他的书名是《幽梦影》。那他所说的至高境界的美是什么呢？"山之光，水之声，月之色，花之香，文人之韵致，美人之姿态，皆无可名状，无可执着；真足以摄召魂梦，颠倒情思。""胸中之山水。地上者妙在丘壑深邃；书上者妙在笔墨淋漓；梦中者妙在景象变幻；胸中者妙在位置自如。"借着山水，张潮将人生体悟与智慧浓缩到了只言片语之中，没有长篇大论，也没有正襟危坐地说教，多的是一种文人的狂放与洒脱，无拘无束的自由表达，世间有此境界的人又有多少呢？真是天地间一大奇人。奇哉！张潮。

第五节　徽、扬两地的文化关系

上面我们举出了极具代表性的三位流寓扬州的文化名人，那么我们不免会有这样的疑问，徽州与扬州的文化究竟有什么异同呢？或者说，扬州究竟接受了怎样的徽州文化影响呢？

明清时期以徽商为主体的两淮盐商是中国闭关锁国时的商界巨擘，他们大批麇集于扬州、淮安等地，形成了独特的盐商社区文化———一种被称为"扬气"的生活方式。它以豪侈风雅为主要特征，不仅孕育了丰富多彩的淮扬城市文化，其流衍传播，对于明清社会习俗演变、风尚之演替，无疑有着深刻的影响。

（一）"亦儒亦贾"的传统

有些盐商因为暴富却不被社会精英文化阶层接纳，而将财富转化为弥补社会地位和个人声望的冲动，表现为挥金如土。然而，徽商往往将钱财投资于自家子弟读书科举乃至仕宦，好实现社会的名望，还可自立为官商，以保护家族的专卖权益。因此，徽商身上流淌着"亦儒亦贾"的文化传统。当然，有些徽商"好儒"不仅仅在于提高自身的文化修养和翰墨知识，而且能从传统文化中汲取营养，作为自己立身行事的准则，加强自身的道德修养，在具体的商业活动中躬行儒道，坚持商业道德，这便是贾与儒之间深层次的结合。绩溪《西关章氏族谱》提到徽商章策："盖君虽不为帖括之学，然积书至万卷，暇辄手一编，尤喜先儒语录，取其有益身心以自励，故其识量有大过人者。"这就是"贾名而儒行"，虽然是用儒家思想和好读书的表现掩饰装点其商业行为，但是毕竟推动了扬州形成"亦儒亦贾"的特殊风气。

扬州这一得天独厚的地理位置不仅吸引了商人，还使得众多文人雅士蜂拥而至，在扬州越聚越多，从而形成浓郁的文化氛围。"扬州为南北之冲，四方贤士大夫无不至此。"（《扬州画舫录》卷10）康乾时期扬州聚集了来自全国各地的文化精英人才，可以说"海内文士，半集维扬"（谢堃《书画所见录》），"怀才抱艺者，莫不寓居于此"（《孔尚任诗文集》）。能形成上述文化兴盛的局面，徽州人功不可没，起到了决定性作用，而徽州人"亦儒亦贾"的传统也在客观上促进了扬州形成文化高地。

当然，徽州人尤其是徽商也将固有的一些社会风尚传染给了扬州，如奢侈之风，传统曲艺、兴建宗祠等，所以徽州人对于扬州文化艺术的深远影响令世人瞩目。

（二）徽商与扬州八怪

近年来，随着徽学的兴起，扬州和徽州的历史文化价值也愈发受到各界的关注。明清以来，特别是有清一代，深受辉煌灿烂、渊源深厚的徽州文化的濡染和影响，将徽商"贾而好儒"的特色发挥到极致，很多才华横溢、精力充沛的徽州人及其后裔得以在人文荟萃的经济文化城市扬州立足、生根，并在这一丰富多彩的历史舞台上展示身手，成为有影响力的名流人士。

"扬州八怪"和"扬州学派"是扬州文化在艺术和学术上的两座巅峰。来自于"东南邹鲁"的徽州盐商，"咸近士风"，有爱好书画的传统，多好蓄古玩字画。阮元《广陵诗事》卷7中称马曰琯、马曰璐兄弟："每逢午日，堂斋、轩室皆悬钟馗，无一同者，其画手亦皆明以前人，无本朝手笔，可谓巨观。"汪廷璋"好蓄古玩"，他的2个孙子，汪玉坡、汪元坡工诗画，汪廷璋之叔汪学山收藏了相当多的古代名画。郑元勋是著名的画家，而其弟郑侠如的休园中，不仅有当今名人字画，且多有文震孟、徐元文、董其昌真迹，所以他们喜画、爱画、藏画就毫不奇怪了。鲍志道家也是收藏颇丰。他家收有元明清著名书画家作品140件，唐宋元明各大家书法墨迹和宋拓本46件，经过精选，鲍漱芳请著名篆刻家党锚龄勾摹镌刻成《安素轩法帖》。徽州盐商与扬州八怪的交流、切磋和供养，不仅不足为奇，而且这对扬州画派的形成和发展也有着十分有益的作用。

扬州八怪中的代表人物郑板桥（原名郑燮），很早便得到盐商马曰琯生活上的接济，度过了一生中最为拮据的时期。所以他和马曰琯的关系也最密切，他曾为马氏画竹一幅，并题诗："缩写修篁小扇中，一般落落有清风。墙东便是行庵竹，长向君家学化工。"他还为马氏的小玲珑山馆撰书楹联一副："咬定几句有用书，可忘饮食；养成数竿新生竹，直似儿孙。"江春有一首题为《辛巳谷雨日，招同杭堇（jǐn）浦、郑板桥、汪石恬、陈江皋、李于亭、费苕（tiáo）溪、常莱畦（qí）、黄北坨（tuó）游铁佛寺，分赋得蓧字》的诗，记录了江春和郑板桥等游兴赋诗之事。郑板桥与盐官卢见曾更是经常来往。卢见曾在《扬州杂诗》中写道："一代清华盛事饶，冶春高宴各分镳。风流间歇烟花在，又见诗人郑板桥。"反映了他们之间的熟悉程度。也正是因为郑板桥与大盐官、大盐商之间有着笃深的交往，所以他的诗画作品成了许多小盐商追求的对象。《古今笔记精华录》中记载了一则扬州盐商骗郑板桥为其作画的故事，也说明了扬州盐商想与郑板桥交往，获得书画，并以此为荣的一种风尚。

八怪之一的歙县人汪士慎出身于贫寒人家。初到扬州时，他无法立足。所幸的是，他得到了马曰琯、马曰璐兄弟的热情接待与支持，并在马氏兄弟的支持下，得以声名远扬。马氏兄弟在扶持艺术上，不吝金钱，长期不懈，乐此不疲，还带动了一批好此道的徽商，使"扬州八怪"的作品被大量收藏，最终走向市场。书画市场的繁荣直接推动了画家们的创作，上海博物馆藏的《郑板桥偶记》记载了画家们的收入常为"岁获千金，少亦获百金"。书画市场的繁荣是扬州吸引众多画家的条件，并在此书画市场条件下集合了一批才华横溢的画家，形成了扬州八怪这个群体。而这个市场的主要消费者，正是那些财力丰厚、崇尚文化的大小盐商们，没有他们，这个市场也就无法形成。"扬州八怪"并不是徽商手中的股票，许多支持"八怪"的商人是出于真正的喜好。这也反映了徽商对文化的重视，体现了众多徽商的儒商风范。《清稗类钞·艺术类》载："重宁寺为高宗祝厘地，其壁有画，为两峰（扬州八怪之一罗聘，也是徽州人）所绘，盖两淮鹾商出数百金延其所作者也。"正是基于居室的装饰、行宫的点缀、园林的题额等种种需要，才使得这个市场异常繁荣。

园林是盐商们宴请文人的惯用场所，而扬州八怪由于才高艺精，常常成为这里的座上宾。同时，园林也多是八怪寓居扬州的住所。华喦来扬州后，由厉鹗之荐，得识马氏兄弟，并参加了他们组织的诗社活动。金农也是徽商邀请的对象，牛应之的《雨窗消意录》中记载的金农即席作《飞红诗》为盐商解围，商以千金馈之，就是在这种情况下发生的。黄慎来扬州后，先后客居在牵氏园、双松堂和刻竹草堂等。李勉亦常应盐商之约，在贺园、黄园等园中书联作画。黄慎、金农、郑板桥、汪士慎、罗聘、高翔等都留下了诸多诗篇，记述园中景致，表达自己的寄托之情，同时也证明了园林是这些艺术家们和盐商、盐官交往的历史见证物。可以说，园林对扬州八怪的艺术造诣也有相当的影响与促进，借景抒物，开阔了他们的想象空间，也推动了扬州园林的兴盛。

（三）徽商与扬州学派

扬州学派的形成和发展也与徽州人有着不可分割的关系。张舜徽先生在《清代扬州学记》中说："余尝考论清代学术，以吴学最专，徽学最精，扬州之学最通。无吴、皖之专精，则清学不能盛，无扬州之通学，则清学不能大……扬州诸儒承二派以起，始由专精汇为通学，中正无弊，最为近之。夫为专精之学易，为通学则难。"

扬州学派的几位大师和戴震都有着十分密切的关系。其中，王念孙是戴震的及门弟子，刘台恭任职四库全书馆，与戴震同事，任大椿与戴震为"同志志友而问学焉"，焦循虽出生略后，但其一生最推崇戴学，学术思想、治学方法自然与戴震一脉相承且愈发延伸。戴震又久寓扬州，支伟成说，自戴震崛起于安徽，"施教京师，而传者狱众。声音训诂传于王念孙、段玉裁，典章制度传于任大椿。既凌廷堪以歙人居扬州，与焦循友善；阮元问教于焦、凌，遂别创扬州学派"。

徽商中有的是"先儒后贾"或是"弃儒从贾"，在"从贾"之前就已饱读诗书，具有一定的文化基础和素养。当然也有"先贾后儒"的，然而，不管是"先儒后贾"，还是"先贾后儒"，都反映了他们内心的崇儒情结。前面提到的马氏兄弟和江春都是如此。还有一些徽州商人自己业儒无望称名于当世，便把希望寄托于子孙们身上，希望他们"就儒业"，进仕途。所以他们十分重视教育，扬州教育事业在清代也发展到了极盛。这对扬州学派的形成和发展起到了十分重要的作用。

嘉庆《两淮盐法志》记载，两淮巡盐御史高斌在《安定书院碑记》中说："扬州故属郡治，两淮商土萃处于斯，资富能训，英才蔚起，咸踊跃欢迎，原光盛典。"清代扬州书院在前代的基础上，在盐商们财力的大力支持下，得到了迅速发展。康熙元年（1662年），两淮盐运使胡文学与盐商共同筹款建立了安定书院。马曰琯则于雍正十二年（1734年），独资兴建了梅花书院。马曰琯之子马振伯将书院捐公，改由盐务衙门管理。康熙二十二年（1683年）两淮商人出资兴建了敬亭书院。乾隆元年（1736年），担任过两淮总商、热心于社会公益事业的大盐商汪应庚见郡邑学宫岁久倾圮，捐出五万两银子重修，并以两千两购置祭群、乐器，以一万三千余两购买学田一千五百亩，岁入田租归堵学宫，以待岁修和助诸生乡试资斧。扬州大盐商汪硕公（又作汪石公）之妻也曾捐资助学，据《清稗类钞》记载：因为安定、梅花书院"绌于经费，太太独捐资数万以为之倡"。柳诒徵先生在《江苏书院志稿》中说："两淮盐利甲天下，书院膏火资焉。故扬州之书院，与江宁省会相颉颃，其著名者有安定、梅花、广陵三书院。省内外人士咸得肄业。"这些书院、学校的资金大都来自盐商和盐运使司的运库，而盐运使司运库又与盐商有关。倪澄瀛在《再续扬州竹枝词劫余稿》中说："梅花安定广陵兼，膏火来源总是盐。书院学堂原不别，挹兹注彼究何嫌。"刘声木《苌楚斋三笔》卷3中说："扬州城内义学极多，向由盐运使署领给官款，修脯所入甚半。寒士每费尽心力，以营求此席，得后可终身坐食馆谷。"这些记载都说明了教席在书院、义学中有着优厚的待遇。

就这样，扬州书院延请了一批真才实学之士任山长或掌院、院长。安定书院有杭世骏、赵翼、蒋士铨、陈祖范等，梅花书院有桐城派中坚姚鼐、茅元铭、胡长龄等。这些著名学者、文士的到来，使得安定、梅花两书院声名鹊起，不仅本府诸生纷至沓来，外府、外省的诸生也闻风而来，来此求学者甚多，"能文通艺之士萃于两院者极盛"。赵翼主讲安定书院时，还携儿侄5人至书院读书。安定、梅花书院培养了一大批有用之才，如金坛段玉裁及其弟段玉成、高邮王念孙及其子王引之、梁国治、汪中、洪亮吉、孙星衍、刘台拱、顾九苞等人都曾就读于安定书院，刘文淇、凌曙则受业于梅花书院。

王振世在《扬州览胜录》卷6中说："安梅两院，自清以来校课士子，不限于一郡一邑，故四方来肄业者，颇多通人硕士，而其后名满天下者，亦不可胜数……可谓极人才之盛矣。"书院不仅为扬州培养了人才，也为徽商入仕提供了保证。嘉庆《两淮盐法志》中记载，从明洪武后期至清嘉庆前期，两淮共有山西、陕西、安徽籍科举职官403人，其中陕西96人，山西21人，而徽州286人，约占71%。可见徽商对文化的投入不仅巨大而且成效显著。

徽商与文人在特定的历史时期，互相依赖、互相提供各自所需，直接推动了扬州的文化繁荣。应该说，扬州得天独厚的各种条件使徽商获得大量财富，而这丰厚的财力是文人会聚扬州的重要基础。盐商"富而好士"，爱惜人才的思想和作为，真正做到了揽才、引才、养才、济才。在他们的罗致下，各地文人如鱼趋水，如鸟归林，往来邗上，云集扬州，使扬州成为引聚人才的高地，为文化的发展营造了一个浓郁的人文环境，这无疑为清代扬州文化的繁荣发展起到了至关重要的推动与促进作用。同时，相当一部分盐商自身也有着相当深厚的文化功底、有一定的学术造诣、有一定的艺术涵养，这也缘于盐商与文人交往并不纯粹是一种功利交往，包含了一定的学术交流，而历任的扬州盐官积极参与这种文化活动，也起到了不可忽视的作用。其中最能典型反映这种关系的便是扬州文化人与盐商、盐官的关系，这间接反映了各种文化繁荣后的经济张力。徽州文化和扬州文化都植根于中国文化的沃土，中华文化的积淀是两地文化的基因，两地特有的文化因子形成了两地文化厚重的底蕴；商业的"酵母"又促进了两地文化的发展，成为两地历史文化高度的支点。徽商贾而好儒的特色，导致徽商重视对文化的全面投入。人才的大量培植，既促进了文化的全面发展，又结下了官商互济之果，正所谓"以贾养儒，以儒入仕，以仕保贾"，这也是徽州文化和扬州文化的共同亮点之一，即高雅与通俗文化艺术共存共荣的特点，也同徽商处于上层文化和通俗文化接榫（sǔn）处的特点有着密切关系。在漫长的中国封建社会，历来"以农为本""重农轻商"。徽州地处皖南崇山峻岭之中，自古以来，山多田少，土地瘠薄，这些"非善耕作之地"使得徽州山民不得不从事手工业和商业以维持生计。明代进行的经济制度改革，否定了传统的重农抑商政策，把商业发展摆到了与农业并驾齐驱的地位，促进了农业生产商品化的发展。商品经济的加速发展又带来了观念的变化，成为中国商业经济发展的重要转折。然而，历史发展并不以人们的意志与意愿而发展，徽商在扬州文化中注入基因，但也未能阻止封建社会中一度繁华的大都市走向衰败，扬州经济也随着徽商的衰落而衰败，扬州文化成为遗产，而流寓扬州的徽州文化名流及其所创造的时代亦一去不复返。但是，"历史即是当代史"，纵观历史，或许我们会有这样的思考：商业经济该如何与文化发展协调并进呢？

第六节　其他徽州文人及文学

本节介绍一些历代较有名气的徽州文人，以便大家对徽州文化及其影响下的文学有更进一步的了解。

一、枫林先生：朱升

朱升（1299—1370年），字允升，安徽休宁（今休宁县陈霞乡迴溪村）人，元末明初的军事家、文学家，明代开国谋臣，官至翰林学士。元末（1367年）被乡举荐为池州学正。后来弃官隐于石门，学者称其为"枫林先生"。因向朱元璋建议"高筑墙、广积粮、缓称王"被采纳而闻名。关于朱枫林，传闻还真不少。元朝末年朱元璋一路攻城略地，重兵包围徽州府城，为免百姓受害，朱升冒万箭之簇，独立城下，说服守城元帅福童开城归降。至正十八年（1358年）十一月，朱元璋又攻婺源，却"久拒不下"。据三军总管、大将邓愈说，这里有个隐士朱升，是个有学问、有影响的人，相当于诸葛亮。朱元璋微服私访，从连岭出石门，亲临其陋室访问大计。朱升一开始呈交3个计策："高筑墙，广积粮，缓称王。"他从战略上提出创基立国的策略，所以朱元璋在至正二十四年之前，称吴国公，直至打败陈友谅后，才改称吴王，就是采纳了朱升的建议。在朱元璋攻打徽州、婺州、处州和鄱阳湖大战及与陈友谅、张士诚多次的交战中，朱升在军事上提供了大量的谋略，为消灭元朝，统一中原，建立明王朝发挥了重要的作用。

纵观他的一生，主要成就在于向明太祖献上3个计策：高筑墙，广积粮，缓称王，使得朱元璋有立国之基；为大明制定了礼乐制度，并收集后妃的故事，编修了《女诫》一书。朱元璋曾有七言两句御联"国朝谋略无双士，翰林文章第一家"，称朱升"为人老实，是耆哲之英杰"。毛泽东赞其为"九字国策定江山"。朱升一生有24本专著，著有《易书诗》《周家仪礼》《礼记》《论语孟子》《大学》《中庸》《考经》以及《小学》旁注、书传辑正、书传补正、老子孙子旁注，还有小四书小学名、数医家诸书、葬书、内外传、刑统传解等，传世的有《前图》2卷、《枫林集》10卷，《四库总目》另有前图2卷，传于世。他是"休宁理学九贤"之一，"新安理学名儒"。这位经学大师所作《诸经旁注》（包括《论语孟子旁注》《大学中庸旁注》《诗经旁注》等），被誉为"辞约义精"。

二、梅壑散人：查士标

查士标（1615—1698年），字二瞻，号梅壑，别号懒标、懒老、梅壑道人、散人、邘上旅人、后乙卯生，安徽休宁人。明末秀才，清初著名画家、书法家、诗人。他是明诸生，入清便不应举，专心书画。家藏甚富，鼎彝及宋、元真迹都有不少。他精鉴赏，所作山水画，笔墨疏简，风神懒散，气韵荒寒，晚年画风突变，直窥元人之奥。与江韬、孙逸、汪之瑞并称"新安四家"。

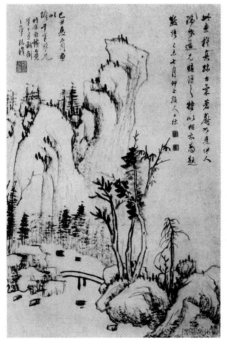

查士标常常白天睡觉，晚上作画，所以他才有"懒标""散人"的自号，"不求闻达，一室之外，山水而已"（曾灿序查士标《种书堂遗稿》）。他在明亡后避地新安山中，后半生浪迹四方。查士标与王石谷翚（huī）、笪（dá）重光、恽（yùn）南田（即寿平），在此地盘桓了三四年。后来他寓居扬州，《广陵诗事》中记载了当时风光："户户杯盘江千里，家家画轴查二瞻。"查士标73岁还在扬州与孔尚任、龚贤、石涛等参加过春江诗社。书法学董其昌，纵逸处近米芾。他的闲散情怀决定了他的绘画气质亦风神懒散、气韵高逸。

诗自古是言志达情的重要方式之一，查氏自身就曾感慨道："只有诗篇好，时时寓所思。"诗仿佛一面明镜，从中可窥见一段历史、一次游历、一幅依依别情、一场人生的演绎。读查士标的诗，他的音容笑貌仿佛重现，他的人生沉浮又在上演，他渊穆冲恬、洒落豁达的襟怀如夏日清晨随风而来的荷香，吹进了每一个正在凡尘中挣扎沉浮的心。诗是难言欲言情，如何掩得，怎忍弃之。正如其诗中所道："拟将诗酒赏良时，久不吟思思苦迟。无酒已辜今夜月，如何容得更无诗。"

查士标的诗，从所处的历史环境和身世遭遇来看，是诸多思想情绪的复杂交织，但都脱离不了一个"隐"字。他始终在入世和出世、保守与外拓（tuò）之间徘徊。在国破家亡的悲伤记忆与乡土情结的驱动下，他感伤落寞；寄情山水、遁隐自然却又免不了被现实的云烟围绕。全身退而隐于山，弃诸生而走他乡。全身退，是不抗争的表现；弃诸生，是不仕新朝的决心；走他乡，是情结乡土的开始；隐山林，是寄情山水的人生选择。千丝万缕之心绪皆由初始之"隐"而生。他在选择人生出路的同时也一并选择了以后所承受之千般思绪，只是人们还未及思索如此之深。"隐"自心生，莫论前朝后事，这也是查士标的性情所致。

明亡后，在众多选择以书画维生的明遗民行列中，查士标的画面呈现的总是一片宁静与淡泊的逸趣。也只有在诗歌和题跋中，才能感受到他那浓得化不开的对故国家乡的沉沉思念，以及由此引发的离乡背井之身世遭遇之叹。思乡之作于查士标的诗中随处可见，《种书堂遗稿·送戴景韩归新安》其一曰："久客难为别，他乡羡尔归。"对查士标来说，人生前50年中所有的悲喜哀乐上演了一场浩大且万般无奈的生之歌剧。江山易代的无能为力，离家背井的无可奈何，"画幅青山卖"的可悲可叹，历史洪流将他推上了另一条轨道。诸如人生无依似萍的慨叹在其诗中屡屡可见，又如《种书堂遗稿·和景韩雪舟韵》："孤村人早宿，久客自兴嗟。我亦羁栖者，天涯已是家。"之于战乱，他只有"惊心"概之；之于新朝，他"矢口不谈"；之于故乡，他有说不完的相思与眷恋。然其自乱后离家，此生再未踏足过故乡的土地。

无论是书画还是诗，皆随着这位布衣遗民自在淡然、渊穆冲恬的个性一方面散发着潇洒超脱、任情而发、秀逸淡远的风格，另一方面也显现出其不足之处：字句寡淡，遒劲不足，雄壮少见，虚空无质。故其诗在整体思想内容和风格上陷入贫乏的泥沼，诗意淡淡然而禁不住漫漫岁月的消磨，因此在历史长河的诗流中无法激起惊涛骇浪。不论是在当时世俗看来，还是在历经岁月长河的洗涤后，查士标的诗毕竟不及其书与画值得人长久玩味。有人说"先生之诗因画法之善而掩"，大有惋惜慨叹之意。

三、文坛司马：汪道昆

汪道昆（1525—1593年），又名汪守昆，明代著名戏曲家、抗倭名将。初字玉卿，改字伯玉，号高阳生、别署南溟、南明、太函氏、泰茅氏、天游子、方外司马等，徽州歙县西溪南乡松明山人。3岁受祖父启蒙，祖父口授唐诗百首，皆能成诵。有客人来的时候，常令其背诵唐诗，活跃气氛。6岁读私塾，聪慧异常，过目不忘。少年时，常读一些非科举读物，如稗官野史和小说。曾试作戏曲，遭父亲禁止。19岁为郡诸生，20岁后曾有一段游学浙江的经历，拜浙江余姚邵世德为师。汪道昆于嘉靖二十六年（1547年）中进士，少年得志，堪称一帆风顺。历任义乌县令、襄阳知府、福建副使、兵部左侍郎等职务。汪道昆不仅武略超群，文韬也相当出众，为文简而有法，作诗风骨俱佳，有《太函集》120卷，收散文106卷，诗歌1520首，堪称多产作家。汪道昆精通

音律，在戏曲创作方面有较高水准，所制杂剧清新俊逸、诙谐多姿，影响很大，传世的共有5部：《高唐梦》《五湖游》《远山戏》《洛水悲》《唐明皇七夕长生殿》。另著有《北房纪略》1卷、《数钱叶谱》1卷等。

新安商贾观念与汪道昆的文化性格相契。汪道昆出身商贾之家，祖父汪守义靠盐业起家，时号"盐荚祭酒"。汪道昆3岁即从守义习诵古诗百首，身上体现了"慕义""好名""实用""进取"的交织，"先实用而后文

词",是汪氏家庭奉守的原则,这些观念对汪道昆作用很大。

明嘉靖、万历年间,常有海盗集团侵扰东南沿海地区,百姓不胜其烦。汪道昆时任义乌县令,积极组织民众习武练兵,实现全民防御。任福建副使时,他还亲赴前沿作战,大败倭寇,极大地振奋了人心。

汪道昆的文学造诣颇深,为文简而有法,作诗风骨俱佳。他的散文也是小有成就的,如《沈文桢传》,寥寥数语,很是精彩,描写了沈文桢生平:在叔父和堂兄相继去世后,沈文桢和侄儿沈美同住,因家人相处不和,出游京城。他试过酿酒卖酒、出海捕鱼和贩卖海鲜,但皆因种种原因以失败而告终。沈文桢仕途、商场屡屡失败,而失败却让他懂得了谦恭有礼以德报怨。文末说:"予善明臣,故得闻若翁质行甚具。翁故千金子,少年轻,富贵若将搬之。及其游不得志而归,业酤酤败,业渔渔败,既而市鱼又败,因甚矣。卒之以钓为事,而自托于酒人,何拓落也?顾犹任放自若,其亦自负不羁都耶?至于避怨出游,终能以怨为德,盖长者矣。"汪道昆认为,沈文桢虽仕途失意,行商失败,身处困顿,仍能任放自若,是豁达之人。

汪道昆与王世贞在文坛上被誉为"汪王两司马",其文学被誉为是明中期文坛"后五子"中的重要代表人物之一。作为明代徽州历史人物,汪道昆在文坛上的影响和历史作用是有目共睹的。

徽州历史上的著名文人还有不少,这与徽州地区重视教育、文化传承以及家族族群影响密不可分。他们在中国文坛上留有一席之地,是中国古代文学发展史上具有较为鲜明文化特色的地域作家群。

参考文献

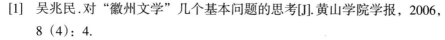

[1] 吴兆民.对"徽州文学"几个基本问题的思考[J].黄山学院学报,2006,8(4):4.

[2] 李东海.清诗选本对于诗歌创作的作用探究:以清诗人汪楫及其诗为例[J].安徽农业大学学报(社会科学版),2022,31(6):107-116.

[3] 刘和文.张潮研究[M].合肥:安徽大学出版社,2011.

[4] 韩结根.明代徽州文学研究[M].上海:复旦大学出版社,2006.

[5] 张健.徽州鸿儒汪道昆研究[M].芜湖:安徽师范大学出版社,2014.

章末思考

1. 徽州文学家是否具有自身独特的特点？
2. 徽州作家与江南其他区域作家创作的异同点有哪些？
3. "徽州"作家是地理空间概念，还是艺术空间概念？
4. 徽州文学与徽州自然环境是否有关联？

第五章

徽州工匠与徽州建筑

徽州建筑是中国传统建筑的重要流派之一，也是"徽文化"的重要组成部分。徽州传统建筑主要指流行于皖南地区及江西部分地区的建筑样式，以砖、木、石为原料，以木构架为主，尤为重视建筑装饰，横梁、立柱上往往雕饰着形式多样、丰富精美的图案。墙角、天井、栏杆、照壁、漏窗等常用青石、红砂石或花岗岩裁割成石条、石板筑就，其表面也会通过丰富多样的雕饰图案来加以装饰美化，使建筑的实用性和艺术性得到完美体现。

　　徽州传统建筑雕饰不仅是建筑的装饰，也是建筑的重要组成部分，以徽州三雕（砖雕、木雕、石雕）为主要艺术形式，体现着徽州文化的重要内涵。徽州建筑风格独特、布局合理、装饰精美，随地形自然变化，具有较强的乡土气息。再加上当地盛产木材，流行于民间的雕刻、绘画推动了徽州建筑逐渐形成独特的建筑风格体系。徽州建筑不仅实用，还蕴含着丰富的文化内涵。粉墙黛瓦、马头墙、砖木石雕以及层楼叠院、高脊飞檐，精心设计的走廊，亭台楼阁的和谐组合，构成了徽州建筑的基调。徽州古民居规模宏伟，结构合理，布局协调，风格清新典雅，特别是装饰砖墙门套、窗框、横梁等各种构件上的木雕、石雕、砖雕，形式多样，造型逼真，活灵活现。徽州民居平面布局的典型模式是庭院型，它以庭院为核心，周边封闭，开放的内部井然秩序。徽州民居大厅围绕庭院而建，雨水从四面流入排水沟中，环绕整个庭院，俗称"四水归堂"，体现了徽州商人对聚财致富的美好祝愿。住宅楼顶部十分开阔，俗称"跑马"，并设有精美雕刻的栏杆和"美人靠"。

第一节　徽派建筑：民居

徽商，是中国历史上的著名商帮。明中叶以后，徽商崛起于中国商界。发财致富的徽商衣锦还乡后，大兴土木，营建豪宅，有的营建奢华精致的豪宅园林以彰显身份，有的整修祠堂以光耀祖宗门楣，有的竖立牌坊以褒奖徽州女人守节的风骨。徽派建筑集徽州山川风景之灵气，融中国风俗文化之精华，风格独特，结构严谨，雕镂精湛，无论是村镇规划构思，还是平面及空间处理、建筑雕刻艺术的综合运用都充分体现了鲜明的地方特色。尤以民居、祠堂和牌坊最为典型，被誉为徽州古建三绝，徽派建筑因此成为中国建筑流派中的艺术宝库。

徽州曾经是古越人的聚居地，其居住形式为适应山区生活的"干栏式"建筑。中原士族的大规模迁入，不仅改变了徽州的人口数量和结构，也带来了先进的中原文化。早期的徽派建筑形式，正是外来移民与原住居民文化交融的产物。

徽州古民居受徽州文化传统和地理位置等因素的影响，形成了独具一格的徽派建筑风格。粉墙黛瓦、马头墙、砖木石雕以及层楼叠院、高脊飞檐、亭台楼榭等的和谐组合，构成了徽派建筑的基调。

徽州少平川、多山地、田价高昂，加之家族繁衍、子孙绵延、地少人多，为了解决人口和土地的矛盾，只能扩充居住空间。因此，皖南民居的占地面积往往不大，多是两层楼。

一、天井

民居在平面上以狭长的天井为中心。天井是汉人对宅院中房与房之间，或者是房与围墙之间所围成的露天空地的称谓，与院子不同。有的天井四面有房屋；有的三面有房屋，另一面是围墙；还有的两面是房屋，另两面是围墙。地面用青砖嵌铺，面积都比较小，光线也因被高屋围堵而显得较暗，状如深井，因此得名。

天井的主要功能有通风换气、采光排水、防火绿化、休闲娱乐、便于家务等，面窄且深，冬暖夏凉。经商之人，总怕财源外流，天井使屋脊的雨水顺势纳入天井之中，名曰"四水归堂"，图的是财不外流的吉利。

徽州民居的天井文化在明代就已经非常成熟。院落内的天井是住宅内唯一能让人感觉到外界自然变化的地方，天井下的景观摆设、雕刻图纹不仅代表主人对自然的热爱，也是主人情怀的一种寄托。天井是能调适丰富多彩的生活内容的休闲娱乐场所，是徽派建筑的重要标志之一。

徽州民居一般为三开间，两进或是多进，各进之间由天井联系。进门之后是前厅，经过天井后便是半开敞的厅堂，厅堂由照壁分割为前厅和后厅，前厅供会客用。厅堂两侧为厢房，一般为两层，楼上作为起居用。后厅后为天井，连贯第二进。天井的处理使得会客用的厅堂为半开敞空间，很好地与室外进行了联系，将室外的景色引入了室内，这种形式普遍是较小的"凹"字式布局。而大一些的民居，几世同堂，就采用"回"字式，各个房间围绕着天井布置，天井四周由回廊连贯各个房间。一般长辈住在正厅两侧厢房，二楼则由晚辈居住。以天井为基本单元，聚合成一个家族，随着子孙繁衍，房子越建越多，大的家族可多达"三十六天井"或"七十二天井"，即若干个独立家庭，边门一闭，各家各户独立过日子；边门一开，一个祖宗牌下祭先人，体现了古徽州"千丁之族未尝散居"的古朴民风。

二、马头墙

徽州的村落，动辄上千人家，更有所谓"烟火万家"者，一旦着火，后果不堪设想，所以防火成为村落建设中的大事。徽州人家房屋与房屋之间都有防火墙，以便火灾时割断火路，防止火势的蔓延。

由于防火墙很高，远远高出了屋顶，也就同时兼顾了防盗和防风的作用。随着徽商在财力上的日趋雄厚，对防火墙的造型也日渐讲究起来，有阶梯形的，有云形的，有弓形的，在山区明净的蓝天下，显得特别舒展，看上去仿若翘首长空的骏马，因此，这些防火墙又有了一个极富诗意的名字，叫作"马头墙"。登高眺望，高高低低的马头墙错落参差，与青瓦屋脊交相辉映，显现出特有的韵律美与和谐美。

建筑是凝固的音乐，它本身是静止的。徽州民居中的高大山墙也是如此。它高耸挺立，发挥着它的多种实用功能。如果没有马头墙装饰，它就会黯然失色。但在徽州能工巧匠巧妙的加工改造下，墙头被赋予了马头形状，翘首嘶鸣，墙壁则像马的躯体，也随着昂扬的马头腾飞，这就改变了一般墙壁的呆板面貌，使其成为美的艺术品，让审美者获得多重的美感。

青瓦粉墙和马头墙的组合，色彩鲜明、高低起伏，谱写成一曲曲旋律优美的黑白交响乐，在青山绿水的映衬下，显得格外生机勃勃，这正是徽州民居独特的艺术风格。

马头墙是徽派建筑的重要特征之一，是徽州民居兴旺发达的象征，也是徽州腾飞的象征，其艺术价值和实用价值皆不可估量。

三、门楼

在徽派建筑中，门楼是房主身份地位和财力的象征，规模小一些的门楼被称为门罩。门楼的主要作用是防止雨水顺墙而下流到门上。徽州有个说法，"千两银子七百门"，就是说如果用一千两银子建房，花在门面上就要七百两。无论贫穷与富贵，徽州民居的门面上都有精美砖刻，可见徽州人对门面的重视程度。

门楼通常由精致的小屋檐、屋檐下精美的砖雕或石雕以及石库门组成，部分小屋檐和砖雕门楼上还有垂花。门楼的结构类似房屋，门框和门扇装在中间，门扇外面置铁或铜制的门环。门楼顶部有挑檐式建筑。

农家的门罩较为简单，在离门框上部少许的位置，用水磨砖砌出向外挑的檐脚，顶上覆瓦，并刻一些简单的装饰。

富家的门楼讲究更多，门楼造型主要有垂花门楼、字匾门楼、八字门楼和牌楼数种。

八字门楼采用八字向外的形式。八字开门，地基是一个梯形，而梯形是最为稳定的；八字门楼还因能扩大纳气口，而具有特别的风水作用——招财。两面八字门墙如同张开的手臂，欢迎四海宾朋，招纳八方之财。

有的门楼十分讲究，徽州区岩寺镇进士第门楼三间四柱五楼，仿明代牌坊而建，用青石和水磨砖混合建成，门楼横坊上雕饰双狮戏球，形象生动，刀工细腻，柱两侧配有巨大的抱鼓石，高雅华贵。

四、内饰

徽派古民居的外观古朴淡雅，色彩素净自然；内部却构造精细、装饰华美，突出表现在厅堂，因为这里是生活起居、亲朋约聚、品茶对弈、吟诗作画的地方。梁栋椽板无不描金绘彩，雕刻繁复，尤其是装饰在门罩、窗楣、梁柱、窗扇上的砖、木、石雕，工艺精湛，造型逼真，栩栩如生，一户之内少有雷同，三雕之美令人叹为观止！

徽派民居也很重视室内的陈列摆设。厅堂正壁上悬匾额，下挂祖容像或中堂字画，画轴之下常设有条案。条案正中摆放自鸣钟，钟的两侧为瓷制帽筒或古瓷瓶，还有配着精致木雕底座的镜子。花瓶寓意男人在外为官经商要平平安安，镜子寓意女人在家要安分守己地侍奉公婆、抚养子女，做到心静（镜）如水。三者联系起来就是终生平静（钟声瓶镜）。自清代以来，在正厅的八仙桌摆放钟、瓶、镜等成为延续至今的传统。

徽州楹联装饰也是徽州民居文化的重要组成部分。徽州楹联是徽州人将自己的人生体验、儒学修养、人生理想、处世哲理等点滴感悟，凝练成精辟的文字，并以楹联的形式，悬挂于民居厅堂、宗族祠堂中，供后人学习体味。这成为一种特殊的能传承文化、教育家族成员的民间文化表现方式。徽州楹联写景咏物，言志抒怀。老幼皆喜，妇孺能对，有联则雅，无联则俗。可以说，凡有人居处，即有楹联。

西递村有副著名的楹联：

世事让三分、天宽地阔；
心田存一点、子种孙耕。

上联的"世事"是指社交应酬和人情世故。在与他人交往时，只有宽容豁达才有助于扩大交往空间；下联的"心田"系佛教语，即心，心藏善恶种子，随缘滋长。劝人培育善德，留下嘉言懿行，让子孙效法，才能有所收获、有所继承。

这些楹联有的成为家训，有的成为名言流传开来，如"几百年人家无非积善，第一等好事只是读书"，反映了儒家文化对于当地的深刻影响。

"粉墙黛瓦马头墙，高墙深院小窗户，肥梁瘦柱内天井，小溪流水青石板。"徽派民居以粉墙、黛瓦、粉壁、马头墙为典型特征；以高宅、深井、大厅为居家特点；以砖雕、木雕、石雕为装饰特色。建筑风格统一、造型多样、历史文化内涵丰富，营造出了既合乎科学，又富有情趣的居住环境。登高眺望，马头墙错落参差，粉墙黛瓦黑白分明，与四周的青山绿水交相辉映，显现出特有的韵律美与和谐美。

第二节　徽派建筑：牌坊

有人说，徽州有两宝，牌坊和黄山。

明清时期，徽州人才荟萃，有的位居高官，有的经商发迹，他们在成名后，为了光宗耀祖，常常奏请皇帝恩准，荣归故里，兴建牌坊，旌表功名、义寿、贞节……树碑立传，以求流芳百世。徽州竖牌立坊的风气日益兴盛。

作为中华文化的象征之一，牌坊的历史源远流长。有学者认为，牌坊起源于春秋时期的"衡门"。梁思成在《中国建筑史》中记述："牌坊为明清两代特有之装饰建筑，盖自汉代之阙、六朝之标、唐宋之乌头门、棂星门演变形成者也。"因为许多坊门都挂着写有坊名的牌子，有的坊门也悬挂着旌表里巷贤能的匾额，"牌坊"的概念由此形成。

据说，徽州地区曾有牌坊一千多座，经过千百年来的风雨剥蚀、战乱损毁，现今尚存百余座。牌坊的名目和类型繁多，有功名坊、孝义坊、科第坊、百岁坊、贞节坊等，大多传递出儒家传统的忠、孝、节、义、慈、贞等观念。

一、牌坊的社会功能

牌坊具有多种多样的社会功能。其中最重要的有以下几点：

1. 旌表褒奖功能

由于立牌坊能让人"美名远扬""流芳百世"，因此常被用来旌表褒奖功臣名将、贤士良才、节妇孝子、善人义士等。

比如歙县槐塘村的状元坊，始建于南宋年间，是一座功名坊，旌表的是丞相程元凤、其弟程元岳，及其从侄——景定二年（1261年）辛酉科状元程杨祖和其侄程念祖。4人的荣耀共立在一座牌坊上，也是一座罕见的家族牌坊。

2. 道德教化功能

从一定意义上来讲，牌坊就是封建礼教和封建道德的象征性建筑符号。

歙县许村的双寿承恩坊建造于明代隆庆年间，当时徽商许世积乐善好施，他和妻子都很高寿，双双活过百岁，朝廷因之旌表，赐建"双寿承恩坊"。

3. 炫耀标榜功能

牌坊大多竖立在人们往来必经之处，或热闹繁华、大庭广众之地，因其既能刻载文字，又庄严优美，而备受瞩目，是用来炫耀、标榜的最佳载体。所以，牌坊常被用来记录和歌颂功名官爵、家世功勋、身份地位、门第荣誉及所受帝王的恩宠等。歙县的许国石坊就是此类牌坊的代表作。

歙县郑村的贞白里坊，始建于元末，在明弘治、嘉靖年间以及清乾隆年间曾重修，是歙县现存最古老的牌坊。贞白里坊是为纪念郑氏家族名人郑千龄的功名坊，兼有门坊、里坊的功能。全国的元代牌坊总数也不超过10座。其二楼匾额刻有《贞白里门铭》，说明建坊旨在旌表郑千龄一家三代乡贤。郑千龄只担任过县尹小官，但他廉洁奉公，勤勉工作，死后私谥"贞白先生"，由民间自发立坊旌表，同时把此地的名字由"善福里"改为"贞白里"，可见其声望卓著。

立牌坊是极其隆重的事，必须经地方官府或皇帝审核批准后，由官方或个人出资修建。

二、牌坊的形式

徽州的牌楼有四种等级：御赐、恩荣、圣旨、敕建。敕建或敕令指皇帝口头恩准；圣旨即皇帝以书面圣旨批准。这两者都是由家族出资建造。对有功臣民或显著事迹，由皇帝主动提出竖立牌坊嘉奖的则为恩荣，由地方出银建造；最高级别的为御制或御赐，皇帝下诏，中央财政全额拨款。

牌坊的建筑形式多样,风格各异。

按照顶部构造来分,牌坊主要有两种。一种是立柱出头,即"冲天式"或"柱出头式";另一种是柱子不出头而有牌楼的,即"不出头式"。

牌坊的大小是以"间"来衡量的,所谓"间"是指两柱间的通道,两柱牌坊为一间。不论何种牌坊,柱数均为双数,间数均为单间。从现有的历史资料和现存的实物来看,最常见的牌坊是四柱三间牌坊。

牌坊在形制演变的同时,建筑材料也在不断发展变化。起初,牌坊是木构建筑,后来为了追求庄重威严和能长久保存,由木柱发展为石、砖、汉白玉、琉璃等仿木结构。明清以后的牌坊,除构架繁复之外,雕饰艺术更是巧夺天工,徽州工匠们采用了浮雕、圆雕与镂空雕刻相结合的手法,雕刻出狮、鹿、虎、麒麟、龙、凤、鹤及各式花卉纹样,每一方石柱、每一道梁枋、每一块匾额、每一处斗拱和雀替,都饰以精美的雕刻,令人叹为观止。

三、代表性牌坊

棠樾牌坊群和许国石坊是徽州牌坊的代表作。

棠樾牌坊群位于歙县西郊的棠樾村,由7座牌坊组成,明代3座、清代4座。虽然时间跨度长达几百年,但建筑风格浑然一体。

牌坊群按照忠、孝、节、义的顺序排列,呈半弧形展开,自西向东依次为:鲍灿孝行坊—慈孝里坊—鲍文龄妻汪氏节孝坊—乐善好施坊—鲍文渊继妻吴氏节孝坊—鲍逢昌孝子坊—鲍象贤尚书坊。七座牌坊经历了400年时间才陆续建成,而且不是按现在的排列顺序建造的。

据史料记载，鲍氏家族是春秋战国时期齐国"管鲍之交"中鲍叔牙的后裔。在明清时期，鲍氏家族亦官亦商，丰功伟绩天下闻名。

其中第二座牌坊是始建于明代永乐年间的"慈孝里"牌坊，与北京故宫同龄，为七座牌坊中最古老的一座，旌表的是宋末处士鲍宗岩、鲍寿孙父子，乃皇帝亲批御制，其规格之高，可见一斑。

牌坊上铭刻的《慈孝诗》记载了一个感人的故事。据史书记载，元代歙县守将李达率部叛乱，烧杀掳掠。棠樾鲍氏父子鲍宗岩、鲍寿孙被强盗俘虏，强盗扬言要杀掉父子二人其中一个。鲍寿孙苦苦请求，愿代父赴死，而父亲为了鲍氏香火，也一再要求处死自己，保全子孙。父子争死，声泪俱下，慈孝动人，连强盗也深受感动，不忍下刀，父子双双得以幸免。明代永乐帝得知鲍氏父慈子孝，赐建"御制牌坊"，并为之题诗。清代乾隆帝下江南时听到这个故事，也欣然为鲍氏宗祠题联："慈孝天下无双里，锦绣江南第一乡。"一座牌坊受到两朝皇帝加封，这在我国历史上也不多见。

中间第四座牌坊名为乐善好施坊，建于嘉庆二十五年（1820年）。据传，棠樾鲍氏家族当时已有"忠""孝""节"牌坊，独缺"义"字坊。到清代嘉庆年间，鲍漱芳官至两淮盐运使司，既当官又经商，掌握江南盐业命脉。他一直想求皇帝恩准赐建"义"字坊，以光宗耀祖。某年，黄淮流域发生了严重的洪涝灾害，鲍漱芳带领众商人捐粮十万担，捐银三百万两，修筑河堤八百里，发放三省军饷。不仅如此，鲍家平时置义田、办义学、修桥辅路的善举也是众口皆碑，于是朝廷官员纷纷上书，请求皇帝允许鲍氏立"义"字牌坊，获得朝廷的恩准。于是，在棠樾村头又多了一座"好善乐施"牌坊，鲍氏家族也凑齐了"忠、孝、节、义"四个字。

歙县棠樾青石牌坊群雄伟壮观，属全国罕见，每一座牌坊都承载着动人的故事，给后人留下了宝贵的精神财富。

歙县东谯楼的东边，有一座口字形的建筑，优雅而高贵，四面看去是四座牌坊围成一体，矗立在十字路的中心。这就是著名的许国石坊，又名大学士坊。整座牌坊结构由两座三间四柱三楼普通牌坊和两座单间双柱三楼普通牌坊组合而成，共用八柱，因此又称八脚牌楼，这是功德坊的杰出代表，也是全国唯一的八脚牌坊。如此形制的组合牌坊在华夏大地上绝无仅有，此为许国牌坊第一绝。

关于这座牌坊的建造，还有一段有趣的传说。

许国石坊的坊主许国，是嘉靖四十四年（1565年）进士，也是明代嘉靖、隆庆、万历三朝重臣。牌坊上题写的"少保兼太子太保礼部尚书武英殿大学士许国"是他的全部头衔，说明许国是明代声名显赫的内阁重臣。题字均出自大书画家董其昌之手。

当年，许国在平息云南边乱中立下大功，万历帝特赐许国4个月的假期，让他回家乡造功德坊。一般纪念性牌坊都是在坊主逝世后建造的，唯独许国牌坊是在其生前建造的，这在数千年的封建社会史和中国牌坊史上也是独一无二的，此为许国牌坊第二绝。

据说当时一般臣民只能建四脚牌坊，只有皇室家族才能建八脚牌坊，否则就是"犯上"。而当时徽州四脚牌坊林立。许国如果只造一座四脚牌坊，又怎么能体现他的功德威望呢？但如果要建造一座八脚牌坊，又恐犯下欺君之罪。许国灵机一动，来了个"先斩后奏"。在建成这座八脚牌坊后，他故意拖延了几个月，才回朝复命。皇帝疑惑地责问他："阁老，朕给你四个月的假期回乡造牌坊，为何拖延至今？依朕看，不要说是四脚牌坊，就是八脚牌坊也要造好了。"许国听了，顿时高呼万岁，奏道："谢皇上恩准，臣建的正是八脚牌坊。"皇帝听了哭笑不得，金口玉言，也反悔不得。就这样，许国所建的八脚牌坊也就"合法化"了。

许国石坊不仅建筑结构合理，东南西北四个方向还都有仿木构建筑彩绘的雕饰，图案典雅，刀法娴熟，不管是彩凤珍禽，还是飞龙走兽，都形态各异，栩栩如生，布局错落有致，刀法精美细腻。精湛的石刻技艺也使董其昌的题字更显遒劲端庄、力透石背。接榫固石，通体锦纹，此为许国牌坊第三绝。

历经了风霜雨雪的徽州牌坊，承载着中华美德、人文理念和伦理规范，也为我们收藏了一个个可歌可泣的动人故事，给后人留下了宝贵的物质和精神财富！

第三节　徽派建筑：祠堂

来到徽州，你就会发现，在"粉墙矗矗、鸳瓦鳞鳞"的皖南古村落中，最雄伟宏丽的建筑当推宗祠。宗祠是全宗族或宗族内某一部分成员共同拥有的建筑，具有集体性和实用性。同时，它又是敬奉祖先牌位的地方，是祖先魂魄的归依之所，具有宗教性和神圣性。所以，与一般的民居相比较，宗祠建造得高大气派，它既要满足宗族全体成员进行集体活动的需要，又能使人产生肃穆、敬畏的感觉。

一、祠堂何以修建

血缘和宗族传统观念是徽州人兴建祠堂的思想基础。在"永嘉之乱""黄巢起义""靖康之耻"等特定的历史时期，中原士族为了躲避战乱而举族南迁，选择了偏僻的徽州聚族而居。这些世胄大族，站稳脚跟后办的第一件大事便是修建一座座气势宏伟的祠堂，通过祠堂延续并增强本宗族的认同感和凝聚力，通过开祠致祭及其他家族的追远活动，将族人紧紧地团结在同一神圣的祖宗牌位之下，以便立足当地。

对我国祠堂礼制产生深刻影响的是徽州人朱熹的《家礼》。朱熹是儒学的传承人，他认为恢复宗法、孝行、兴建祠堂，不仅能加强宗亲关系，确保宗族社会稳固兴盛，还能维护封建统治的稳固和兴盛。在礼仪文化和宗法制度的影响下，徽州作为"程朱阙里""礼仪之邦"，兴建祠堂之风悄然兴起。

嘉靖十五年（1536年），礼部尚书夏言奏请朝廷，颁诏天下臣民可建祠堂祭祀始祖。古徽州修建祠堂的热潮更甚。古徽州的一府六县中，各宗族都热衷于修建祠堂。据《绩溪县志》记载,乾隆二十年(1755年),县境有祠堂115幢。嘉庆十五年(1810年),全县100个村镇分布有189幢祠堂,县内38个姓氏中胡姓就建有祠堂30幢。可见,徽州民风习俗特别重视建祠、联宗、睦族,形成了"邑行宗法,姓各有祠,支分派别,复为支祠"的局面。

二、祠堂的功能

祠堂是宗族和族权的象征,"举宗大事,莫最于祠",所以徽州各宗族往往以全族的财力,选最佳的地段,用最优的材料,请最好的工匠,精心建造巍峨壮观的各种宗祠、支祠和家祠。

宗祠或总祠是指某一姓氏后裔子孙为祭祀一世祖所建的祠堂,一个村落的姓氏一般只有一座总祠,规模较大。作为当时重要的公共建筑,总祠一般建在村镇两端、傍山或有坡度的地方,规模较大,少则二进,多则四、五进,建筑依地形渐次高起,主体建筑置于殿后,颇富变化。单面为中轴线上两个或多个三合院相套而成,配以牌坊。

支祠是指宗祠下属某一支内为祭祀某一代祖先所建的祠堂,其名称多为某某公祠。平面多为四合院式。

除了宗祠、家祠、支祠之外,还有一些特殊形式的祠堂,如行祠、女祠、专祠、特祭祠等。

徽州人认为风水好坏关系着宗族的兴衰，所以祠堂一般位于村落的重要位置，在选址时非常注重风水，取中轴线对称，布局规整严谨，建筑风格多为徽式民居式和徽式天井廊院式，各进建筑从前至后逐渐增高，寓意"步步高升"。祠堂建筑的规模不仅能反映一个家族的宗族历史背景、社会经济地位和家族繁衍情况，还是家族显示本族力量强大和财富雄厚的标本。

三、祠堂的兴盛

明清时期徽商崛起，仅歙县徽商投资建造的祠堂就达百余座，大多取"三路三进两厢制"。第一进称仪门或大门，主要是祭祀时供鼓乐之用，门楼多为五凤门楼重檐歇山式建筑，外观简洁、气势恢宏。

大厅后是天井，与民居天井相比，面积较为开阔，檐柱多为石柱，以防雨水侵蚀。水池则安石雕栏杆，中间铺设石板，两边栽柏松或桂花树。徽州祠堂梁柱多由楠木、柏木制成，硕大雄伟，用料考究，雕刻精美，装饰典雅。

天井后是第二进享堂，是宗族举行祭祀、礼仪活动和处理本族大事的重要场所，规模宏大，可以容纳全体宗族成员。徽州的老宅正堂基本上都取名某某堂，祠堂的大堂也是取名某某堂。享堂的月梁、金柱粗硕。斗柱为标准南方式，节头多刻有象鼻、凤头、如意，有时上面装有翼形云板。

第三进为寝楼，是供奉祖先牌位及收藏祠堂贵重物品的地方，是祖宗神灵的栖身之所。

为了直到盛大庄严的效果，祠堂构架高轩宽敞，柱梁门窗均雕饰华美，每一座祠堂都是徽派建筑艺术的杰作，堪称徽派文化的艺术宝库。分布在徽州境内大大小小、风格各异的上百座古祠堂，是独特的徽州文化的重要组成部分。

徽州最著名的祠堂莫过于呈坎的罗东舒祠和龙川胡氏宗祠。

罗东舒祠坐落于现在的黄山市徽州区呈坎村，全称"贞靖罗东舒先生祠"，是一座堂皇典雅，独具特色的古祠，当地人又称"宝纶阁"，纪念的是罗氏第十三世祖罗东舒。按徽州宗法制度规定，家祠小于支祠，支祠小于宗祠，罗东舒公祠虽为民间支祠，但其规模宏大、营造精细，其独特的建筑设计、精美典雅的梁坊彩画以及玲珑剔透的斗拱雀替设计，展现了丰富的艺术价值，被誉为"江南第一名祠"，堪称国宝。

罗东舒是宋末元初的学者、诗人、思想家，有治国安邦的才华。据说罗东舒幼年时就聪颖过人，成年后淡泊名利、隐居乡间，以耕作读书为乐。他积德行善，以仁义之心待人，当时的学者也都尊称他为东舒先生。元世祖忽必烈听闻其名，曾多次下旨召其入朝为官，他不为所动，表示自己不愿为官，只想做首阳山的采薇人，因此被尊为"贞靖先生"。对这样一位备受人们爱戴的先祖，罗氏族人更是敬重有加。祠以东舒为号，就是表达罗氏后人对其民族骨气、高风亮节的景仰。

东舒公祠按文庙建筑格局兴建，后寝大殿由三个三开间构成，加上两头的楼梯间，共十一开间，是一般祠堂不具备的格局。宝纶阁是其中的精华部分，据传修建宝纶阁，就花了一亿两白银。它精美绝伦，就是孔庙也难出其右。从族谱中"寝因前人草创，益之以阁，用藏历代恩纶"这段话可以看出，建宝纶阁是为了珍藏罗氏家族与皇恩有关的圣旨、御赐、官诰、皇榜等东西，类似于今天的"荣誉陈列馆"，故取名为"宝纶阁"，体现出"君在上，民在下"的建筑理念。另一方面，建造楼阁也是为了建筑上的需要。由于后寝大殿的高度不及享堂，与整个东舒祠的宏大气派相比不够协调，所以罗氏在后寝大殿的顶上加盖楼阁，使后寝的高度超过享堂，整个祠堂建筑得以保持一进高过一进的视觉感。该祠也是安徽省内保留明代彩画及祠堂最完整的家庙建筑，梁架上布满了极具个性的彩绘图案，色彩明快鲜艳，构图大方典雅，被誉为国内罕见的民间彩绘珍品。

20世纪60年代，我国文物部门在对"东舒祠"作鉴定时，看到后寝大殿到处都是五彩缤纷的彩绘和精美的木雕，极具文物价值，就把后寝大殿单独上报为省级文物保护单位。工作人员在登记时，以为"宝纶阁"的名称指的是包括大殿和楼阁上下两层的整个建筑，于是阴差阳错之下，省保名单的目录上就将其名为"宝纶阁"。

绩溪龙川胡氏宗祠是一处胡姓家祠，为明代户部尚书胡富、兵部尚书胡宗宪、清朝红顶商人胡光镛的族祠，始建于宋代，嘉靖年间曾大修，光绪四年（1878年）又重修。祠内装饰精美，尤以保存完好的各类木雕为最，有"木雕艺术博物馆"和"民族艺术殿堂"之称。1988年，该祠被列为国家重点文物保护单位。

龙川胡氏宗祠坐北朝南，前后三进，七开间，由影壁、平台、门楼、庭院、廊庑、尚堂、厢房、寝室、特祭祠等九大部分组成，依山带水，气势磅礴。

正厅两侧为32扇高达丈余的落地花雕隔扇，每扇窗上截有镂空花格，下截是平板花雕，均以荷叶荷花为主体图案，并配有不同的动物，均寓义美好。其中，有一幅图描绘的是荷叶下面有一只螃蟹，谐音为"和谐"，其他的雕板以荷花配翠鸟、鳜鱼、池蛙、鸳鸯等飞鸟虫鱼，分别寓意"和气生财""和为贵""连年有余""和美""和顺"，低调而含蓄。花形千姿百态，无一雷同，画作姿态飞扬，线条流畅，据说是晚明时期大画家徐渭亲笔绘制的底图。

正厅上首落地窗门的花雕题材皆为鹿，衬以山光水色、竹木花草，也很精美。祠堂后进的落地窗门则全部雕刻花瓶，花瓶有六角、八角、半圆、菱形、大口、长颈等各种形状，插有梅、兰、竹、菊、牡丹、玉簪、海棠等各式花卉。胡氏宗祠的最大特色就在于各处精美的木雕，立意吉祥，构图优美，采用浮雕、镂空雕和线刻相结合的技艺手法，图案活灵活现、栩栩如生，确实令人叹为观止。

旧时徽州宗族为了"褒奖"妇女妇德，还为"贞节烈女"们建造女祠堂以供后人祭祀，实则掩盖了无数妇女的悲苦命运和巨大牺牲。歙县棠樾村就有一座女祠——清懿堂，专门纪念为徽商的辉煌作出牺牲和贡献的鲍氏妇女。享堂里悬挂着一块"贞孝两全"的横匾，是清代名臣曾国藩所书。堂以"清懿"为名，取意"清白贞烈、德行美好"，是为表彰妇女之意，在今天看来，富有特色的建筑背后隐藏着封建礼教和对妇女的苛刻与压迫，具有历史文化意义。

"祠堂高耸郁云烟，松柏苍苍不记年"，徽州地区的祠堂大多保存完整，建筑宏伟、工艺精细，每一座祠堂都是当时徽州经济、文化以及建筑艺术的具体体现，也是徽州历史的浓缩。

第四节　徽州园林

从殷周、秦汉到清代末期，从最早的苑囿到北方皇家园林、江南私家园林、岭南园林三大地方风格的形成和完善，中国古典园林的发展经历了漫长的几千年。"北雄南秀岭南巧"，这句话说的是不同地域文化孕育了不同的园林艺术形态，徽派园林虽然属于江南园林，但有着自己独特的风格和魅力。本节我们将追寻徽派园林的发展脉络，介绍徽派园林的类型与景观特色。

一、徽州园林的发展概况

一般来说，文化软实力的提升必定依托于经济实力的增强，而徽州地区的经济实力与徽商的努力是分不开的。徽商文化始于南宋，没落于清代，历时600余年，在中国商业史上占据了重要地位。徽商的发展、壮大带动了整个徽州文化产业的发展，随着徽商产业的扩大南移，徽州文化更是影响到了苏杭一带。因此，凡是以徽州文化理念为指导思想、综合运用了徽派建筑风格的园林作品，都可以称之为徽派园林。南宋时期，中国古代经济重心南移，带动了徽商经济的南移，许多徽商向南方迁移，并在南方地区建造了许多徽派园林，用于聚会、居住和赏玩。虽然徽派园林长期受苏杭一带园林的影响，与苏杭地区的园林相互融合，逐渐带有一些苏杭园林的风格特征，但仍保持着自身的类型与特色。

二、徽州园林的类型

徽州园林大多处于乡村，造园借景时将渔樵（qiáo）耕读的生活场景与民间风俗都纳入视线，使园林基调质朴清新，透露着徽风古韵。我们在日常生活中常常听说的"徽风皖韵"，是相对抽象的名词，这里所说的徽州园林就是徽风皖韵的载体。徽州园林主要以宗族聚落景观和生态的改善为出发点，加上地处乡村的村落地理特殊性，因此在类型上与苏州园林、皇家园林有所不同。与徽州园林有关的主要类型有水口园林、书院园林、庭院园林等。

（一）水口园林

水口园林由村落中同族人共享，具有公园的性质，如水口园林就是徽州园林中常见的一类。例如歙县槐塘村，有九条道路入村，名为九龙进村，每条道路各有水口，皆建有庙或亭。

（二）书院园林

书院园林具有书院的主体建筑而所在地又是水口风景区的双重身份。徽州书院主轴上建筑体端庄、肃穆，道学气浓，园林则围绕书院主景在边缘展开。如歙县雄村竹山书院，院址落在这个村的水口，清澈流淌的渐江，沿岸筑堤，遍植桃花，称为桃花坝。每当春日，繁花簇拥，隔江相望，水面桃花，交相辉映，一片红云，灿烂绵长，有"十里红云"胜景之称。园内主要有清旷轩、文昌阁、百花头上楼、听风轩、牡丹圃等，可谓园中有园、景中有景，布局营构颇具匠心。

（三）庭院园林

庭院园林是徽派园林中数量最多的一类，几乎遍及乡间民居。它以居屋为主，往往出现在房前屋后及两侧空地上，甚或在天井明堂下这样一些局促又不规整的空间中，是经过巧妙设计，规模很小、布局精当的庭园小品。一座假山、一鉴鱼池、几竿修竹、几扇漏窗，似乎都能在极有限的空间中，创造出一个意味隽永、生机盎然的园林境界。如黟县西递的西园，就位于道光年间原开封知府胡文照旧居前。庭园以花墙相隔成前园、中园和后园，设拱券砖门。园内有假山、花卉盆景，一个由整块"黟县青"凿成的巨大石鱼缸。后园一对石雕漏窗，左为松石图，右为竹梅图，构图生动，雕工精湛。前后园并排序列三间二楼民居两幢，石雕门罩，高大雅致。

三、徽州园林的特点

徽派园林的风格是自然淡雅、精巧紧凑、幽深静谧、富含理趣的，令人回味无穷。园林景观的构成要素则是山水、建筑、花木盆景、置石、匾额楹联。对这些要素的处理，徽州匠师有一套相对稳定的造园技艺。而园林风格又是以布局、构景等造园艺术来实现的。徽派园林艺术的特色概括起来大致有以下几方面：

（一）师法自然，以大观小

徽州园林选址布局以自然山水为主，因应自然，师法自然。从山水之中得自然之趣，捕捉美的节奏；身处园林之中，犹在山水之间；以青山为屏，绿水为带，花木为饰，随四季朝暮风云变化而展示出天然美，以此和园林自身的人工美形成呼应。例如，黟县西递、宏村之美，关键在于"湖光山色"。西递村四周青山环抱，两条溪水由东往西环流，因

"东水西递"而得名。宏村的民居、祠堂、书院等建在月沼之畔、南湖之滨、水圳之侧这样的水口园林之中，村落在一条近乎等高的主轴线上，全都坐落于平坦的山弯里，沿着"牛肠"水圳而建的庭院，溪水穿家过户顺势而流，映衬出"牛形村落"的文化积淀。联合国世界旅游组织专家评价道："宏村非常和谐地利用了当地自然山水，是在儒家文化和徽州当地文化思想影响下的东方传统村落的人居环境的代表，是独一无二的。"

（二）随形就势，从小示大

徽州地少形狭，山高水急，只能利用丘陵地带的自然形势，既能远观整体环境的宏大范围景致，又可近观景中的溪谷、丛林的细节，进而"画地成形，依形造势"。地形虽然较为狭小，但是在构筑态势上要求小中见大，也就是在造园构景上下功夫。通过布局构筑、置石凿池，花木配置，运用各种造园技艺，从意境的追求上起到以小示大的作用。即使人工构筑体较小，园林仍能向自然山水借景，并作用于人的大脑，展现出新的意境。如坐落在齐云山西北部的小壶天景点园林，随坡就势，靠山采形，曲径通幽；窗外是山、槛外为水，壶天虽小，但可示大，游人到了这里，悠然神往。徽州人家，尤其是乡村民居，通过庭院的槛窗、福扇和漏窗，因借远山近水，经过人们心灵上的组织、省悟，即成为景。山水与村落民居庭院亲密无间，珠联璧合，便构成小巧玲珑的徽派园林基本特征。

（三）含虚构远，以简驭繁

徽州园林，擅长于远借诸如黄山、齐云山等名胜山水以装点自身，也善巧借近景以使本园增色。黄山、齐云山支脉繁多，峰峦起伏，绵亘百里，青松翠竹，花木秀丽，山奇石怪，碧水映帘。这些独特的天然景色，为徽州所独有，所以其园林中近景与远景的交相呼应是其他地区的园林所无法具备的。徽派山水园林，出于自然又高于自然，因地制宜又巧于因借，蕴含意境又孕育人文，将天然造化与人工山池化糅为一体，剪裁原生态的野趣，配置垒石、花木、开塘、引渠等造园诸要素，因势利导地运用地形、地貌，扬长避短地修筑亭、榭、桥、碑等建筑小品，将水容山态、村霭墟霏，尽收园内。风景皆入画，人在画中居。

徽州园林的建筑色彩都是些冷色调，与粉墙白壁形成强烈的对比，树木葱翠，奇花鲜妍，花影扶疏，又冲淡了墙壁强白，形成过渡，增加了恬静悠闲的气氛，一点都不扬威、露富，这就是朱熹理学氛围支配下徽州人含蓄不张扬的心态。徽州园林一般小巧、以静为本，以简驭繁。徽州园林中的景观和植物特点经学者解读，用于比喻君子的德行，为园林注入了儒家温柔敦厚的审美情趣。歙县雄村竹山书院位于渐江北岸桃花坝上，院内杏坛讲学。书院内有曹文埴所书名联其中上联为"竹解心虚，学然后知不足"，既诠释了书院的得名，也寓含"竹解心虚"的谦逊治学态度。这不单是因其拥有完好的书院园林建筑，还因在这块景色秀美的风水宝地，仅清代就出举人52人，其中进士30人，更因其深厚的书院文化，由此雄村也被誉为科举摇篮、儒学圣地。

四、总结

本节我们回顾了徽州园林的发展历史，以及社会地理文化等因素影响下的几种有代表性的园林类型，着重介绍了徽州园林的特色。从中反映出徽州园林作为徽文化的代表所具有的重要价值，以及徽州园林作为构建安徽文化软实力的载体起到的重要作用。

第五节　徽州三雕

一、徽州三雕的形成与发展

徽州的雕刻艺术约始于唐代，其种类丰富，有砚雕、墨模雕刻、刻碑技艺以及竹、砖、石、木雕刻等。其中，人们常说的徽州三雕指的就是砖、木、石三种雕刻工艺，主要应用于祠堂、牌坊、民居等建筑物的装饰和家具上面，这也是本节主要讲述的知识点。

砖雕是徽州盛产质地坚细的青灰砖上经过精致的雕镂而形成的建筑装饰，广泛用于徽派风格的门楼、门套、门楣、屋檐、屋顶、屋瓴等处，能让建筑物看起来更典雅、庄重。它是明清时期以来兴起的徽派建筑艺术的重要组成部分。

木雕在"三雕"中数量最多，遍布民居、祠堂等建筑物木结构的各个部位，艺术质量最精。明代初期，徽州木雕就已初具规模，雕风雅拙粗犷，以平面浅浮雕手法为主。保存至今的木雕以江南民间吉祥图案、宗教人物、戏曲故事、山水、花鸟虫鱼等题材为主，少数由艺术家参与的木雕在选材上显示出较鲜明的文人绘画情调。绩溪县龙川胡氏宗祠内的木雕作品堪称现存徽派木雕的代表作品。

石雕大多出现在石结构的建筑物上，如牌坊、桥梁或民宅的基础部位以及祠堂的石栏板、云鼓、须弥座上。西递村西园、呈坎宝纶阁、北岸吴氏宗祠等地的石雕是徽州石雕中的精品。石雕所用石料多为褐色的茶园石和青黑色的黟县青石，质地坚硬，虽历经几百年风雨剥蚀仍栩栩如生。

二、徽州三雕的技艺特色

(一) 砖雕技艺

徽州砖雕的用料与制作极为考究。一般采用经特殊技艺烧制、色泽纯清的青砖为材料,先细磨成坯,在上面勾勒出画面的部位,凿出物象的深浅,确定画面的远近层次,然后再根据各个部位的轮廓进行精心刻画,局部"出细",使事先设计好的图案一一凸显出来。砖雕图案具有浓郁的民间色彩,较为常见的是戏曲故事和花草动物,诸如"古城会""打金枝""梅兰竹菊"等。明代砖雕的风格粗犷、拙朴。到了明末清初,基于富商们对豪华生活的追求,清代砖雕的风格渐趋细腻繁复,注重情节和构图,透雕层次加深。歙县博物馆藏有一块灶神庙砖雕,在见方仅尺的砖面上雕刻着头戴金盔、身披甲胄、手握钢锏的圆雕菩萨。据考证,这块精巧绝伦的砖雕由1200名匠工精心雕刻而成,堪称徽州砖雕艺术的经典作品。砖雕一般装饰在民宅的门罩、门楼以及官邸、祠庙的八字墙上。

（二）木雕技艺

木雕在徽派古建筑上，通常用于架梁、梁托、斗拱、雀替、檐条、楼层栏板、华板、住棋、窗扇、栏杆等处，特别是沿天井四周一圈齐整的程板，是明宅装饰化大显身手的地方，雕花撰朵、富丽繁华。木雕的边框一般雕有缠枝图案，婉转流动，琳琅满目。这些宅第民居多用圆柏、梓、椿、银杏、楠木、榧树、甲级杉树等特种木材建造。为炫耀木材品质的高贵，均不加油漆，以免影响雕刻的细部，同时可以显出木材本色的柔和及木纹的自然美。木雕既需考虑美观，又要重视实用，大凡窗子下方、天井四周上方栏板、檐条，采用浮雕较多，在梁托、斗拱、雀替以及月梁上使用圆雕较多。在家具方面，应用木雕较多的是床与衣橱，主要由高级木材制成。一般用朱漆和金箔装饰木雕的表面，使其更加鲜明生动。

明代初年，徽派木雕已初具规模，雕风拙朴粗犷，以平面浅浮雕手法为主。明中叶以后，随着徽商财力的增强，炫耀乡里的意识日益浓厚，徽州的木雕艺术也逐渐向精雕细刻过渡，多层透雕取代平面浅雕成为主流。入清以后，对木雕装饰美感的追求更强，雕梁画栋，穷极华丽，虽为精工，但有时反而限于繁琐。现在原徽州辖县内木雕精品仍然随处可见。例如，在歙县黄村一家民宅中，梁、枋、斗拱、雀替皆精雕细刻，装饰着灵兽、百鸟、蝙蝠和回纹图案，布局严谨，造型优美。楼下围着天井的24扇镂花隔扇门，上半部是连续图纹漏窗，下半部是浮雕花鸟隔板，连接上下两半部的中间横板，雕满了戏曲故事，内容皆出自《三国演义》戏文。在堂前右侧登楼的门口上方有一幅用浮雕与镂空相结合的木雕画，背景为山石岗峦、竹林曲径，一位年轻妇人靠着家门向外眺望，一位男子夹着伞，背着包袱，从山道上走来。这是一幅反映在外经商发迹回乡的"商旅归乡图"。画面人物长度不足一寸（约3.33厘米），却刻得栩栩如生：妇人凝眸远望，神态忧戚而专注，流露出盼人归来的脉脉情思；行旅男子则风尘仆仆，行色匆匆，归心似箭。构图精巧，造型生动，可以说是现存徽派木雕中的精品。

（三）石雕技艺

石雕主要用于寺宅的廊柱、门墙、牌坊、墓葬等处的装饰，有圆雕、浮雕、浅圆雕、透雕等。石雕题材受雕刻材料本身的限制，不如木雕与砖雕复杂，主要是动植物形象、博古纹样和书法，人物故事与山水比较少见。

然而，在西递村原水口亭的主体建筑凝瑞堂内的石磉础上，就有着以佛经故事为内容的雕饰。在堂前石阶中央，有双龙戏珠石雕，山石波涛、琼楼玉宇为背景，就像仙界天国，从小中见奇。在雕刻风格上，徽州石雕中的浮雕以浅层透雕与平面雕为主，圆雕刀法精致又古朴大方，不像清代木雕与砖雕那样细腻繁琐。黟县西递凝瑞堂大道旁有一对保存完好的黟县青大理石石雕宝瓶，其瓶身所饰山水云雾花纹图案，采用了浮雕与镂空雕刻相结合的手法，令人惊叹。石雕精

品中比较常见的是宅居的门罩、院墙的漏和各种石牌坊。西递村西园中有一对漏窗，左侧为松石图案，奇松从嶙峋怪石上斜向伸出，造型刚劲凝重；右侧为竹梅图案，弯竹顶着劲风，古梅枝造型婀娜多姿，刀工精美，堪称石雕艺术精品。

徽州雕刻技艺在高度发展下，终于形成了世人所公认的"三雕"

（砖雕、木雕、石雕）艺术，在工艺文化上进入了最高境界，在雕刻艺术史上占据了独有地位。

三、徽州雕刻的地位与影响

徽州雕刻是徽州文化中的重要元素，在诸多领域都有雕刻技艺的体现，如徽州刻书、徽派版画、徽派篆刻、徽派建筑、徽州文房四宝、民间工艺制作等。可以说，离开了雕刻技艺，徽州文化不可能形成今天这般博大精深、辉煌灿烂的局面，徽州雕刻在徽州文化形成过程中创下了不朽功绩。同时，徽州雕刻艺人持一技而走四方，形成了庞大的徽州工匠集团，把徽州雕刻技艺带到全国各地，对当地的文化艺术领域又产生了影响。如徽州刻书雕版工艺对金陵版画、杭州版画的影响，徽州竹雕工艺对嘉定竹雕的影响，徽州砖、木、石三雕工艺对江南建筑工艺的影响等。

徽派建筑是中国古代社会后期成熟的一大古建筑流派，它的工艺特征和造型风格主要体现在民居、祠庙、牌坊和园林等建筑实物中，其中砖、木、石三雕是徽派建筑艺术的集中体现。明中叶以后，随着徽州商业集团势力的崛起，徽派园林和宅居建筑也一同跨出徽州本土，在大江南北各大城镇扎根落户，如江苏的扬州、南京，浙江的杭州、金华，江西的景德镇等地，都曾是徽派建筑相对密集的城市。作为设计和实施者，江南民间的"徽州帮"工匠集团对中国建筑艺术的贡献是不可忽视的，并且至今仍在我国的建筑与景观设计、视觉传达设计、室内设计等领域产生持续的影响力。

参考文献

[1] 聂玮.徽州古居的现代叙事：类型学下的新徽派建筑设计[J].安徽建筑，2011，18（1）：3.

[2] 李丹.浅析徽派建筑的美学特征[J].陶瓷，2022（10）：137-139.

[3] 杨亮.解析徽州建筑雕刻装饰构件纹样的象征属性[J].湖北师范大学学报（哲学社会科学版），2022，42（5）：93-98.

[4] 鲍义来.徽州工艺[M].合肥：安徽人民出版社，2005.

[5] 朱永春.徽州建筑[M].合肥：安徽人民出版社，2005.

[6] 孙国良，陈玉美，李超峰.我国传统建筑雕饰艺术的功能及其保护传承：以徽州建筑为例[J].人文天下，2022（12）：44-45.

章末思考

1. 徽州建筑的艺术特点有哪些？
2. 徽州民居的建筑特点是什么？
3. 徽州园林与苏州园林有怎样的异同？

第六章

徽州藏书家与徽州文献

徽州有"文献之邦"的美誉,昌盛了300年的徽商,利用自身雄厚的经济实力,收藏了大量的图书文献,或出资刊刻大量书籍丛书,为提高自身素质、培养教育子弟、结交和跻身官僚、营造经商环境、促进学术研究、保存古籍文献、传承中华文化作出了突出贡献。

明清时期,徽州知名藏书家有20多位,藏书总量达到几十万卷,包含了上千种藏书,数量宏大。如寓居扬州的马曰琯、马曰璐、程晋芳,寓居杭州的汪启淑、鲍廷博,都是闻名当时的徽商藏书家的代表,即使是藏书相对较少的程晋芳藏书,亦达五六万卷。"扬州二马"的藏书楼小玲珑山馆和丛书楼的藏书超过10万卷,藏书量可与宁波天一阁的藏书量相媲美。汪启淑家有开万楼、飞鸿堂,藏书百橱,数千种。鲍廷博,生而笃好书籍,广搜博采,知不足斋等藏书处的藏书亦达数万卷。

徽商藏书家的藏书不仅数量多,精品也多。其中,马曰琯、马曰璐"酷嗜古书,海内奇文秘简,不惜重价购求""常出高价购旷世之书"。他们的家藏图书多为宋元时期以来的珍本或善本,有的甚至为海内外孤本,质量颇高。这些徽商在藏书楼广迎各方学士前来交流学术,成为当时文人学士讨论学术、治学撰著的中心。多有学者在藏书楼中完成著述。徽商对藏书物尽其用,极大地发挥了藏书价值。

第一节　徽州私人藏书概况

徽州素有"东南邹鲁"之称，山清水秀，人杰地灵。明清时期徽商富甲天下，这里孕育了著名的新安理学、皖派经学、新安画派、徽派建筑及徽剧等学术或艺术流派。徽州的刻书业曾在明代盛极一时，在明代万历年间达到鼎盛。这里滋养了一大批爱书、读书之人，他们爱读书也爱藏书，见到好书往往不惜重金购买收藏。徽州文献得以完整保存，徽州教育及书院之发达，都与徽州人爱书、藏书密不可分。古代徽州的藏书分为：府、县两级儒学藏书，以及书院藏书、私人藏书，其中私人藏书最出名而且影响深远。

一、徽州私人藏书的历史

徽州私人藏书始于南唐。南唐时休宁人查文徽，官至工部尚书，他在青年时代曾手抄书数百卷之多。休宁人洪庆之在南唐后主李煜征集天下遗书时，因献书有功，授奉礼部郎、新喻令。这是有文献记载的最早的徽州私人藏书，也是历史上因藏书而获荣誉地位的显著例子。

徽州私人藏书大兴于两宋。其中，有代表性的藏书家24人，他们分别是：歙县的闵景芬、黄宣、祝穆、汪杲、潘纶、吴豫；休宁的程大昌、金青松、吴瓘、宋松年、汪一龙、程秘、程卓、程明；婺源的汪藻、朱熹、詹廷坚、许大宁、王汝舟、胡霖、胡博、游克敬、汪杞、滕璘。这些名家不仅是各领域的杰出代表，也是当时的文化领军人物。

在元代，徽州地区的私人藏书相对于其他地方是比较集中的。元代徽州私人藏书家有代表性的是：歙县的吴以宁、鲍深；祁门的李伟、李与廉；黟县的汪泰初、王仲祥；婺源的程直方、戴焴（yù）；休宁的程文海。此外，元代的徽州私人书院、书塾远比两宋时兴盛，元代的高压时局迫使徽州人不得不自我放逐回归故里，客观上刺激了徽州教育兴盛，对藏书的需求显得格外旺盛。

明代是中国封建社会中相对统一稳定的时期，经济的发展促进了文化的进一步繁荣，私人藏书在数量上、规模上都超过了宋元时期。明代有史可查的徽州私人藏书家共39人：歙县20人，休宁7人，祁门2人，黟县3人，婺源7人。与前面几个朝代不同的是，明代出现了一些专门藏书、读书之人，而在此前，大多是为官一方，有俸禄，又看到了读书的重要性，就开始收书、藏书，罢官以后带回家乡，修藏书楼专门藏书，留给后代子孙，就像是留下一笔财富。明代藏书的功用性开始减弱，娱乐性增强。如歙县的吕旭，他在先世的祖墓之侧，修瓦屋十几间，储蓄书史图集，并取室名"苞雪轩"；歙县的吴希元，时而挟书试南都，时而持算客广陵，后筑室溪上，彝鼎在陈，图书在壁，如身在三湘五岳、商周秦汉间；歙县的吴守淮常自言："摩擎彝鼎，亲见商周，虽南面王乐不易此。"显然，他们已将收藏古籍当作追求高雅生活情趣的一部分。

清代的私人藏书最兴盛，主要是因为刻书业发达，书籍传播广且种类多，清政府大规模地编刊图书及创建藏书阁，起了相当大的推动作用。清代徽州私人藏书家数量远远超过宋元明藏书家总和，其中本地的共有63人：歙县25人，休宁10人，祁门1人，绩溪5人，黟县8人，婺源14人。此外，旅外的徽州籍藏书家有54人：歙县32人，休宁18人，祁门2人，婺源2人。从数据上看，数量如此庞大的藏书家队伍，这样鼎盛的局面，与徽商的崛起、兴盛是有密切关系的。徽商的成功，为私人藏书打下了坚实的物质基础。

二、徽州私人藏书丰富的原因

（一）北方文化士人的迁入影响

徽州的私人藏书之所以数量繁多、名闻天下，其初始原因在于这里的人大多是从北方迁来的达官贵族，有着很好的家学底蕴。徽州的私人藏书始兴于宋代。史书上记载："宋代，徽州学风日益昌盛，徽州人大兴藏书。"宋朝，徽州是"程朱桑梓之邦"。宋代理学的集大成者朱熹，祖籍徽州婺源，曾3次回徽州省墓，每次都逗留好几个月，到处讲学，从学者无数。朱熹曾说："穷理之要，必在于读书。"这极大地促进了徽州的读书风气，使徽州研究学问、从事著述的人极多，对徽州社会的影响极其深远。也是在这样的一种情况下，徽州的私人藏书崭露头角。宋代较有名的私人藏书家有：创建延芬楼的歙县人吴豫；在溪上建堂，收藏古今异书，为堂取名经畲（shē），自号经畲居士的歙县人潘洋发；嗜好藏书，"未尝一日去书不观"的祁门人汪伯彦；藏书极为丰富，并从中采撷各家诗话，纂写了《苕溪渔隐丛话》前后集共100卷的绩溪人胡仔（zī）；家中藏书丰厚，宋代著名的刻书家黟县人汪纲。同新安理学兴盛的时候一样，徽州地区"缙绅之家往往自编教材，由父兄率子弟诵读"，这种传统的学风自然极大影响了徽州当地私人藏书的现象。

（二）徽商强大的物质基础为保障

徽州的私人藏书如此兴旺发达，凭借的是徽州人长期经商创下的显赫的物质财富。例如，元代歙县的郑绍祖、黟县的汪大初和祁门的李伟，均以家富藏书著称；明代休宁县的程敏政也是一位家庭富裕的藏书家。随着外出经商的人逐渐增多，清代的徽州藏书家大多寄居在苏杭江浙一带，他们既是生意人，也是著名的藏书家。又如，清代寄籍浙江桐乡的休宁人"汪氏三子"：汪文桂（字周士）、汪森（原名文梓，字晋贤）、汪文柏（字季青）兄弟三人，以藏书而盛名，其中汪文桂和汪森共同修建了裘杼（zhù）楼，聚书万卷。此外，汪森还独自建有碧巢书屋；汪文柏家有古香楼，收藏秘籍珍本以及名书名画。与汪氏三子同时寄居在浙江桐乡的歙县人鲍廷博，特别喜欢收买散佚书籍，家中收藏的古异书籍达数千种。侨居扬州的祁门人马曰琯、马曰璐兄弟二人，酷嗜经典，常出高价购买旷世奇书，家中有丛书楼，藏书之富甲大江南北。据载，祁门人倪望重、倪启佑父子于光绪十年（1884年）在家乡渚（zhǔ）口兴建的藏书楼共耗银万两。总之，买书藏书历来是需要雄厚资金的，徽州的私人藏书之所以能够名扬天下，是以徽商的财富为坚实基础的。

（三）文化氛围的浓厚与文化发展互为因果

徽州私人藏书的兴起是因为彼时文风昌盛，反之，对图书的收藏又极大地丰富和促进了当地的文化发展。徽州的许多藏书家，本身就是某一方面的大家。例如，宋代休宁的宋松年是著名的唐史学者，黟县的汪纲是著名的刻书家，明代休宁的程敏政就编辑刻印了徽州的第一部地方文献总集《新安文献志》，明代的鲍宁、汪廷讷（nè）、胡正言等不仅家藏万卷，自己本身也是刻书大家。寓居浙江仁和的歙县人姚际恒，就是一个"插架与腹笥俱富"之人，他所著《古今伪书考》就持论极其精严，没有丰富的藏书及富有藏书的环境作为条件，是难以深入研究的。徽州丰富的私人藏书，造就了本地学风日盛。藏书与流通相结合，藏书与著述相结合，藏书与校勘相结合，藏书与刻书相结合，在徽州这片古老的土地上形成了新安理学、皖派经学、新安画派、徽派篆刻、徽派版画、新安医学、徽剧等学术或艺术流派，也使这块土地成为文化底蕴丰厚的家园。

三、徽州丰富的私人藏书产生的影响

徽州丰富的私人藏书不仅荫及子孙后人，也为那些名人学者提供了博览群书与做学问的好去处。元代名儒陈定宇、倪道川、胡存庵常聚在黟县汪大初的贮书万卷的遗经楼里，读书做学问，研讨新安理学。江永、戴震、汪肇龙、程瑶田等朴学大师经常到歙县汪梧凤家的疎（shū）园观书聚会探讨学问。海内名流黄宗羲就曾同朱彝尊、汪钝翁等人一起，与世称的"汪氏三子"交往甚密，经常到裘杼楼、藻之堂观书交流，晚年还为搜抄稀有书籍，特地来歙县，向丛桂堂的主人郑侠如借书抄录。著名汉学家惠栋经常到马曰璐的小玲珑山馆看书。侨居淮安的歙县人，购书五万卷，曾特邀吴敬梓到其家观书数月……谁能说他们的学问和成就中没有徽州藏书家的心血呢？徽州的私人藏书，给四库全书馆提供了丰富、宝贵的书源，极大地丰富了四库全书馆的馆藏。乾隆三十六年（1771年），四库全书馆开馆，向民间征集书籍，流寓浙江桐乡的歙县人鲍廷博献书600多种，而且大多是宋元旧版；侨居浙江钱塘的歙县人汪启淑，工诗好古，藏书甚富，向四库全书馆献精醇秘本500多种；侨居扬州的祁门人马曰琯，其子曾献出高价购来的旷世奇书776种。徽州人爱书、藏书，往往一家几代人，倾尽所有，竭尽心力。明初，歙县方富祯、方奕、方大治一门，累世积书，才有"万卷方家"；

寄籍浙江海宁的休宁人吴骞，遇善本必倾囊购买；寓居江苏昆山的歙县人徐乾学，筑楼贮书数万卷，名其楼为"传是"，告诫子孙："所传者唯是矣！"这样的家训培养了一代又一代人藏书、爱书的优良传统。

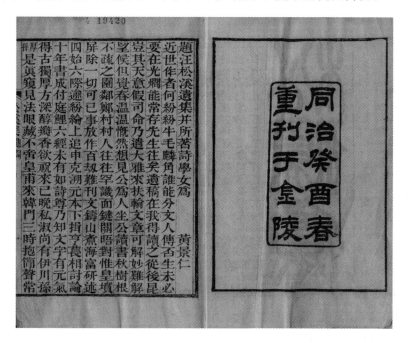

绩溪人胡培翚（huī）于道光十七年（1837年）创建世泽楼，与族人购置大批图书藏于其中，使之成为有名的胡氏家族公用图书馆。可惜的是，由于战争、统治者的禁毁、火灾、子孙变卖等多种原因，徽州的私人藏书大多被毁和散佚。中华人民共和国成立初期，有些人把古旧书籍当成封建糟粕，大量变卖焚毁。1953年，屯溪和歙县两地的私营土特产信托公司，收作纸浆的古籍竟达3万多斤。1956年9月，屯溪文化馆从屯溪爆竹厂的废纸堆里，一次就抢救出比较珍贵的古籍800多斤。1956年9月，屯溪古籍书店开业，仅前4个月就收购古籍7万多册，其中有明成化刊本的《沧海遗珠》、嘉靖刊本的《新安大族志》、万历刊本的《三关图说》等珍本1000多册。现在古徽州这块土地上，已找不到保存完整的私人藏书楼，那些耗尽了古人心血的古籍珍本，现在也不知归于何处。古徽州这块土地上，失去了这些连名字都吐露着芬芳的私人藏书楼，真是一件非常遗憾的事！所幸的是，这种读书、爱书的良好风尚越来越受到当代人的重视和弘扬。

第二节　徽州文献繁荣的原因探析

徽州藏书蔚然成风，是造成徽州文献丰富的重要因素之一。其实读书多了，文化素养就提高了，自然能明白文献、文书的重要性。所以，历史文献、文书在徽州得以良好保存，也在情理之中。

徽州文献、文书是历史上徽州自然地理和社会人文的记载，统属于徽州地方文献，然而二者在内容和功能上又有明显区别。徽州文献通常指徽州历史记载史料、徽州人著述、徽州地主方志、徽州出版物，以记录知识、传播知识为主要特征；徽州文书则通常指徽州谱牒、契约（土地、人身等）、票据、鱼鳞册、析产标书、阄书、乡规、乡约等，以记录事物以备稽查考核为主要特征。显然，徽州文献和文书是历史上徽州文化的载体，是研究徽州文化必备的基本资料。

以徽州人著述而言，历代著述现存于世的多达6000余种，其中婺源一县就有2180种，而歙县的一个村落——江村竟然保存了约155种。《四库全书总目》收书为10254种，其中徽籍人著述为380种，录入《四库全书》丛书的为150种。可见徽州人著述数量之多、质量之高。以地方志为例，徽州今存历代各类志书64种，以时代计，宋代1种、明代11种、清代41种、民国11种；以类型统计，府志10种、县志48种、乡镇志7种，不仅为全省之冠，而且在全国也堪称发达地区。以文书为例，《徽州历史档案总目提要》称"现代总数目不下13万件"。以谱牒为例，世界第一家谱藏量多达12000余种的上海图书馆，依地区排列，以浙江为最多，安徽次之，而"安徽的家谱则以徽州地区为最集中"。全国现存22种宋元家谱，明确属于徽州的有15种。至于存世的明代家谱，已故版本目录学家赵万里先生早就指出："传世明本谱牒，大都是徽州一带大族居多，徽州以外绝少。"时至今日，历史上徽州文献、文书不仅遍及省内外，而且流传于海外的各大中型图书馆、博物馆、文管所等藏书单位，如果套用昔日"无徽不成镇"的说法，我们可以毫不夸张地说"无徽不成馆"。

那么徽州文献、文书为什么如此繁富呢？众所周知，地域文化或者地域学科都是在特定的地域条件下产生的。所谓特定的地域条件，从根本上来说就是特定的地理生态环境和社会人文环境。徽州文献、文书繁富，正是徽州特定的地理生态环境和社会人文环境在文化意识形态里的反映。

（一）特定的地理生态环境因素

旧时徽州有六邑：歙县、休宁、祁门、绩溪、黟县、婺源（今属江西），其地理生态环境至少有3个基本特征：

1. 高山四围、三水外出——地理位置的封闭性

黄山盘踞西北，天目山屏障东南，海拔均在千米以上，山陵占全城的十分之九，中间形成的盆地便是徽州人聚落、生息之所。陆路进出，有昱（yù）岭、箬（ruò）岭、逍遥岩、从山关、新岭、羊栈（zhàn）岭、大洪岭、马金岭等关隘（ài），鸟道羊栈、险阻天成；所幸水路东有新安江可抵杭州，北有青弋（yì）江与长江相通，南有阊江与鄱阳湖相连，滩多水急且受雨量影响，于是顺流而下较易，逆流而上为难。这样一个封闭性的自然区域，到处高山峻岭、交通闭塞，易守难攻，战争波及小，这就为避世和聚族而居提供了良好的地理环境。自然条件的封闭性恰恰将留存历史资料变为可能，成为保护文化遗存的绝佳条件。

2. 田不足耕，获不足食——耕作的艰巨性

这里山陵盘桓，"八山半水半分田，一分道路和庄园"，耕地少得可怜，且土质红硬不化，有雨则涝，无雨则旱，所谓"耕获三不赡一，即丰年亦仰食江楚十居六七，勿论岁饥也"。在这里，人要想活命，一是外出经商，逐什一之利；二是学点百工技艺，补贴生活。这就刺激了徽商和百工的兴盛，也为历史文献文书得以刊刻、保存、传承奠定了物质基础。

3. 山深林茂，物产丰饶——资源的丰富性

山区虽耕作恶劣，却也被赐予了丰富的山区资源，像是大自然的有意安排。徽州盛产林木、茶叶、山珍奇兽，这既为商人外出经商提供了充足的货源，又为百工之人的技艺发挥提供了优厚的物质条件。

（二）社会人文环境因素

地理生态环境因素在很大程度上对社会人文环境因素起决定性作用。正因为山清水秀、地处偏僻且对外具有一定封闭性，所以在东晋南渡、唐末黄巢起义和北宋靖康之乱时期，大批中原人士逃遁到这里，带来人力、财力、中原文化，促使这里的经济和文化发展；交通闭塞迫使人民聚族而居，以同宗共祖的血缘关系为纽带，使封建宗法制度得以巩固和加强；耕不养人而又山区物产丰盛，于是"天下之民寄命于农，徽之民寄命于商"，以至形成足遍寰宇、挟资雄厚的徽州商帮；百工人众，竞争必烈，技艺必精，以至世代相传，使造纸、制墨、制砚、刻书工匠名噪海内。同时，这里又是"文公阙里"，宋明理学沃土，兴教倡儒之风盛行，人才辈出，被称为"东南邹鲁"。社会人文因素对于文献、文书的产生更具直接影响，具体表现在以下几个方面：

1. 重视教育，人才辈出

自唐代开元年间起，徽州郡县官学陆续建立。北宋时期出现第一个私家书院，即绩溪县胡忠"桂枝书院"，此后各类官学、书院、精舍、书堂、家塾、社学、义学蓬勃兴起，遍列州县。

据不完全统计，宋元两代徽州有各类书院32所，明代131所，清代在沿袭前代书院之外，新创书院57所，婺源另有书院44所。明弘治《徽州府志》卷6记载，六邑社学562所。各类学校林立，遍及穷乡僻壤，以至出现"十家之村，不废诵读"的壮观现象。

教育的兴旺发达，为造就各类人才提供了条件。历史上徽州人才济济，久负盛名，以至今仍具权威性的《中国人名大辞典》而言，全书收集清代以前历代名人4万多人，而其中属徽州六邑的名人多达747人；宋代徽州中进士619人；明清两代中举人者996人，中进士者618人；婺源一县历代进士456人；歙县仅清一代有状元5人，榜眼2人，武榜眼1人，探花8人，传胪（lú）5人，会元3人，解元13人，进士296

人，举人近千人；仅歙县小小的呈坎村，历史上主簿以上职官达百人。这里不仅有宰相、封疆大臣、郡州县官等，还有精于经学、史学、文学、医学、天文数学、书画、篆刻等各类学者和科学家。人们传颂的"兄弟九进士、四尚书者、一榜十九进士者""一科同郡两元""一门三鼎甲""连科三殿撰，十里四翰林"等美谈，正表明了此地人才盛况，达到令人难以想象的程度。封建时代知识分子历来追求的"立德、立功、立言"，其中"立言"就是著述。人才多，相应著述就多，官宦人员要著述，学者文人更要著述。通俗点来说，就是几乎家家有人写书、刻书和传播书。

2. "文公阙里"，理学昌盛

在儒学上被尊至仅次于孔子地位的朱熹，其祖籍就是徽州婺源，所谓"文公阙里"是也。朱熹本人先后几度回籍省墓、游历，在这里留下朱子学的传人，形成蔚为大观的徽学，又称新安理学。"文公为徽学正传"，其学"历元明而其传弥广"，"皆宗紫阳之正脉，得濂洛之真诠"。仅休宁一县而言，宋至明代中期就有程大昌、吴儆、程若庸、陈栎、倪士毅、朱升、赵汸、范准、汪循等9位理学名贤。这一学脉流风所及，直至清代中期的江永、戴震、洪榜、洪梧、程瑶田等人的朴学（考据学）产生，走向理学的反面，甚至民国时期大名鼎鼎的胡适，从他身上也可找出这一学派的影子。这些学人们聚徒讲学、著述立说、阐发经义、诠释子史，写就大批的著述。办学、讲学、传播思想当然离不开书籍，对书籍的需求量也就格外庞大。

3. 宗法制度盛行，谱牒文献大兴

宗法制度本来就是维护两千年来中国封建社会的重要纽带，徽州由于新安理学的兴盛，更加强化了这一制度。"我新安为朱子桑梓之邦，以邹鲁之风自恃，而以邹鲁之风传子若孙也。"徽州各姓多聚族而居，所谓"千年之家，不动一抔（póu）；千丁之族，未尝散处；千载谱系，丝毫不紊。主仆之严，数十世不改，而宵小不敢肆焉"，就是徽州宗法制度盛行的真实记录。宗法制盛行、族谱大兴。"族之有谱，犹国之有史；国无史不立，族无谱不传。"族谱通过世系、叙昭穆、辨亲疏，别长幼、尊卑、嫡庶，达到尊祖、敬宗、收族的目的。族谱又作为连续出版物，一修再修，甚至多达十余修。它本身既是封建宗法制度的产物，

也是宗法制度的象征，更是维护宗法制度的工具。徽州谱牒始于唐宋，盛于明清，产生了数以千计的郡谱、县谱、合同姓诸宗的统宗谱、通谱，还有一派一房的支谱、房谱等，名目繁多、篇幅惊人。元代学者赵汸曾对徽州社会人文环境作过这样论述："新安南迁后，人物之多，文学之盛，称于天下。当其时，自并邑、田野以至远山深谷，居民之处，莫不有学有师，有书史之藏""故四方谓东南邹鲁，其成德达才，出为世用者，代有人焉。"家家都编家谱、保存家谱，对历史文献的保护可见一斑。

（三）地理生态和社会人文综合因素

如果说上述分析主要是由徽州地区的地理生态因素和社会人文因素分别决定的，那么徽商雄起、刻书和藏书业的发达，则是由这2种因素综合而成的。

1. 徽商雄起，促进徽州文化蓬勃发展

徽州山区田少人多、耕不足食，徽州人稍具资财者便外出经商，逐什一之利。徽州人"十三在邑、十七在天下"，至明代中期，甚至清代中期的二三百年间，徽商之鼎盛，几乎达到令人生畏的高峰。他们的足迹遍及山陬海澨，无所不至，沿江和江南地区形成"无徽不成镇"局面。徽商以盐为龙头，兼贩卖山区的茶叶、木材、果品等，获利丰厚，以至"富室之雄者，江南则推新安"。这些出自"文公阙里"的商人们，在青少年时期都先受过若干年私塾教育。孔孟之道、朱子之学，在他们的心灵上打下深深烙印。有的在追求仕途的道路上遭到失败后，转向效陶朱之富；有的则通过经商发财致富之后，转向文化事业，延师课子，以"非儒术无以亢吾宗"，继续走"学而优则仕"之路。"贾而好儒"是徽商特色。同时，商人们为了提高自己和家族的社会地位，改变自己的市侩形象，建造园林、收藏文物典籍、广结文人学士、编撰著述。当年老返乡时，又以造祠堂、修家谱、光宗耀祖、扬名乡里。何况刻书业本身就是营利的商业行为，他们也不会轻易放弃，于是转嫁部分资本，从事刻书业，既追名又逐利。至于各类文书，往往是商人们从事各种经营活动的直接产物。如此往复，徽商经营文化事业可谓名利双收。

2. 发达的刻书业

徽州的刻书业大体可推断始于唐宋，盛于宋元，鼎盛于明代至清中期。徽州刻书业发达，主要基于以下几点：① 文人多、著述多，有广泛的书稿源。② 各类教育设施遍及六邑，有广泛的图书市场（不限于本地）。③ 有精良的刻书工艺所必需的原料。山区盛产松、柏（bǎi）、椿（chūn）、楮（chǔ）等优质木，又产桐油、生漆、优质石材。自唐以来，造纸、制墨发达，其制品一向为贡品，为刻书业提供了优厚的物质条件。④ 徽州田不赡（shàn）人，殷实之家挟资行商，多数贫苦人只能依靠其他技艺，赚取劳动报酬，养家糊口，所以百工人众、技艺越精。以刻工而言，至今可考的宋代有夏义，元代有赵月卿。到了明代，刻书业最盛，相应地刻工人也多，刻技渐精，从确切可考的明初，延至清代咸丰年间，持续500年之久，其人数达336人之多，刻书数量多达290种以上。这一时期的刻技之精（版画及套板印刷发明）、刻书范围之广（足遍南北中国），在我国雕版印刷史上占有特别重要的地位，向为学人注重。除歙县虬村黄姓刻工声名远扬之外，还有仇姓、程姓、吴姓、游姓、方姓、张姓、叶姓等刻工。他们当中还涌现出一批能写、能绘、能刻的多面手。刻书业类型多，包括府县衙的官刻、私家刻书、书坊刻书、书院刻书、寺院刻书、祠堂及同乡会馆的社团刻书等，无不具备。

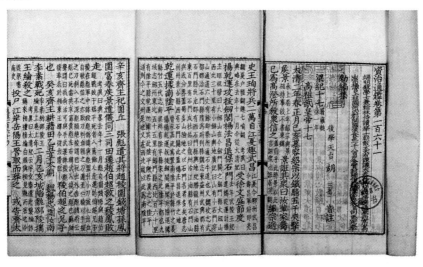

历史上徽州刻书之精之盛,明人胡应麟、谢肇淛等皆有论述。特别是明代中期以后,徽州不仅是全国刻书业的中心,而且成了中国雕版印刷业的代表。当然,要想出版大量的书籍,良好、发达的雕版刻书业不可或缺。

3. 藏书事业发达

上一节中我们分析过:徽州地处山区,地理上的封闭使得历史上除了北宋方腊起义、元末朱元璋与陈友谅之拉锯战,以及清末曾国藩驻徽镇压太平军之外,这里较少受到战争波及,这首先为公私藏书提供了一个安宁的环境,避免了战乱对典籍的破坏。同时,徽州人文昌盛,文教之风炽烈,士子多有良好的藏书习俗。徽商富于钱财,更具备雄厚的藏书物质基础,加之这里宗法制度严密,子孙对于先人遗泽,视如拱璧,不肯轻易丢弃,这些特殊环境条件为徽州藏书提供了天然的优渥基础。

综上所述,历史上徽州文献、文书的产生和繁富,是徽州这块土地上特有的产物,它深深地扎根于这块沃土,生长于这块沃土,同时再次有力地证明了这样一则马克思主义基本原理:作为观念形态的文化意识,是一定社会的经济和政治反映,并且服务于一定社会的经济和政治。

第三节 藏书家"二马"

清乾隆、嘉庆时期,扬州的私人藏书由于在扬徽州籍藏书家的不断涌现而逐渐兴盛。其中,"扬州二马"是这一时期寓居扬州的徽籍藏书家中的重要人物。

一、"扬州二马"的基本情况

"扬州二马"指的是马曰琯、马曰璐兄弟。

马曰琯(1711—1779年),字秋玉,号山解谷,其季弟马曰璐(生卒年未详),字佩兮,号半槎(chá),又号南斋。马氏兄弟原籍徽州祁门,为当地望族,其曾祖乃"明季诸生,甲申(1644年)后山居读书,不复应有司,乡里高其节"。马氏兄弟自其祖父马承运开始在扬州业盐经商,家居扬州东关街薛家巷西尹氏宅总门内。马曰琯由附监生援例候选主事,钦授道衔。与其弟曰璐互为师友,俱以诗名,时人誉之为"扬州二马",分别有《沙河逸老小稿》(6卷)和《南斋集》(6卷)行世。二书皆为乾隆间刊本,今已罕传。不仅如此,马曰琯还与当时同在扬州的著名徽商汪懋麟(蛟门)、江春(广元)并称为"盐商三通人",影响广泛。乾隆元年(1736年),马氏兄弟同举博学鸿词科,皆不赴。

中国历史上曾经出现过的其他地缘性商贾群体,与其不同的是,徽州六郡自魏晋以来就是文风极盛的地区,所谓"新安为朱子阙里,而儒风独茂",加之"徽之业盐者,多阀阅之后,门第清华,庭帏礼让,熟习古圣遗书,居仁由义,沐浴于文公文教泽者非一日矣"。徽州商人因此而具有"贾而好儒"的文化传统。戴震说:"(徽州人)虽为贾者,咸近士风。"所以，囊丰箧（qiè）盈的徽州商人极乐意将资财与文化联系起来，他们把大量的精力和财力用在招徕（lài）天下学者文士结社吟诗、品诗论画等各个方面。

作为扬州著名徽商，马氏兄弟自然也不例外，他们喜弄风雅，酷嗜艺文，并礼海内贤士，慷慨好义侠，名闻四方。沈德潜在马曰琯《沙河逸老小稿》的序中曾说："（马曰琯）以朋友为性命，四方人士，闻名造庐，适馆授餐，经年无倦色，与乡之诗人，结为吟社，唱和劘（mó）切，有急难者，倾身赴之，人比之郑庄杨政，渡江来吴。"杭世骏也称其喜交"四方名硕，结社韩门，人比之汉上题襟，玉山雅集"。马氏在扬州建有街南书屋园林，园内规模宏大，有景致十余处，其中小玲珑山馆是主人用来接待和宴请宾朋所在。关于小玲珑山馆的缘由，清人梁章钜在其《浪迹丛谈》卷2中所述甚详："至小玲珑山馆，因吴门先有玲珑馆，故此以小名，玲珑石即太湖石，不加追琢，备透、煞、瘦三字之奇。"

当时，江南许多著名文人学士如厉鹗、全祖望、陈章、陈撰、金农等文化名流都曾到马氏小玲珑山馆中，有的还留居有年，小玲珑山馆诗会也因此成为扬州文坛的盛事。清人李斗由此在《扬州画舫录》卷8中详写道："扬州诗文之会，以马氏小玲珑山馆、程氏筱（xiǎo）园及郑氏休园为最盛。"正反映了当时的诗文盛况。

二、"扬州二马"雅爱收藏

除了喜好结交文人学士之外，马曰琯、马曰璐兄弟还酷嗜文献典籍、金石字画的收藏。众所周知，徽州商人多喜爱收藏，他们认为："雅俗之分，在于古玩之有无，故不惜重值，争而收入。"因此，无论是在徽州故乡，还是在徽商云集的扬州、苏州及杭州等地，徽商大贾们修造的私人园林里，大多建有专门的读书房、藏书楼，如扬州程梦星之"筱园"、江春之"康山草堂"中都设有宽敞精美、藏书丰富的藏书楼。"扬州二马"自然也不例外，在其街南书屋分别有小玲珑山馆及丛书楼以藏书，曾以重价获得徐氏传是楼、朱氏曝（pù）书亭等江南多位著名藏书家散出之藏书。因此，"马氏小玲珑山馆，储书之富，著于东南"。

当时苏州的著名藏书家吴翌（yì）凤也说："秋玉（曰琯）尤富藏书，有稀见者不惜千金购之。玲珑山馆中四部略备，与天一阁、传是楼相埒（liè）。"马氏藏书达十余万卷，且其书"皆精装，聘善手数人写书脑，终岁不得辍"。

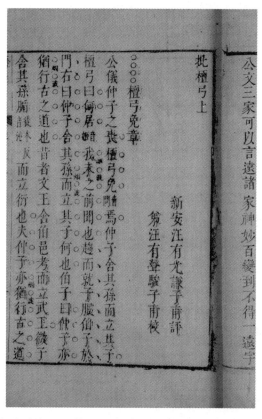

马氏藏书有专门的《丛书楼书目》，全祖望为之序并撰有《丛书楼记》，这些都是我们今天考察马氏当年藏书的重要资料。遗憾的是，马氏藏书存世时间并不长，早在马氏兄弟暮年时，藏书已开始陆续散出。

值得一提的是，与一般重藏轻用的藏书家不同，马氏兄弟对自己所藏典籍颇为豁达，许多珍本善册也并非秘不示人、仅为自己专有。因此，那些往来于小玲珑山馆的文人学士多得以尽读其藏书，有的还利用其藏书编纂著述。其中，厉鹗（1692—1752年，字太鸿，又字雄飞，号樊榭），就曾在马氏小玲珑山馆借马家丰富藏书，从宋人文学、诗话、笔记以及山经、地志等各种珍秘典籍中辑撰出《宋诗纪事》100卷。又如，全祖望（1705—1755年，字绍衣，号谢山，亦自署鲒崎亭长等）与马氏兄弟更是交谊深厚。他曾自谓："予南北往还，道出其间，苟有留宿，未尝不借其书。"全氏晚年临终之际，还特嘱托友人将其多年所写文稿交马氏兄弟保藏。当然，在马氏兄弟的藏书经历中，最值得称道的是其为清政府编纂《四库全书》而积极献书一事。

乾隆三十八年（1773年），清高宗为编纂《四库全书》特开四库全书馆，广征天下藏书，马曰琯遂检家藏珍籍776种，以其子马裕（字元益，又字话山）之名，分3次进呈，是当时各地私人献书最多的一家。后来《四库全书总目》著录其家藏本373种，5529卷，其中：经部57种，670卷；史部123种，1658卷；子部43种，731卷；集部150种，2470卷。为此，乾隆三十九年（1774年）五月十四日高宗谕曰："今阅进到各家书目，其最多者如浙江之鲍士恭、范懋柱、汪启淑，两淮之马裕四家，为数至五六七百种，皆其累世弃藏，于孙克守，其业甚可嘉尚。"马家因此获清高宗钦赐《古今图书集成》一部，以及《平定伊犁图》《平定金川得胜诗图》等，乾隆帝另于马氏所喜爱的书《锜冠子》（3卷）旨首题诗，士林咸以为荣。马氏特将《古今图书集成》分装520匣，藏于10个大柜中，供于丛书楼正厅。

三、"扬州二马"热衷校雠刊刻

和中国藏书史上许多著名藏书家一样，马氏兄弟不仅热衷藏书，而且还认真读书、勤奋校书刻书。全祖望在其《丛书楼记》中对此曾写道："聚书之难，莫如雠校。嶰（xiè）谷（曰琯）于楼上两头各置一案，以丹铅为商榷，中宵风雨，互相引申，真如邢子才思误书为适者。珠帘十里，箫鼓不至，夜分不息，而双灯炯炯，时闻雒（luò）诵，楼下过者多笑之。以故其书精核，更无伪本。而架阁之沉沉者，遂尽收之腹中矣。"由于马氏兄弟精深的版本校雠水平，当厉鹗在小玲珑山馆中编纂《宋诗纪事》时，每遇到有关作品及版本出处方面的疑难问题时，多赖于马氏兄弟的考订相助。后来，厉鹗在其《宋诗纪事》序中写道："幸马君嶰谷、半槎兄弟，相与商榷，以宋人考本朝尚有未当：如胡元任不知郑文宝仲贤为一人；注苏诗者不知欧阳阐非文忠之族；方万里不知薛道祖非昂之子……"乾隆十二年（1747年），当《宋诗纪事》（100卷）刊行时，厉鹗也题作马曰琯同辑。马氏兄弟在校雠考订文献典籍上的功力自然可见一斑。

除了勤于校雠典籍文献，马氏兄弟还刊刻了许多精美的图书。清乾隆、嘉庆时期，扬州的官私刻书十分普遍。扬州诗局、两淮盐政司都刊印过许多篇帙浩繁的典籍；私刻中如藏书家卢见曾、秦恩复、阮元等人，所刻既多且精，有的刻书都在千卷以上。风气所及，马氏兄弟凭借雄厚资金广延天下学者文士为其校书，并请良工为其刻书，凡遇"世人所愿见者，不惜千金付梓"，并"出高价以购人间未见书，而梓行巨著如朱彝尊《经义考》之类，以饷学者"。不仅如此，马氏刊刻的典籍还包括许氏《说文》以及《玉篇》《困学纪闻》《广韵鉴》《字鉴》等。由于马氏刻书不计工费，刊印精绝，时人誉之为"马版"。

由于清乾隆、嘉庆时期徽商在扬州的发展达到了极盛，徽州六郡几乎所有著族大姓都在扬州留有踪迹，寓居扬州的徽籍藏书家也因此不断涌现。除马氏兄弟外，在扬州的徽籍藏书家还有程晋芳、江春、江昉、巴慰祖等多人。他们成为扬州地区私人藏书的重要组成部分。有研究者认为，徽商多好文献、喜藏书，是商贾获利之后，附庸风雅，追慕士大夫生活的表现。其实，徽商作为商人，固然有着"贾而厚利"的商人属性，但同时，我们更应看到，徽商由于其地域特征因素，一直有着"贾而好儒"的文化传统，这就决定了徽商具有不同于其他地域商贾群体的价值取向、文化品位和人生境界。加上当时较为稳定的社会环境，经济也有了长足发展，从而造成了清乾隆、嘉庆时期有徽商背景的藏书家大量涌现，而如此大量的徽州文献得以被较为完整地保存下来，与这些背后的藏书家的推动密切相关。文化事业的繁荣需要坚实的经济基础作为后盾，历朝历代皆是如此。

第四节　拜经楼主人、收藏大家：吴骞

吴骞是清代中期旅居浙江的著名徽州籍藏书家，曾因建造拜经楼而使其藏书事业为世人知晓。然而，后人只知吴骞是藏书大家，善于校勘和精通版本，鲜有人知道他还是一位书画收藏家。吴骞通过收藏书画不断与当地人进行诗文唱和互动，从而摆脱自己的商人身份，并通过书画创作和书画考据，不断增强自己的获得感和人生情趣。更重要的是，他的一系列书画活动，对于徽州文化的对外传播和当地经济文化的繁荣有着重要作用。

为丰富自己的收藏事业，藏书家常会涉及书画方面的收藏。譬如典型的藏书家吴骞，除了藏书外还收藏书画、碑铭、金石和印章等物品。吴骞（1733—1813年），字槎（chá）客，号兔床、桃溪客，诸生。吴骞祖籍徽州休宁，到吴骞时家族已累居浙江百余年。1774年、1800年，吴骞2次前往休宁探亲，其间还专门参观紫阳书院并拜访大儒程瑶田。吴骞一直保持徽州传统习俗并在寓居地发扬光大："吾家旧礼，子于父母、祖父母皆八拜，盖新安俗相沿如此。"

吴骞"际世承平，复有力而好事，故收成书画、图籍，冠于一乡，山舟、小岘（xiàn）、渊如、稚存、荛（ráo）圃（pǔ）、述庵诸公，咸与论文"。钱泰吉曾言："时同州人吴骞兔床拜经楼多藏书，仲鱼亦喜聚书，得善本，互相抄藏。更有吴门黄丕（pī）烈荛圃为之助，以故海昌藏书家推吴氏、陈氏。"

吴骞作画幽秀旷逸，但其传世作品很少，金兆蕃曾言："（吴骞）余事作山水，清远高简，然意出物表。顾流传甚尠（xiǎn），伯迂尝言见长卷二：一为《富春山图》，一为《荆溪载石图》。大轴二：一写

《黄冈太平寺》，一图《桃花源》。"

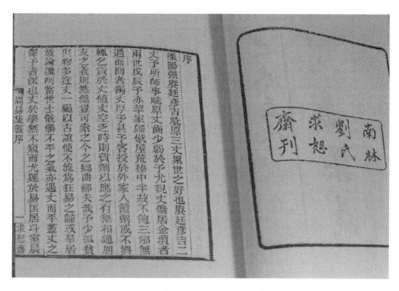

吴伯迁是吴骞四世孙，当时能见仅几件，可以推测存世作品很少。吴骞所藏书画基本是靠自己累积的，诚如其所言："乾隆岁在庚辰，先君子以食指殷繁，为予兄弟析箸，凡资产器物三股分授，而书籍、字画、碑帖亦均作三股阄（jiū）分，大房得□字号，二房得□字号，三房得仁字号。予既受而藏之，念门类未广，乃益多方搜觅，又常苦力有不足，往往摒挡称贷，仅而获酬。"据《拜经楼藏书题跋记》记载，仅拜经楼就藏有名人手稿、旧抄及各种书画不下百种。

一、吴骞与书画收藏

在我国古代社会，文人绅士阶层无衣食之忧，但经济和文化的繁荣与现今无法相提并论，因此如何消遣成为他们首要考虑的问题。一般来说，藏书可以丰富业余生活，藏画则可以陶冶情操。清中叶以来，中下层文人在感觉科举无望的同时，逐渐将注意力转移到了收藏古籍善本和书画中，这既可以消遣时间也可以增长学识，也适合他们纵情山水、隐逸出世的心理。然而，在清代"文字狱"的高压情况下，古籍善本的收藏校勘或刊刻具有一定危险性，尤其是涉及禁书，藏书者更是慎之又慎。此外，对文辞曲意的理解和借题发挥也使得收藏家在收藏书籍时格外小心。于是，收藏书画便成为一种收藏的选择，他们通过题跋或者诗文将自己的理想寓意于画中，宣示自己的志趣，也为文人交游提供了极大方便。具体来说，明清以来旅外徽商在拥有雄厚财力后，希望获得当地的认同，积极融入上层社会，以摆脱商人"唯利是图"的形象。于是，在寓居地捐资兴学、建藏书楼、置典籍和购古玩以广结文士成为一种选择。如汪启淑、吴学勉、汪士钟、鲍廷博、扬州二马和吴骞等，他们通过各种文化活动与本地文人学士进行交流，从而进入上流社会，通过对自我形象的塑造积极融入当地，通过与本地人联姻改变外地人的身份。旅外徽州商人"办学之外，盐商还以其资力从事学术活动，延揽学者，进行学术研讨，搜集图书和编辑出版"。毫无例外，吴骞对古籍有浓厚兴趣，对书画也兴致很浓。但是，后来学者较关注其藏书事业，而忽略他的藏书画事业。根据吴骞的《兔床清玩录》记载，他收藏有古帖10册、法书8轴5册、画84轴20卷又17册、写照9册、砚20方、铜章9方、牙章2方、石章74方、铜器27件等。

吴骞收藏的书画大部分是自己购买的，尤其是清代以前的书画，凭借早年积累的财力，吴骞经常在江浙访书时访寻名家画作。例如，明代沈周的名作《吴中揽胜图》就曾庋（guǐ）藏于拜经楼，吴骞题识于拖尾："予少日酷嗜吴中山水之笥，岁必数至，要脚既倦，或数岁一至，今且并此而不能矣！往年次儿寿穧偶穚（jiāo）是卷，去秋予复得徐俟（sì）斋先生《邓尉十景》册，予每几净窗明，更审披对，聊当卧笥，亦乃翁自遣一良法哉。卷长几五丈，中吴名胜，摹写无遗。汪珂玉谓石田山水，恒喜衍为长卷，诚然。钱唐屠琴坞庶常见而甚赏之，尝假摹数月始见还。是卷气运及笔墨变化，视吾家旧藏启翁《连山夹图》，虽稍不逮，然古人名迹，日少一日，正不妨兼收并蓄，以资评品，方诸声色货利之是逐者，不远过之邪？卷后文待昭书七律三首，其一、其三并载《甫田集》，唯次首未见，盖佚诗也。"

正因为吴骞酷爱书画，友人经常不失时机地赠其书画。1780年吴骞的拜经楼正式建成之时，恰好鲍廷博"购得明郑旼的《拜经图》见贻"。吴骞为此十分高兴，立即和诗一首："学古名楼事偶符，故人携赠出天都。只缘个里诗书气，不共烟云化绿芜。"

又如，吴骞喜欢收藏石头，曾乘舟采石于新昌，归后张燕昌来鉴赏，吴骞竟将石头赠之，张燕昌甚是感动，于是作《剡（shàn）溪载石图》赠之，并题曰："新仓吴兔床先生自荆溪归舟，载石数枚，余过而赏之，举以为赠。时甲辰嘉平月十又一日也。"对于友人赠画，吴骞亦非常高兴，作《赠石图》回报张燕昌，且有诗云："老我唯知学卧游，收罗谁肯顾岩幽。衹（zhī）饶墨岭穿云色，可上山阴载雪舟。无边岁月去堂堂，疾似江流出饭筐。多谢新诗兼画读，不容尘梦到匡床。"

该图卷前有陈敬璋、张步曾、张步蟾、张步萱题引首，卷后有18位名人的题跋。张燕昌曾经送给吴骞《柳荫垂钓图》，吴骞作《张岂堂明经写柳荫垂钓图见赠》："望里孤云逸兴飞，盟鸥狎鹭总忘机。扁舟日暮归何处，家在桐阴旧钓矶。虹桥秋柳自萧疏，着固烟波旧钓徒。别有高怀谁会得，青山摇落雁声孤。"

吴骞还经常与友人观画交游。1790年5月12日，吴骞至硖石观项子京《抚琴图》和《赵文度像》等，"《项子京抚琴图》，首行小篆题'墨林先生小像'，后有陈眉公及醒神题字。醒神未审何人。又有周延儒题七律一首，诗字颇佳。《赵文度像》，头顶僧帽，身着褐衣，露两胫，足系草履，作行脚状，背负小轴"。

吴骞除了收藏书画之外，还自己作画题诗。李濬之《清画家诗史》论及吴骞说他少有印癖，间亦治印，而山水画仿倪瓒。清末海盐朱彭寿跋吴骞山水云："先生潜心著述，于绘事初非专长，然兴之所至，往往纵笔山斋，随意挥写，神妙超逸，卓然成家，一时墨迹流传，靡不珍如球璧。"友人朱文治曾在《吴槎客明经以手画山水见赠作诗志谢》中说："诗曾索写屏幛新，画忽摹成林壑密。早年工诗晚工画，画意都从诗意出。"据此推知，他可能是晚年学画。1784年2月23日，吴骞舟中作《罨（yǎn）溪归棹图》题一绝云："杳杳溪山思欲迷，蒙蒙芳树隔烟霏。扁舟载得荆南酒，赖有樵青送我归。"

吴骞对人物画亦颇有心得，他强调用线条的方式勾画，人物态度极为传神。但是，后人却很难体会其中的意境，这可能与吴骞晚年的人生境遇有些许关联。

二、吴骞与书画考据

张之洞在《书目答问》中将吴骞列为校勘名家，认为其"校刻并是善本，是正文字，皆可依据"。吴骞一生喜好藏书，有人曾评价吴骞"与卢召弓、鲍以文、黄荛圃、家仲鱼诸公，并以校勘之学闻于世"。王昶亦云:"槎客志在烟霞,情殷金石,少时所著《国山碑考》极为详核,又喜搜罗宋元刻本,如陶渊明、谢元晖诸集,皆取而重刻之,学者珍为秘宝。"同时期的校勘大家,吴骞好友段玉裁云:"校书之难,非照本改字,不讹不漏之难也,定是非之难。"古代文字及书画经过流传或肆意篡改已经面目全非,如要准确了解其中内涵,必须从多方面考据以还原真实。吴骞认为校勘之法很多,但是如何从历史语境中揣摩原意需要考究,而书画无形中为校勘考据提供了可资参考的材料。

吴骞善于用各种书画来考证史实中的人和事。用书画来考证史实也是吴骞的兴趣之一。如分宜严氏有《婴戏货郎》8轴,苏汉臣画,吴骞考证苏汉臣事迹,"宣和中画院待诏,师刘宗古。绍兴间复官,隆兴初补承信郎。予家有陈居中《货郎图》,旁立二孺子,盖即戏婴意也。考《书史会要》'居中,嘉泰年画院待诏,专工人物、善马,布景设色可亚黄宗道'"。

吴骞曾替鲍廷博购《孝经赞义》,对书中附载黄道周《狱中墨迹》进行考证。他认为《孝经赞义》是其在狱中所书,"闻《赞义》曾有刻本,而予实未之见。其一乃写其游历所见奇松,或三或五,离奇诡怪;上方各记其所在,开卷题'云海来朋'四大字……入门解装,为十月二十八日,亲朋集聚醵(jù)韵奉觞"。吴骞考据:"先生生于万历乙酉,至崇正壬申四十八岁,然则初度非齐年,而亲朋集聚称觞,先生又并写此图,以寓自寿意。洵一时佳话哉!二迹并纸本。"

吴骞还善用史实来考证书画中的人或事。史实也可以证实书画中的某些内容,吴骞对此也有极大的兴趣。例如,1785年,书法家黄易拓得郭巨石室画像,有人认为是北齐陇东王胡长仁《感孝颂》,但是只有画像却未见到颂者。吴骞通过史实考证认为:"按赵德甫《跋感孝颂》'云济州平阴山顶有古冢,隧道尚存,塞其后而空其前,类杜预所见邢山郑大夫冢。上有石室,制作工巧,其内镌刻人物车马,似是后汉时人所为。《水经》谓之孝子堂,陇东访之耆旧,以为郭巨墓'此段亦见《隶续》第八卷。观此言,盖长仁见此画像,以访耆老,知为郭巨之墓。后人误指石室画像为陇东王《感孝颂》者,似皆失于深考。"

根据吴骞的日记可知,其晚年对书画的考据有所减弱,主要是因为书画题跋或刊刻也有风险。如其好友陆时化编撰《吴越所见书画录》,因载有董其昌所撰写的《节寰袁公行状》,而该文多有所谓"诋斥满洲语句",险遭毁版和杀头之灾。基于此,进入暮年的吴骞对待书画也就格外小心,仅有数则记载。例如1802年5月21日,吴骞入城与潜山饮骑尉衙斋,观古器书画,"阳明先生与罗整庵书卷、旧拓《争坐位帖》有籜(tuò)石、山舟、梦楼跋、旧拓《大观帖》、旧拓右军帖有籜石、山舟跋。唐蛆血砚、宋坑砚上有篆书铭,不全。戢(jí)山先生注《易》砚背有《太极图》,边有篆书铭。明贤尺牍古铜鬲(lì)面有'喻制'二篆字,唇有铭。古尊彝内有铭。赵忠毅公铁如意"。

吴骞收藏书画的同时,喜欢考据且言之有理。他时常通过书画的题诗、序跋,考订文字、阐释义理,通过画中的内容和情景推定历史时间和事实。同时,他也喜欢通过各种史实来考证书画本身的内容,甚至对书画的真伪进行鉴别。

清代以来,旅居外地的徽州商人在经济富裕的同时,着手从文化角度来提升自己。因此,他们常凭借手中握有的财富不断收藏古籍和书画,然后通过与当地人的往来,摆脱商人的特征,逐渐成为寓居地的"土著"。不可否认,吴骞对书画的收藏表现在自己对画境的理解上,而对书画的题跋或者钤印往往寄托了深厚的思想感情,将艺术和情感融入画中,也是吴骞书画事业的一大特点。在这种理念熏陶下,吴骞的画同样蕴含各种复杂而浓厚的感情,表面看似简单,内容却值得深究。收藏难,而守藏更难。欧阳修曾言:"物常聚于所好,而常得于有力之强。有力而不好,好之而无力,虽近且易,有不能致之。"

在去世前,尽管吴骞曾做一番规划,然而"自刻诸书及诗文集各种其板叶开书目之后,日后两房公共照管……若忽略厌弃,不知我一生之苦,任其散失,又何用此子孙耶"。

随着时代的变迁,吴骞的书画事业和他的藏书事业一样,最终都淹没在历史的长河中。欣赏书画艺术,通过研究书画中的意象去还原历史的面貌,是对历史事实的尊重。今天当我们漫步博物馆或图书馆时,偶尔有幸看到吴骞曾经保存过的书画,应该感谢他的书画活动对中国文化的保护。

第五节　徽州藏书大家：鲍廷博

中国的藏书事业，历史悠久、规模庞大、繁荣发达，在世界上是独一无二的，主要由官府藏书、私人藏书、寺观藏书和书院藏书4个系统组成。

清代私人藏书的数量庞大，藏书的质量极高，集中国古代典籍之大成。其中，徽州地区的刻书和藏书在国内享有很高的知名度。

清代社会政治、经济的稳定发展，也促进了文化事业的繁荣，徽州藏书家们继承前代遗志，不遗余力地寻觅、搜集珍稀书籍，建立起有特色的藏书体系，此举也大大推动了徽州文化的传播。

清代徽州府藏书名家辈出，追本溯源，东南许多著名藏书家都是从徽州迁徙出去的学者、官宦及后裔。乾隆三十八年（1773年）四库全书馆开馆，私人进献古籍藏书超过500种的全国共有四大家，除宁波天一阁之外，其他三大家皆为源自徽州的藏书家。

第一家是祁门人马曰琯、马曰璐兄弟，他们寄居扬州经营盐业，是扬州藏书家中重要人物，享有"扬州二马"之称。

第二家是休宁人汪文桂、汪森、汪文柏兄弟3人，寓居浙江桐乡，世称"汪氏三子"。

第三家就是歙县人鲍廷博，他少年随父迁居浙江桐乡。鲍廷博收藏古籍以"海内宋元旧椠暨善写本"为主，"搜罗之富，实罕其比"。他的藏书楼名为"知不足斋"。鲍氏一生嗜书如命，勤于校勘。他所搜罗的古籍，必须要以多种版本对比、经过反复校雠，才定稿并刻入《知不足斋丛书》。所以，他刊刻的《知不足斋丛书》，以选择精良、校勘精审、首尾完整，成为清代丛书刊刻中的翘楚。

鲍廷博藏书、校书、刻书、献书，并慷慨与他人共享书籍，把毕生的精力都用在藏书事业上，是清代了不起的藏书家。

鲍廷博，生于雍正五年（1727年），卒于嘉庆十九年（1814年），字以文，号渌饮，晚年又号通介叟、得闲居士。祖籍安徽徽州府歙县西的长塘村，所以也被世人称为长塘鲍氏。在徽州的大姓名族中，鲍姓宗族是远近闻名的名门望族。鲍廷博的父亲到浙江做生意并娶杭州女子为妻，于是鲍家迁居杭州，鲍廷博也出生在杭州。父母离世后，鲍廷博迁居浙江桐乡县青镇（即今乌镇），但鲍廷博始终认为自己是徽州人，在《知不足斋丛书》的序跋中，多数落款皆为"歙西长塘鲍廷博""长塘鲍廷博""歙鲍廷博"等，明确地表明自己的祖籍。

明清时期的徽商"贾而好儒"。鲍廷博的祖父和父亲既是成功的商人，又有浓厚的读书人习惯，鲍家收藏了一批祖传的书籍文献，并教子读书，以求功名。凭借着雄厚的经济实力，鲍家又不断斥资求购典籍，日积月累，渐成规模，于是，建起了藏书楼，取名为"知不足斋"。这个名字源于儒家经典《礼记》中的"学，然后知不足"，寓意"知识学无止境，典籍藏无尽头"。鲍家爱书、藏书、读书形成家风，代代相传。

由于家学渊源，鲍廷博耳濡目染也嗜书成痴，23岁那年考取了歙县庠生（俗称秀才），但后来2次乡试都名落孙山。最终，鲍廷博决定放弃科考，致力于藏书事业。尽管他在功名上无所得，却因为藏书而读书万卷、博学多识，也因为藏书而名扬天下。

鲍廷博数十年如一日，孜孜求书，其平生的积蓄主要用于购书。每当遇到珍贵稀见的书籍，若手头拮据，鲍廷博就会毫不犹豫地把值钱的衣服拿去变卖，一定要把书买下来。鲍廷博爱书的名声远扬，当时的书商只要有珍贵版本来杭州求售的，一定会先到鲍家供其挑选，"近自嘉禾、吴兴，远而大江南北，客有异书来售武林者，必先过君之门"。

只要听说哪里有珍本奇书，无论多远多难，鲍廷博都会千方百计辗转求书。有一次，鲍廷博得知东洋有《古文孝经》的珍贵书册《孔氏传》，碰巧朋友汪翼沧去日本经商，他便千叮咛万嘱咐，托其寻购。朋友寻找了几年，果然不负重托，终于购得此书。鲍廷博感激之情溢于言表，他说："汪君所至，为长崎岛，距其东部，尚三千余里。此书购访数年，得之甚艰，其功不可没云！"鲍廷博的藏书中有众多秘本、孤本和珍本，每一本都有一个故事，都是他的心血结晶。

有些珍本异书是钱买不到的,只能从别人那里借来手抄。尤其是那些先哲遗稿,鲍廷博总是想方设法,借来抄录。乾隆二十年(1755年)抄写并批校宋代柴望等《柴氏四隐集》;乾隆二十一年(1756年)抄写清汪立名抄本宋代李季可《松窗百说》;乾隆二十六年(1761年)借抄明代朱珪《名迹录》等。每抄完一部好书,他都如获至宝,欣喜若狂。抄书的辛苦是可以想象的:青灯黄卷,一字一句,日复一日,单调而枯燥,可鲍廷博却坚守选择,乐此不疲。经过30多年不懈地搜求、抄录,鲍廷博的藏书规模不断扩大。

鲍廷博的部分藏书来自于赠予,一些是朋友间的互赠礼物。好友知道鲍廷博嗜书如命,自然投其所好。乾隆三十八年(1773年),吴长元赠予他明代剑光阁旧抄本佚名《五国故事》;乾隆四十一年(1776年)倪一擎赠以手抄本明代李东阳《麓堂诗话》,同年郁礼赠以叶树濂抄本宋代吴人杰《两汉勘误补遗》等。这些赠书都给鲍廷博带来了诸多惊喜。

还有一些是朝廷的赐予。乾隆年间修《四库全书》,因鲍家献书数量多、质量高,朝廷嘉奖并赐书《古今图书集成》一部,这也是我国现存古代的最大类书。这是朝廷对鲍家藏书献书的最高奖赏,也是鲍家最大的荣誉。

浙江宁波天一阁在中国古代藏书楼具有代表性。其主人范氏家族家规森严,禁止登楼、禁止看书,谨慎地维护和保存着家藏书籍,这也是中国古代藏书楼的基本管理模式。据说有个叫绣芸的女子,为了登上天一阁看书而嫁进范家,但因为范家禁止妇女登楼,即使成为范家的媳妇,绣芸到死都没有实现登阁的愿望,令人唏嘘不已。

对此,藏书家鲍廷博打破常规,提出了"以散为聚"的藏书理念和方式。他认为,对书的保存就是对生命的尊重、对文化的传承,就是在履行一种社会的责任。他分析道:"书愈少则传愈难,设不广为之所,古人几微之绪,不将自我而绝乎?"意为书的数量越少,保存流传就越难,现在人们用一个不大的屋子将书锁起来,这种狭隘的想法和做法不恰恰会将书毁掉吗?

那怎么才能将书籍有效地保存和长久地流传呢?鲍廷博的回答是:"乞火莫若取燧,寄汲莫若凿井。惧其书之不能久聚,莫若及吾身而善散之也。"也就是说,经常向他人借火,不如找个打火的石头自己取火;

总是到别人家的井里打水，不如在自己家院子里挖一口井。同样，人们担心书籍不能长久地保存和流传，不如从自己做起，开放所藏。用今天的话来说，就是互通有无、资源共享。他认为，只有这样，才能从根本上解决问题。

鲍廷博的藏书思想无疑是对传统自秘、封闭、保守观念的挑战，对"聚""散"的理解和分析，形象生动，视角独到，富有哲理。

鲍廷博还身体力行，把聚散理论付诸实践。他好交友，重情谊，经常把所藏赠予他人，甚至会把一些稀世珍藏送给朋友。

乾隆四十四年（1779年），当时的另一藏书家吴骞，修建了坚固宽敞的藏书楼，名为"拜经楼"。新楼落成时，志同道合的书友纷纷前来祝贺，鲍廷博忍痛割爱，将他珍藏的《拜经图》作为礼品相赠。面对这份特殊的礼物，吴骞感慨不已，并赋诗记之："学古楼名事偶符，故人携赠出天都。只缘个里诗书气，不共烟云化绿芜。"对待自己的珍藏，能有如此的气度和无私，足见鲍廷博为人处世的风格。

乾隆三十七年（1772年），清政府编纂《四库全书》，向全国私人藏书家征书。鲍廷博积极响应，献上私家善本600余种。因为鲍氏书中含有较多的宋元时期的孤本、善本和珍本，且数量繁多、版本精良，获得皇朝赐书题诗、赏赐功名的殊荣，这在古代的藏书家中是唯一的。

鲍廷博沉迷于藏书、刻书几十年，后来千金散尽、债台高筑，居然要靠卖书度日。面对那些曾经让他踏破铁鞋、激动不已的书卷，爱书如命的他只能潸然泪下，仿佛失去了生命的源泉。87岁那年，他贫病交加，耳聋眼花，形如枯槁，终于带着遗憾告别了这个世界。

临终前他留下遗言，要求子孙：一要续刻丛书，了却他此生夙愿；二要维护好几代人成就的藏书家业。

然而，因为接二连三的水灾、火灾、人祸等灾难，约在道光、咸丰年间，鲍家原有藏书全部散出，仅存朝廷赐书《古今图书集成》。光绪六年（1880年），朝廷修复杭州西湖文澜阁，其曾孙鲍寅又将此书献出，以便其得到妥善保存。至此，一代藏书家鲍廷博以及他的藏书楼淡出了人们的视线。尽管如此，鲍廷博的藏书思想和人格魅力对后世产生的影响是久远的。他的"以散为聚"的藏书理论，视他人作品如精神性命的美德，得到了天下文士的共鸣。

第六节　徽州藏书家与徽州文化的传播

前几节介绍了一些徽州著名的藏书大家，也探讨了徽州藏书文化的繁荣及其背后的原因，接下来我们来探究徽州藏书文化的影响。

一、徽州藏书家的贡献

徽州藏书家不仅体现了家庭传承的特点，即父继祖业、子承父业，对前人收藏的文化遗产加以保护，而且因过去藏书集散，他们大多先在本地运作，收罗文献、编辑图书、整理典籍、抄印图书，充分利用了图书的职能，在文化、学术、教育中发挥着积极作用。到了清代，因经商之故，这种藏书传统表现得尤为突出，开始由本地发展到徽州以外的区域。藏书是众多文化发展的结晶，同时又是众多文化发展之母。这些徽州藏书家，不仅为藏书事业作出重要贡献，而且也向外传播徽州文化。可以说，徽州人的藏书是徽州文化的组成部分。清代徽州私人藏书家经过多年的藏书积累，确为我国留下了宝贵的精神财富。

（一）保存大量有价值的文献

中国是一个历史悠久的文明古国，历史源远流长，留下来的典籍数量之多、门类之繁、涵盖的时空之广，是世界上任何一个国家和民族都无法比拟的。但是，历经频繁战乱的破坏，我国古代典籍丢失现象也是比较严重的。

因此，徽州许多藏书家总是呕尽心血、刻意觅访，特别注意留心搜集、考求佚文、掇拾补录，期冀以自己的诚意与努力使尽可能多的残书在自己手中得以破镜重圆、完美再现、重新辑出。如汪启淑收藏印章，不惜重金、不择手段、如痴如醉。好古之家、鬻（yù）古之市，都是他常涉足的处所。他因不精于鉴别，也曾被商贾糊弄欺骗过。据传，钱梅溪有汉"杨恽（yùn）"二字铜印，汪启淑不顾场合，竟要强行索取，钱梅溪不肯相送，启淑遂长跪不起，钱氏不得已，笑而赠之。其风趣如此，足见其嗜印之痴情。徽州各藏书家所藏动辄几万卷，甚至几十万卷，而且多为宋元秘本、抄本等善本书。他们惜书如命，得后精心保管，并建有专门的藏书楼和相应的设施，通过一定的管理经验如图书的三防（人防、物防、技防），使图书延长了寿命，得以完整保存。

私人藏书散布区域广，遭到自然和战争的危害较小，即使遇到不测，也易于疏散保存，偶尔有些藏书家的图书在战乱中遗失，另一些藏书家也会注意继续收集。它像一根链条，紧紧地维系着一代代藏书家的身心，通过不断的辗转递藏，使得许多珍本在十分困难的条件下流传至今。如鲍廷博的《知不足斋丛书》、汪启淑的《飞鸿堂印谱》、张钧衡《适园丛书》、张潮的《昭代丛书》和《檀几丛书》等，可以看出藏书成果显著。如此保存了大量有价值的集成文献，极具学术研究性。在清代编修《四库全书》这一划时代的鸿编中，徽州藏书家献书数、采录数及种数为：马裕献书776种，采用144种，存目225种；鲍廷博献书624种，采用250种，存目129种；汪启淑献书524种，采用59种，存目201种；汪如藻献书271种，采用90种，存目56种；程晋芳献书350种，采用15种，存目169种。《四库全书》选用精品之多，堪列献书之众，这也反映徽州藏书家在搜集和保存中国文化典籍方面作出了很大贡献。

（二）提供具有学术价值的资料

学术之兴，首先涉及的就是书。要读书必须有书，要有书必须藏书。藏书家保存了很多有价值的著作，奠定了后世学术研究的资料基础，使学术研究有据可依。徽州为学术渊薮，婺源乃朱熹桑梓，休宁是戴震故里。程朱理学和皖派经学是中国古代学术的两面旗帜。学术来源于著作，徽州大部分藏书家利用所藏图书的便利条件进行学术研究和交流。

乾隆时期歙县人程晋芳"家素殷富，举族豪侈，晋芳独购书五万卷，招致饱学之士与共讨论，据案开卷，百务废不理"。私人藏书作为一种社会文化的组成部分，具有积累文化财富、辅助学术研究、进行文化教育的重要作用。有眼光的藏书家，特别注意图书的利用，因为他们深深懂得，藏书的最终目的是在于致用。藏书家们在选择图书过程中，不仅精挑细选版本，并且互相参校，花费无数心力，最终校勘出最好的一本。藏书家鲍廷博在这方面有深刻体会："旧本转写承讹袭谬，是编每刻一书，必广借诸藏书家善本参互校雠，遇有互异之处，择其善者从之，义皆可通者两存之，显然可疑而未有依据者仍之，而附注按语于下。从未尝以己见妄改一字，盖恐古人使事措辞，后人不习见，误以致疑，反失作者本来也。详慎于写样之时，精审于刻竣之后，更番铅椠（qiàn），不厌再三，以期不负古人。间有未尽，则几尘风叶之喻，前人已难矣。"藏书家们对图书进行精心校勘和考证时引用了大量资料，这对后世学术研究极具启发性和参考价值。

二、徽州藏书家传播徽文化

清代徽州藏书家对于藏书文化方面的贡献，没有局限于本土文化，而是将这种藏书文化发扬光大，传播于异乡，从而弘扬徽州文化。徽州文化几百年不衰，首先是基于其稳固的经济基础。明代以后，徽商的足迹遍及全国，影响相当大，素有"无徽不成镇"之说。"贾而好儒"是徽商推动徽州文化发展的主观动因。徽商在发展的过程中，注重贾儒结合、贾仕结合、恪守贾道，固然赢利甚多。

"好儒"体现出"程朱阙里""东南邹鲁"的徽州人长期崇儒的心理积淀，标志着两宋以来享有"文献之邦"的徽州文化传统，历久不衰。在苏州、杭州、南京、扬州等地区，徽州籍藏书家作为媒介，实已形成一个文化交流网络，以利乡步出郡门，来此与外籍学人沟通、切磋、竞驰。他们无疑对传播徽州文化作出了贡献，其意义是十分深远的。

豪华宅第、书楼画室、园林别墅，这些徽州藏书家建造的徽派建筑实际上是徽州文化的发展和延伸，同时也是本籍和外籍学者文士进行学术交流的最佳媒介。他们在这里广交学者名流，冲破传统陋见，其意义是积极的。

如马氏兄弟是集考订、校雠、收藏与鉴赏于一身的藏书家，不仅

"藏书"，还将自己辛苦收购或抄来的书籍无偿提供给各方学者。厉鹗、全祖望、杭世骏、陈章、姚世钰等常常利用小玲珑山馆藏书楼作研究之用。马曰琯主持诗坛数十年，有"南马北查"之称。汪森的"裘杼楼"藏书楼，是朱彝尊常来聊天、切磋、学术交流之所。张钧衡的"适园"藏书楼，是缪荃孙、沈会植、费景韩等人交往的场所。

徽商在扬州留下了很多故乡的痕迹，许多保存下来的盐商故居都有明显徽派建筑的特色，著名的康山草堂和小玲珑山馆也是藏书楼，虽然已不见踪迹，但平山堂"新安汪应庚"的石刻大字仍然留在那里，仿佛昭示着曾经有过的历史。小玲珑山馆因玲珑石而得名，而这块石头，如今仍被完好的保存着。扬州的古巷就像是一段悠久的历史，曲曲折折，幽密深邃，隐藏着无数苍茫而寂寞的故事，遍布着徽州商人和藏书家们的足迹。

明清时期徽州地区经济的发展、文化的发达，是产生收藏家的土壤。成为一代藏书家的士人，也以自己的行动证实了他们为这一事业的发展所作出的孜孜不倦的努力。由于徽州传统文化的影响，读书风气的浓厚，各阶层人士都竞相聚书，他们为了搜集图书，不辞辛苦，甚至倾家荡产也在所不惜。

藏书家有祖辈相传，历经百年沧桑；有兄弟同藏、叔侄相接，其气势可谓壮观。子承父业，孙承子业，历经战乱、迁移，为保存中国的文化遗产立下大功。

三、徽州藏书文化的特色

徽州藏书文化的特色有以下几方面：

其一，徽州藏书文化是极具特色的地域藏书文化之一。这是因为它具有徽州宗族文化和儒商文化的地域特质。徽州的宗族藏书具有普遍性、典型性和独特性，它在中国藏书文化中有其特别的价值。徽州宗族藏书对"藏以致用"的藏书理论有独到的诠释，也充实了传统的藏书体系。

其二，徽籍藏书家群体影响深远。徽商藏书闻名遐迩，徽州学者藏书也具有重要贡献。藏书促进了新安理学和皖派经学两大学术流派的发展繁荣。朴学家们注重考据的特点，决定了他们热衷于购书、藏书，利用藏书读书、著书、刻书，其学术研究和成果也大大增益了宗族、书院和私人藏书。

其三，徽州存世文献独具价值。徽籍藏书家为后人保存了大量的典籍文献。乾隆年间编修《四库全书》时，徽籍藏书家踊跃奉献以垂永远，世所共知。另有一些珍本秘籍流传有序，归于深宫。如被奉为宋版书之冠的《前汉书》，徽州人黄正宾从王世贞手中购得，后以1200金售予钱谦益，之后又辗转被歙县璜源人吴铨纳入潢川书屋中收藏，最后被当道献入大内。另一宋版书之冠《文选》，经汪道昆递藏歙县汪洪度春草阁，后流归大内。潘祖荫的滂喜斋中"图书金石之富，甲于天下"，中华人民共和国成立后皆被其后人捐给了上海合众图书馆，今藏于上海图书馆。近代的黄宾虹、许承尧对收藏乡邦文献、金石书画不遗余力，后皆献给了国家。此外，据不完全统计，现今存世的徽州文书总数有数十万件，种类不下300余。这些宝贵的资料对研究徽州的历史文化以及中国封建社会中后期的历史文化具有特别的意义。

参考文献

[1] 刘尚恒.明清徽商的藏书与刻书[J].安徽师范大学学报（人文社会科学版），1990（1）：68-74.

[2] 薛贞芳.徽州藏书文化的地域特色与历史地位[J].安徽史学，2012（6）：4.

[3] 黄伟.清代藏书家吴骞书画活动研究[J].中国国家博物馆馆刊，2019（2）：9.

[4] 张翔.清乾嘉时期"扬州二马"及其藏书[J].晋图学刊，2001（2）：3.

[5] 张健.清代徽州藏书家与徽州文化传播[J].沧桑，2011（6）：4.

[6] 周生杰.鲍廷博藏书与刻书研究[M].合肥：黄山书社，2011.

章末思考

1.徽州藏书文化繁荣的原因是什么？

2.徽州藏书大家有哪些？他们对徽州文献的保存有哪些贡献？

第七章 徽州商人与徽商文化

徽商以雄厚的经济实力在明清十大商帮中占据十分重要的地位,并且执掌明清商业界之牛耳数百年。徽州处于万山之中,土地贫瘠,田地狭小,能依靠本业而生存下来的十不足一,若再没有粮食"则可立而视其死",这样的情况势必督促人们去外界求衣食于四方。所以,徽州地区的人民并不是生来就擅长经营贾业,实在为形势所逼,为了能"食其父母妻子",并非完全是为了追求利润。

徽商对儒术的推崇表现在方方面面:经商之人多为弃儒从商者,在从商之前就已经通晓诗书,从商之后也常"虽舟车道路,恒一卷自随"。而且徽州商人一旦发迹,大多会延师课子,毫不吝啬地资助文教事业,积极地在徽州和扬州两地兴办或修建书院,以至明清时期"天下书院最盛者,无过东林、江右、关中、徽州"。在徽商中,以"业儒"出身者居多。徽商的商业经营理念在很大程度上受儒家思想的支配,表现在"以诚待人""以信接物""以义为利"方面。这些受儒术影响而沉积的品质让徽商在经商过程中获得了巨大成功,不但为他们提供了致富的经验,而且能为他们提供选人、用人及待人之道。更重要的是,在明清封建社会时期,徽商作为封建性质的地方商帮,往往对政府具有极大的依附性,"贾而好儒"这种特殊品质,成为他们和政府官员之间的"黏合剂",从而能在商界站稳脚跟。他们可以抓住政策机遇而取得极大的利润。

作为"东南邹鲁""朱子故里"的徽州地区向来崇尚儒业,即便徽商致富发家,也只当是为子孙后代从事儒业的一个跳板。徽商从来不将致富作为终极取向,而是以业儒仕进作为终极目标。这种思想根深蒂固地存在于徽商脑海之中。

第一节　徽商的兴衰原因探析：历史地理因素

"徽商"是徽州文化的靓丽名片。只要提及徽州文化，不可不提徽商及徽商精神。

山少地多的生存环境、俭朴的生活、商业中的诚信、儒家思想的影响，可能对徽商的形成和发展都产生了影响，但对徽商这样一个商业群体来说，决定性因素还是商品和市场。从历史地理角度来看，即根据当时的地理环境加以考察，徽商充分利用地理优势，稳定占有以长江三角洲为主的市场，经营的商品也摆脱了原籍的局限。与政治权力的结合使徽商获得食盐营销的特权，并以此迅速致富。然而，徽商的最终衰落也在于市场的丧失和商品落后。经商的成功与否固然与商人的能力与素质有关，但市场和商品无疑是更重要的因素，甚至可以说是决定性的。这两个因素都在很大程度上受到地理环境的制约。一个成熟而稳定的商业集团，必定与成熟而稳定的商品与市场联系在一起。

一、徽商兴盛的历史地理因素考察

（一）优渥的地理位置

对徽商来说，最幸运的是，在离徽州不远处就是全国经济和文化最发达、人口最稠密的一个大市场——长江三角洲。自公元10世纪以降，长江三角洲地区的经济便长盛不衰，在明清时期更是稳居全国之首。在当时的条件下，水运是最便利的运输手段。从徽州出发的交通路线非常方便，沿新安江而下，经富春江、钱塘江，即可到达杭州，进入浙江最富庶的杭嘉湖地区。通过内河航道，还可连接江苏的苏、松、常、太各府州。另一条路线，经青弋江等水路进入长江，顺流而下可至南京、镇江、扬州，经京杭大运河沟通各地。由于都是顺流而下，徽州的土产如竹、木、石料、药材、纸、茶叶等便于外运，回程时则可运输丝绸、百货等相对价高质轻的商品。由于这个市场人口众多，生活富裕，对木料、石料等建筑材料有稳定的需求。在一个文化发达、读书成风的区域，以竹、木为主要原料生产出的纸、墨，以及由石材加工而成的砚，都有很大的需求量。茶叶和药材更是日常生活的必需品。有了这样一个稳定的大市场，徽商的生存和发展就不再受到徽州本地的制约。随着本身商业地位的稳定，徽商的经营已不限于经营药材、茶叶、纸墨、竹木等故乡的产品，而是以从事"两头在外"的商业为主，即从外地采购商品，在外地销售，或者完全在外地经营。

例如，长江三角洲地区的当铺一度为徽商所垄断，当铺的主要客户是急需资金周转的商人或衰败中的世家富户，而在其他地区，包括徽商的故乡徽州在内，是没有如此大的市场的。

对徽商群体来说，所经销的商品中最重要的莫过于食盐。食盐是人人不可或缺的生活必需品，事关国计民生，又是一种本薄利厚的特殊商品。正因为如此，食盐历来都由官方控制或直接经营，官府对打击私盐不遗余力。明清时期大多实行由官方控制食盐销售许可与配额的制度，盐商获得了配额，就能有稳定而丰厚的利润。徽商依靠已经积累起来的财富和敏锐的商业眼光,在盐业经销上抢占先机,占有的"窝"(徽州盐商间术语,即经销权与配额)越来越多,在南方几乎占据了垄断地位。

这样的地位也离不开便利的地理条件:一方面,当时南方主要行销淮盐,产地是今苏北沿海,离京杭大运河不远。徽商集中的扬州正处于大运河与长江的交汇点,至今江苏淮阴、淮安一带的王家营、清江浦航运便捷,运输量大,正常情况下畅通无阻,不像运河山东段那样不便,而且经常受到水旱灾害的影响。另一方面,从扬州、王家营、清江浦等沿运城镇可以通过发达的内河水运将食盐运往各地。当然,徽商要取得这样的垄断地位,也需要利用政治权力,不结交官府,不取得政治权力的庇护和合作,仅仅依靠财力,是无法维持稳定的行销权和充足的配额的。在市场经济不发达、商业受政治权力左右的明清时期,商人的这种做法是不可避免的,也是获得成功的不二法门。在有关史料和民间传说中有大量徽商结交官府的记载和故事,在清代康熙帝、乾隆帝南巡期间,徽商为接待投入大量精力和巨额财富,自然也换来了丰厚的回报。即使在平时,一些中小徽商也很难完全摆脱政治权力的影响,免不了要利用政治权力。

(二)外迁经商而"乡音"不改

从历史地理角度来看,徽商还是一个移民集团,因为大部分徽商实际上已经脱离了原籍徽州,迁入外地并且定居。长江三角洲是徽商经商获利的主要场所,所谓"无徽不成市"的说法在其他地方或许有所夸张,但在长江三角洲地区却千真万确,因为没有哪一个市镇中没有徽商。多数徽商自幼离家,追随在外经商的父兄,或者在同乡、亲友的商店当学徒,成年后回家结婚,然后又外出经商,仅年节返乡团聚。越是大而富的成功徽商,他们的商业活动与故乡的联系越少,所以明清以来不少徽商都已迁离家乡,在经商地定居,只是偶尔回原籍扫墓省亲。年深日久,一些徽商后裔已经融入迁入地,其影响也扩大到商业以外的范围。但他们仍通过公馆、行会、同乡会等途径维持着徽商群体,保持相互间的联系。

可以看出,徽商之所以还保持着与原籍徽州之间的联系,主要是宗族观念和地域观念在起作用。由于在外徽商的同族成员大部分还留在徽州,祖宗的坟墓也在故乡,客死外地的徽商一般也要归葬原籍,所以即使生在外地、长在外地的徽商也要回乡扫墓、祭祖、修宗庙、续家谱,还有直系亲属留在故乡的徽商更要回乡省亲、团聚。在强烈的宗族观念和荣宗耀祖心理的驱动下,徽商还会在原籍修建超出正常需要的豪华住宅,或具有炫耀性、公益性的建筑。在当时的户籍制度下,籍贯不能随便更改,也使得徽商的后裔长期保持原籍不变。

另一方面,徽商对本族或原籍同乡有最强的信任感,所以一般都从原籍或同族招募学徒、雇员,寻求合伙人。但与此同时,作为在迁入地定居了的移民,他们也在经历一个本地化的过程,特别是在与商业无关的方面以及那些脱离商业活动的人。

徽商这样的生活方式还产生了一种特殊的文化现象。由于大批男性成年人口长期外出,大多数时间生活在外地,留在家乡的女性能与丈夫共同生活的天数屈指可数。更悲惨的是名义上的丈夫一去不复返,妻子只能终身守活寡。妇女的生理和心理受到巨大的压抑和扭曲,但专制的礼教却必须维持,因此在徽州出现了大量为妇女立的贞节牌坊,甚至还有专门供奉女性祖先的"女祠"。这些不是妇女得到尊重或妇女地位高的象征,恰恰相反,是妇女的人性被摧残、人身自由被剥夺的产物。如果要研究这种文化现象,必须深入了解被压在石牌坊底下和湮没在民间的实际状况。

二、徽商衰落之历史地理因素探寻

寻找徽商衰落的原因,可以从历史地理角度考察,这一点离不开当时的地理环境,也集中反映在市场和商品这两个方面。

(一) 失去重要市场

"成也萧何,败也萧何。"徽商因长江三角洲而兴盛,最终也因长江三角洲而衰落。1843年上海开埠后,资本主义工商业迅速发展,使上海成为新兴的工商业中心和进出口基地,并且辐射到整个长江三角洲和周围地区。但与此同时,周围的传统工商业城市相继衰落,有的完全退出了地区中心的地位,一落千丈。大批官僚、富商、名流从这些城市和附近乡村迁往上海,带去了大量资金,也带去了市场;还有大批人才和劳动力从这些地区迁往上海，使本地的日常市场进一步萎缩。外贸大幅度增长，传统的内贸相形见绌。上海稳执外贸的牛耳，例如生丝的出口已由江浙一带转移到上海，并且被浙江丝商捷足先登。桐油、猪鬃等长江流域的土产成为大宗出口物资，并以上海为口岸，迟到的徽商并没有分到什么份额。由机器生产的或进口的纺织品、日用品、药品取代了手工生产的传统商品，在新的商店、经营方式和商业网络的进逼下，广东商人、江浙商人迅速崛起，徽商节节败退。以迁入上海的移民为例，安徽籍远低于江浙两省籍，在租界甚至低于广东籍。而在上海的安徽籍移民，大多又居住在华界，而不是在更发达、更先进、更有商机的租界。徽商在长江三角洲这个最大的市场中最终失去了优势。

（二）失去制度、交通上的优势

官盐经销制度的废除、交通路线与方式的改变给徽商带来了致命打击。徽商在盐业的优势顿时土崩瓦解，长期的单一经营、过分地依靠政治权力，使他们已经丧失了早期徽商的开拓性和适应性，在新的竞争中处于劣势。海运轮船从西方传入后，运河运输的艰难和弊病更加突出，津浦铁路的通车最终导致运河漕运的废弃。在津浦路沿线迅速繁荣，中小城市拔地而起的同时，盛极一时的沿运城镇临清、王家营、清江浦，以至扬州，已是一派萧条。聚居在那里的徽商从此一蹶不振，即使有勇气转移到上海等地，留给他们的机会和空间也相当有限了。

（三）其他自身原因

当然徽商还有一些自身的弱点，但这在彼时社会环境下，任何商业集团都无法避免。如大量的商业资本并未用于继续经商或投资，却被用于炫耀和奢侈性的消费、结交官府、买官捐顶戴、附庸风雅，甚至窖藏地下。由于商人的地位远低于儒生，徽商的后代被鼓励脱离商业。过分强烈的宗族观念和地域观念限制了商业活动的范围和外族外地人才的任用。但相比之下，直接影响市场与商品的地理环境起了更大的、更决定性的作用。综上所述，徽商一蹶不振，逐渐退出历史舞台是大势所趋，也是自身内因起了决定性作用。今天再谈及重振徽商及徽商精神，恐怕需要重新梳理和挖掘符合时代意义的新内涵。

第二节 儒行：儒教精神渗透下的徽商行为方式

明清时期，不计其数的徽商从历史悠久的徽州地区走出去。他们的活动范围之广，影响中国历史之深，明清两代无出其右者。从徽州走出去的胡适这样总结徽商的创业史："一般徽州商人多半是以小生意起家；吃苦耐劳，累积点基金，逐渐努力发展。有的就变成富商大贾了。"这是徽商群体的创业历程。徽商的崛起除了因为他们具有吃苦耐劳、开拓创新等创业精神外，还得益于他们背后沉淀的独特的人文精神。创业精神与人文精神是徽州商人腾飞的双翼。

一、儒家精神的彰显

徽商精神是与"儒"紧密结合在一起的，在职业选择上亦儒亦贾、儒贾循环；徽商贾而好儒、贾服儒行。好儒与"儒行"主要表现在徽商个人的修养与爱好，以及对文化事业的重视上，或是泛指其总体的文化生活。在一定程度上，徽商的兴起与衰落与儒家文化有着密切的关系。

当然，我们也应该能清醒地看出在徽商兴盛的明清时期，科举制度同样如日中天，读书人没有不想通过科举考试步入仕途的，更没有人会在考上了秀才、举人、进士，或成为儒家学者后弃儒从商的。即使科场不利，他们一般也会选择教馆授徒，或"耕读传家"，也不愿当商人。现在一些人津津乐道的"儒商"，都是先商后儒，即在商业取得成功后再附庸风雅沾有儒气，或请人代笔刻上一部稿，或将自己的子孙转化为儒生。而且，关于这类儒商的记载往往是成功徽商的自我标榜，或由他们授意写就的神话，而不是历史的实录。所以，本节中我们要探讨的是徽商的哪些行为方式中体现出了一定的儒家精神。

(一) 儒行的内涵

儒行，即儒者的行为准则和行为方式。"仁""义"是儒行的核心。"儒有委之以货财，淹之以乐好，见利不亏其义""儒有忠信以为甲胄，礼义以为干橹。戴仁而行，抱义而处。"意思是说，儒者将忠道信的品德当作像铠甲一样的护身装备，把遵循礼义当作像盾牌一样的防御装备。一切行动，都遵从于仁义。即使遇到暴政，也不会改变自己的操守。《礼记·儒行》篇所记儒者的种种奇节伟行，是儒教博大宏深思想的反映。儒家鼓吹修齐治平和纲常名教，强调积极的入世理念和对社会的责任，从而在中国传统社会内部形成强大的控制力。儒士则是理所当然的"儒行"实践者。

自宋以降，新儒家非常重视儒行，强调儒士的道德标准和社会责任。然而，在明清时期的徽州，事情发生了变化，"儒行"的践行者越来越多地出现在商人群体中。徽州商人热衷于种种儒行善举，以实际行动向儒者看齐，反映了其行为背后的精神因素。

(二) 徽商的义利观

徽商以儒教精神为核心，践行着义利结合的商业伦理和建设乡族的社会责任。徽州商人从义、利关系上重构了商业伦理，并通过种种儒行加以贯彻。徽州商人试图竭力打破社会对商人重利轻义的先入之见，大力鼓吹"义"，强调以义致利，然后再以利践义，实现义、利之间的良性循环。

这种义，就集中反映在徽商的"儒行"上。徽商在经商和生活中处处强调仁义礼智信的儒家伦常，时时以好儒与儒行相标榜。

首先，他们在商业经营中强调要义利结合、以义致利，不取非义之财。在他们的逻辑中，以诚待人、以义为利更容易经商成功。道光年间，黟县商人舒遵刚从商人角度对义、利关系进行了剖析：钱就像流水一样，有源才有流，如果以狡诈生财就是自塞其源；如果因吝惜钱财而不用，或奢侈滥用钱财，就是自竭其流；以义为利，因义而用财，不但不竭其流，而且丰富了源头，使之流而不竭，这就是生财之大道。

"义"的概念也很宽泛，但凡讲求诚信、不斤斤计较、让利于人、助人于危难之中等，都是义的表现。

其次，徽商强调在经营成功后要以利践义。徽州为宋代大儒朱熹籍贯所在地，这里的儒教精神，尤其是修身、齐家、治国、平天下的入世精神深入人心，已经渗透到最底层。徽州人虽然在生活方面很节俭，但在礼教与义举方面的开支非常大，"俭而好礼，吝啬而负气，家资累万，垂老不衣绢帛……然急公趋义，或输边储，或建官廨（xiè），或筑城隍，或赈饥恤难，或学田、道路、山桥、水堰之属，输金千万而不惜"。甚至有些赤贫之士，也愿意将十几年的辛勤积蓄，一次性全部捐出。文人如此，自然刺激了好儒的商人，况且徽商中有很多人本来就是儒士，儒教的入世理念也是他们的理想所在。为了改变商人唯利是图的形象，徽商的儒行比比皆是，"贾而好儒"成为徽商最显著的人文特征。他们经营所得利润是他们实践儒行的物质基础。他们坚守儒家伦理，热衷于文化教育事业，积极投资办学，培植、资助和选拔优秀的子弟参加科举考试，培养家族官僚。徽州商人非常重视教育，捐资兴教成为徽商儒行的一个重要内容，也是徽商所坚持的家族性行为。明代祁门胡村人胡天禄在经商致富后输田三百亩为义田，"使蒸尝无缺，塾教有赖，学成有资，族之婚、嫁、丧、葬与嫠（lí）妇无依、穷而无告者，一一赈给。曾孙征献，又输田三十亩益之"。这样的记载在各类文献中比比皆是，徽商及其家族成为资助徽州教育的主力军。

好儒还表现在徽商积极投身于当地的各种地方建设和慈善事业中。徽州河流众多，山地难行，因此，铺路修桥在儒行中占有相当大的比例。此外，如赈济救灾恤鳏（guān）寡等，种种事例不胜枚举。徽州方志和谱牒对这类公益行为也是大加赞赏。种种儒行虽然耗费了徽商很多的商业利润，但实际上这是商业利润的再分配过程。商业社会很容易出现的贫富严重分化现象，通过徽商在本土的儒行，得到了一定程度的舒缓。贫困人口，尤其是农业人口，利用自己的劳动力投入，分享了商人的利润。这方面的例子非常多。很多官僚、商人和地主在投资当地的公益事业时，非常注重维护徽州社会的稳定。因此，灾荒年份是他们最合适的投资时机，他们通过以工代赈的方式，既让当地的灾民挣得一份口粮，又能够较有效地兴建当地的公共事业。商人通过这种儒行，也建立了自己在当地的权威，提高了自己的声誉和家族的地位。成功的商人通过种种儒行，一跃成为地方的权威人士及地方社会秩序的维护者。

二、儒行背后的原因

儒行是儒教精神渗透与制约下商人行为方式的必然选择，而这种行为方式又对徽州社会产生了极为重要的影响。商业具有高度风险性和不稳定性，但是回流徽州的商业利润成就了商人的儒行，稳定了徽州社会。徽商把商人的利与儒家的义紧密地结合起来，并以种种儒行疏通了二者之间的对立关系，徽商因此改变了其商贾形象，甚至名登族谱与地方志，得以光宗耀祖，往往成为乡族社会中的权威和榜样。徽商的儒行在一定程度上消除了当地社会的贫富分化，稳定了社会秩序，使徽州成为一个较少发生人为灾难且相对和谐、稳定的社会。从这个意义上来说，在徽州商人"贾而好儒"的背后，实际上隐藏着明清徽州社会解决贫富分化与社会紧张问题的一种内在机制。

徽商以雄厚的资本为后盾，结合传统的儒家伦常，发挥着稳定徽州社会、缓解社会紧张的功能。徽商通过种种儒行，模糊了儒、贾之间的职业差别，达到了儒、贾相通的效果，以对社会的贡献提高了商人的社会地位和人生价值，甚至在某些社会功能上取代了传统的儒士。商人对儒行的坚持，获得了当时名士的高度肯定，正如汪道昆借用商人程澧（lǐ）之口所说："借能贾名而儒行，贾何负于儒！"从徽商群体以儒行相标榜可以看出，儒教精神统领着徽州商人的精神世界，在徽州社会得以广泛宣扬。明代官僚歙县人方弘静就认为："郡之久安也，非徒以险阻足恃也，由内之纪纲不弛足以维之耳。"出身其中的徽商，既受这种"纪纲"束缚，又自觉维护着"纪纲不弛"。

明清以来，我们可以从徽商身上看到士商关系之间的互动，也就是通常所说的"士商合流"。一方面，徽商"贾而好儒"，文化素养较高，并且常常通过捐资获得生员资格甚至官员桂冠，士商双兼，一身二任；同时又大力扶植子弟读书，搏击科场，致身通显。明清时期，徽州籍官员中有商人家庭背景的比比皆是。另一方面，士人（生员）由于做官机会太少，也往往"弃儒就贾"。这表明士商之间的鸿沟已不再是不可逾越的，士人对商人、商业的了解也逐步加深了。前述所谓"贾何负于儒""利亦名也"等，如果说还是徽商对自己的社会价值的自我肯定的话，那么，士商合流的结果，是让商人的社会价值也得到士人的刮目相看，商人和商业在潜移默化之中也对士人的思想产生了重要影响。

　　明代嘉靖、万历年间，号称"南北两司马"之一的汪道昆就是徽商的后代。他指出："大江以南，新都以文物著。其俗不儒则贾，相代若践更。要之良贾何负宏儒，则其躬行彰彰矣。"他率先成了徽商的代言人，发出"良贾何负宏儒"的呐喊。几乎同时，内阁首辅张居正也充分肯定了商业的作用："商不得通有无以利农则农病，农不得力本穑以资商则商病，故商农之势常若权衡。"所以他呼吁"厚农而资商""厚商而利农"。此后，冯应京、黄宗羲先后都提出了"工商皆本"的思想。凡此种种，说明明清时期确实形成了一股重商思潮，而这一思潮的代表者几乎都是江南人士，而江南正是徽商的主要活动区域。可以说这一重商思潮的出现与徽商有着密不可分的关系。

第三节 宗族制度文化：徽商归依之处

一、宗族制度文化

徽州地区的制度文化从家族和社会层面推动着徽商的繁荣发展。中国封建社会长期存在"双重统治格局"的制度体系，即来自封建朝廷的上层统治和基层组织的社会统治，亦即"国"与"家"的统治，两者的统治通过以儒家思想为代表的封建文化在深层次上的联系而紧密地连接起来，史学界称之为"家国同构"。中国封建社会基层组织统治体系的基础，是家族、宗族、乡族严密而有序的组织，这在古徽州地区表现得最为充分。从中原迁来的每一户士族都希望能在徽州繁衍发展、举族兴旺，既能保持原来的宗族文化，又有机地糅合程朱理学，形成更加制度化的家族、宗族、乡族体系，以家谱、宗祠、祭祀等多种形式维系着家族的精神与文化联系，各姓氏、各门户都有很强的凝聚力和进取性。往往一人从商，族人跟进，一族从贾，乡人相随。宗族中的每一户人家，都以家族为重，以从商的业绩光耀门户，为族人争光；而族人又以经商富户为楷模，鞭策子孙，以奋进于商海，图富甲于乡里。

徽州的商人以家族、宗族、乡族为纽带，表现出很强的团队精神，哪里有徽州人做官，就可能会有徽州商人；哪里有一户徽商业成，就会有一批徽商聚集。他们勇于走出徽州，在各大城镇和商埠从商，不仅能站稳脚跟，而且能蓬勃发展，形成气候。他们联合宗族势力在许多城市建立富丽堂皇的会馆，就是历史的见证。可以说，这种以家族、宗族、乡族为基础的制度文化对徽商繁荣发展的巨大作用，是中国其他商帮难以相比的。

受制度文化的影响，徽州商人极力维护家族、宗族、乡族对基层社会的统治格局，这既限制了他们的发展力量，又分割了他们的商业利润，在社会进步的条件下也就必将走向衰落。徽商以家族、宗族、乡族为纽带，商人之间"相亲相助"，对于化解风险、开拓市场有着积极作用。但是，徽州商人却长期固守家族、宗族、乡族的狭隘联系，单凭一家一族经营，就限制了自己的发展力量，在市场竞争中难免处于不利的地位。更重要的是，徽商的企业形式只是一种落后的家族组织形式，家族、宗族、乡族之间的商业关系只处于"联谊"状况，没有跨过资本联结这个"坎"，大量的商业利润不是转向产业资本，而是流向家族、宗族、乡族的消费性投资方面，并且以此为荣，代代相继，从而严重地消解了资本增殖能力。还有一个十分普遍的现象是，受家族文化的深刻影响，为维护家族下一代的门户平等和子孙兴旺，徽州上一代商人艰辛创业所积累的资本，往往由子孙均分遗产，将家族的整体资金分割为零散资金。如明清之际的徽州休宁商人汪正科，将经商30余年所积资本购置田地、山场后，让子孙拈阄（jiū）均分（见《汪氏阄书》，现存于安徽师范大学图书馆）。遗产均分制分散了徽商的商业资本，与资本主义的积累走势完全相反。可见，在以家族、宗族、乡族为核心的徽州制度文化的影响下，必然会加速徽商的衰落与消亡。

二、血缘伦理的强化

徽州是一个宗族社会，同儒家礼教的渗透一样，宗族文化也在徽州广泛普及和扩张，宗族自治程度相当高。尤其在明代，通过祭祖礼制的改革及宗族乡约化建设，徽州宗族日益组织化；血缘伦理在徽州也被绝对强化，尊祖、敬宗与宗族运动在徽州蓬勃开展，徽州社会完全纳入血缘伦理的制约之下。宗族对内部事务的控制有日益强化的趋势，宗族成为血缘伦理的维护者，也自然成为绝大多数徽商的归依之处。在血缘伦理控制下的徽商，表现出了对宗族组织的强烈需要。

首先，因为宗族有助于商人的商业经营。商人利用血缘伦理，从宗族获得源源不断的财力和人力方面的支援。

其次，徽州的人口与社会结构需要利用血缘伦理来控制与维持。徽州的人口大部分可划归为儒士、商人、农民，形成了士人、商人、农民三足鼎立的人口结构特征。因此，在徽州的社会结构中，商人的小家庭占了很大的比例。正值青壮年的徽商常年在外，难以顾及自己的小家庭，需要利用宗族力量来帮扶、控制留在当地的妻子、儿女。很多商人长期滞留外地不归，有的商人在外地再次娶妻生子，还有的商人过早地客死他乡，使得商人小家庭具有不完整性，也使得徽州社会充满了潜在的危机。商人妇独守空房，操持家务，赡养老人，抚育子女，弱妻幼子同样使得徽州社会充满了不稳定性。这些都让商人真切地感受到宗族组织的必要性，他们需要利用血缘伦理来控制自己的小家庭。在徽州，大宗族、小家庭结构正是徽商稳定自己后方的一个基础。宗族利用血缘伦理的力量，制约着大量残缺、不稳定的小家庭，并通过宗族的经济力量，帮扶处于困境中的弱妇幼子，尤其是寡妇群体。徽州地方志和族谱上节妇烈女群体的数量之多，为中国其他地方所罕见，而这些节妇烈女很多出自于商人家庭。这是宗族和血缘伦理控制徽州社会的结果。宗族利用儒家的贞节观念，把它强化成礼教，并渗透到各个小家庭。在宗族的普及和扩张之下，伴随着礼教的强势渗透，不稳定的小家庭和处于弱势中的女性（尤其是寡妇），得到了稳定和控制。族规家法的制订与推行是一种刚性的制约和惩戒，而予以旌表或载名方志和族谱，则是一种柔性的安抚和表彰。奖罚并用、刚柔相济，在徽州社会形成了一整套教化与控制体系，使充满了内在张力的徽州社会，在大宗族、小家庭的弹性结构下具有相当的稳定性。

最后，宗族是发挥长者权威的场所。常年经受流离之苦和思亲之苦的徽商，到了老年自然想归乡休养，把宗族视为回归之地。明清朝廷对孝治政策的推行，强化了老年人的权威。孝治和宗族的结合使得徽州成为一个非常适合于养老的地方。明清以来，江南各地素有"生在扬州，玩在苏州，死在徽州"的俗谚。从年龄结构上看，徽州可以说接近于老年社会。年轻人离开故土外出经商，老年人回归故土建设宗族，这些都对徽州社会有着深远的影响。从大量的割股疗亲的案例可以看出，孝道和长者权威是维护宗族社会中血缘伦理的重要保障。归老宗族的徽商对血缘伦理的维护是不遗余力的。实际上，这也是徽州社会稳定的最大保证。老年社会的最大特点就是稳定和保守。老年人总是想在保持长者权威下调和宗族内的人际关系，含饴弄孙，享受天伦之乐。儒士在早期宗族建设中发挥着最主要的作用，商人则主要提供物质资助，但是后来由于经济地位的转变,儒士和商人对待宗族的态度往往也发生了转变。随着儒士的贫困和商人的富裕,儒士在宗族上的首要地位受到了商人的挑战。从整体上看,致富之后的商人在宗族建设和伦理道德的实践方面至少已经不输儒士。

三、宗族:徽商的最后归依处

从商人的生命历程看,宗族是大多数归老徽州商人的最后归依处。很多徽商的人生历程可以概括如下。

幼年时远离父母、亲人和家乡;等到长大成家后,用经营所得利润支撑家庭和宗族建设,包括子女的教育、婚嫁,建房买地,周恤亲邻,帮助族人外出谋生,从而树立自身和家庭在地方社会上的声望;等到老年时,由子女接手事业,自己退养林泉,把全部时间和精力投入家庭、宗族内部事务的治理和人际关系的协调。年迈的徽商非常看重宗族,因为宗族是他们发挥长者影响力的最佳场所,他们能够利用宗族的组织化和制度化来控制和影响族人,进而强化宗族的影响力。成功的商人多遵循着这样一条人生之路。如黄义刚,明宣德、弘治年间人,年轻时在浙江杭州等地贩木,中年时于正阳、固始经商,致富后"晚而筑室买田、立纲振纪,家声文物,焕然一新"。有些徽州人走出徽州后,也孜孜不倦地在异地他乡重建组织,因为他们的经历、心灵永远是和宗族结合在一起的。

　　正因为徽商需要宗族,并积极投身于宗族建设,徽州的聚族而居才能够长期存续。聚族而居几乎成为徽州稳定与和谐的另一个代名词,也一直为徽州的士大夫们所津津乐道。宗族控制着小家庭,宗族影响着乡约、文会等种种社会组织的运作。徽州在相当程度上进行着宗族自治,官府的触角很难深入到基层。徽商利用宗族的财力和人力经商,利用宗族的独立和自治逃避官府的盘剥,宗族对包括商人在内的徽州社会发挥着保护人的角色。佃仆、小户等也因为受制于宗族,难以向独立的方向发展。这些在一定程度上保证了徽州基层社会的稳定与和谐。血缘伦理强调的是家族责任和血缘纽带,血缘伦理是宗族组织的核心精神。以血缘伦理为基础的宗族成为一种制约和扶持徽商的组织,很多徽商自觉地选择了归老徽州并自然归依宗族的人生之路。血缘伦理和宗族组织的制度化为具有不稳定因素的徽州社会带来了内在的稳定。商业利润和长者权威相结合,稳固了徽州社会,并创造了比较和谐的人际关系。

第四节 重商：群体心态主导下的徽州文化风尚

"重本抑末"是中国封建社会传统的国策。士农工商，士最贵，农次之，工商最贱。这是传统文化中根深蒂固的价值观念。"君子喻于义，小人喻于利"，也就成为人们的价值取向。明清时期，这种传统的价值观念在徽州被打破，不少人弃儒就贾，逐利成风："新安多游子，尽是逐蝇头。风气渐习成，持筹遍九州。"如祁门的倪慕麟"习儒不得志，废书叹曰：男子生桑弧蓬矢以射四方，不贵则富，安事毛锥子（指读书）终老乡井乎？寻仿鸱（chī）夷猗顿术，遨游江湖……运筹以鬻诸市，不数载辄拥素封"。歙县的吴良儒则认为业儒与经商殊途同归，"儒者直孜孜为名高，名亦利也。借令承亲之志，无庸显亲扬名，利亦名也"。这是对传统价值观念的大胆摒弃。明代程澧在经商致富后说："籍能贾名而儒行，贾何负于儒！"竟然将贾与儒相提并论。在徽州，这种价值取向已被人们普遍接受，所以"徽人十九为商"，人们更注重功利，注重治生。

一、价值取向的转变

彼此，重商已经内化为徽州人的群体心态。正如徽州歌谣所唱："前世不修，生在徽州，十三四岁，往外一丢。"不管愿不愿意，徽州人祖祖辈辈、子子孙孙大多要经历这一段出外谋生的历程。成功的商人成为当地人尤其是族人的榜样，带领亲邻共同致富成为他们义不容辞的责任。而他们也以群体的力量去筹集资本，经营事业，从而造就了徽州人三分在本土、七分在天下的庞大商人规模。

同儒业一样，商业也包含了一种道德伦理内涵。商业容易致富，致富之后才能有养亲、急公、义行等众多儒行。商人对乡土社会和宗族建设所作出的贡献，逐步提高了徽商的地位。徽州本土舆论强调商人的贡献，培育出了重商的文化风尚。首先，很多儒士、官员包括商人自己，认为商人的贡献并不负于儒士，鼓吹"左儒右贾"，儒、商结合。徽州籍官僚汪道昆对徽州人的职业观了解最深，提出了著名的"左儒右贾""一弛一张"等徽州职业论。他认为，徽州人习儒和科举不成，则弛儒而张贾；等获利之后，为子孙前途考虑，又宁愿弛贾而张儒；一弛一张，迭相为用。左儒右贾是一种职业分工，也是一种价值理念。很多徽州人在自己的职业生涯中就经历了先儒后贾和先贾后儒这样不同的阶段。家族也有意识地对子弟的职业进行干预，按照其才智与兴趣的不同引导其选择科举或经商，形成了儒、商兼重的家族职业观念。

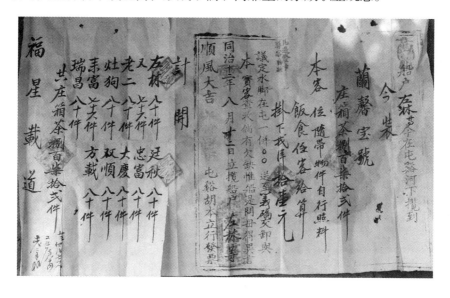

徽州因此涌现出很多"贾名而儒行"的商人，他们自认贡献并不亚于儒士，社会对他们的观感也不亚于儒士。徽商不仅从义利关系上建构商业伦理，还从职业目的上模糊儒、贾的职业差别，坚持儒、贾事道相通，儒、贾职业并重，重新构建职业价值观。世俗社会对儒、贾的看法是"儒为名高，贾为厚利"，而徽州舆论对儒、贾别有理解。歙县人吴良儒自幼习儒，父亲死后，母亲希望他弃儒从贾。他考虑再三，终于放弃了传统的名利观，相信名利可以互相转化：儒者为名高，获得高名之后，名就能带来利；若听从母亲的安排，追逐经营之利，无非也就是显亲扬名，利同样能带来名。于是他欣然弃儒业贾，求利以逐名。这是用转换的思想来模糊名利之间的区别，进而淡化儒、贾在职业目的上的差异，强调二者虽然职业不同，但事道可以相通。许多徽商也的确在致富后凭借自己的品行获得了不亚于甚至超过儒士的美誉。儒贾并重与分工合作是徽州职业价值观的进一步发展。

徽州"左儒右贾"与儒、贾事道相通的理论是在儒学世俗化的大环境下产生的。唐代以来，儒家已经发展出了一种"人伦日用"的更具经世色彩的意识形态，它"直指人伦，扫除章句之繁琐"，使儒学的受众日益向下层社会普及。宋代以后的新儒家更是力图将经世理想与实际相结合，用通俗的话语，以农工商贾为教学对象，深入世俗社会，占领世俗伦理领域。这种世俗化与儒士理想减退、儒业标准降低、儒士贫困化等趋势都是一致的。

徽州人不仅对儒、贾的关系有了新的界定，对重农抑商的传统思想也进行了新诠释。徽州人对土地的感情是复杂的，土地已经无法维持长期以来作为恒产的形象。宋代淳熙《新安志》中称徽州山限壤隔，民不染他俗，勤于山伐，能寒暑、恶衣食。但农民和士人逐渐走向贫困化，在土地上的付出与所得已经不成比例，还背负着沉重的赋役负担，中小土地所有者的收入已经满足不了各方面的日益增大的开支，土地买卖频繁，因此形成了不重土田的观念。土地已经不再是徽州人心目中的恒产，而随着"末富居多，本富居少"时代的到来，明清时期徽州社会已经变成"资爰有属，产自无恒"。如果说还有恒产，那就是"恃外贸子钱为恒产""大都以货殖为恒产"。这种财富观的改变，更加速了徽州职业观的嬗变。

二、重商观念转变背后的原因

（一）生态环境的局限

徽州的生态环境本就是非常不利于农业的，所以重农抑商的传统思想在徽州的各个阶层中都饱受质疑。歙县商人许大兴家族自高祖、曾祖以来不治商贾，明代弘治、正德年间，许大兴毅然持资业贾，他的理由就是：徽州处于山谷之间，富人尚且缺少耕田，何况其他人呢，不经商无以生存；本富为上，末富次之，贾不如耕的传统看法也不确切；耕者有十一之税，廉贾也有十一之税，商人不比农民差；古人反对的不是商人，而是奸商。出身于富商家庭的汪道昆对重农抑商的真正内涵表示了质疑，他认为：农、商"交相重"，农商都是先王重视的；所谓的重农，并不是全部免除农民的十一之税；所谓的抑商，乃是抑制奸商垄断，商人的税额也不过十一；重本抑末，并不是薄农税而重征商，而是一体视之，公平征税，总之就是要农商各得其所。许大兴本身就是一个商人，汪道昆则是官员和商人的后代，身份不同，但都对传统意识形态中"抑商"的本意进行了重新诠释。在他们的眼中，奸商当抑，而廉贾则不同，廉贾作出了与农耕者一样的贡献。商贾不负于农耕的农商"交相重"的诠释，重新调整了农商关系，使重农抑商失去了理论根据和哲学基础。商人的地位从意识形态上得到了拔高，由此也激励了更多的农民、士人转变职业，投身商人阶层。

（二）商人的赋役作用

商人在赋役上的作用直接冲击了重农抑商论，把商人的贡献直接从乡族上升到国家的高度。徽州纯粹的农民受到人们轻视，经济日益贫困，地位日益低下。与此对应的是逋赋现象也增多了，甚至出现在习儒者的身上。由于商人大量置买田地，而他们在赋役方面表现积极，不但贡献出越来越重要的商业税，而且保证了国家的田赋征收。因此，商人在赋役方面的地位已经取代了纯粹的农民，尤其是赋役征银后。正因如此，徽州的商人、儒士和官员才有底气发出"贾何负于农"的呐喊，并且对传统的重农抑商思想注入新的内涵。

（三）徽州人的群体心态

徽州人的群体心态主导了重商舆论，培育出了重商文化。在这种心态、舆论和文化之下，徽州各个阶层和职业人士强调商人的作用，鼓励外出经商。生活在重商文化风尚下的徽商更自觉地承担起乡族建设和国家赋役等重担，他们不再以经营商业为耻，而是乐于经商、乐于儒行、乐于建设宗族组织；他们履行着越来越大的家族与国家义务，为徽州的儒士和农民减轻了各方面的压力，因此徽州社会才能保持着长期的稳定与和谐。徽商这样一个规模庞大的群体，能延续数百年时间，并产生巨大影响，正是重商舆论和重商文化的结果。

三、积极发展"贾道"

大凡取得事业成功的徽商几乎都以"诚"为本。歙商许宪说："唯诚待人，人自怀服；任术御物，物终不亲。"他因诚而享誉商界，"出入江淮间，而资益积"。黟商胡荣命经商于江西吴城50年，以信誉自重，童叟不欺。晚年他告老还乡后，有人"以重金赁其肆名"，被他拒绝。他说："彼果诚实，何借吾名？欲借吾名，彼先不实，终必累吾名也。"罢商之后依然以其招牌声誉自重。歙商江长遂，"业宛陵，待人接物，诚实不欺，以此致资累万"。

守信用，重然诺，是徽州人商德的核心。宁可损失货财，也要保住信誉。婺源人洪胜，平生"重然诺，有季布风，商旅中往往借一言以当质券"。徽商洪辑五"轻货财，重然诺，义所当为，毅然为之"，因此受人敬重，被推为群商领袖。歙商江氏，以信用为商人立命之基，世代守之不息。传至承封公，"惧祖德湮没不传，倩名流作《信录》，令以传世"。

徽商不是不言利，而是遵儒家传统，"利以义制"，这是对商人的一种软制约。西方制度学派认为这样的软制约阻碍了商人法的出现，并致使社会上缺乏对商人予以法律的硬性约束。从西方人的眼光看来，不无道理。但是，利以义制，是不能从儒家的道德中割裂出来的，它是同诚、信、仁等一起构成一个完整的道德体系，起合力作用。事实说明，大凡以重义轻利、非义之财不取为标榜者，往往都取得了商业上的成功。清代歙县人凌晋从商以仁义为本，交易中有黠贩蒙混以多取之，不作屑屑计较；有误少予他人的，一经发觉则如数以偿。如此，他的生计却能蒸蒸"益增"。其中缘由，道光年间，黟商舒应刚作这样的解释：钱，泉也，泉有源方有流。"狡诈生财者，自塞其源也""以义为利，不以利为利"，自当广开财源。在他看来，以义为利即生财之大道。徽商以诚实取信于人，且多行义举，在家乡及聚集的侨居地，实行余缺互济的道义经济，以种德为根本，形成其独特贾道。在此氛围下成长的徽商子孙，受其熏陶，传承贾道不息。

第五节　徽商精神与徽商文化

从历史研究角度来看，徽商精神中所体现的创新精神引领了时代，对于社会的发展具有重要的借鉴意义。创新精神是徽商文化的灵魂，也是徽商文化持续传承发展的生命力源头所在。徽商以商业的成功推进了地区文化以及宗族人才的培养，在提升商人的素质和层次的同时，也创造性地打造了地域性的官僚集团。

徽商文化的精髓深厚，在明清时期都产生了非常重要的研究价值和实际意义。结合历史发展来看，史家认为徽商最早起源于南宋时期，发展于明末时期，在明中叶逐步强盛，并一直持续至清代的中前期。而随着政局的动荡，徽商从兴起至逐渐衰败，前后历史有600余年，称雄的时间也有300余年，在中国商业史上占据非常重要的地位。徽商往往是官商一体的徽商，一旦发达就会衣锦还乡、大兴土木、建楼阁祠堂、修道路会馆，以光宗耀祖、壮大势力。他们尤其热衷于兴修院学堂试馆等，乐于培养人才，巩固宗法统治。明清时期徽商反哺文化，学者辈出，仅仅徽州5个小县城的进士，就有2000余人，明清时期也有40余人入选诗林文苑，出现过连科三殿、十里四翰林、父子同尚书、兄弟同丞相的名人雅士，造就了诗书礼仪之风，培养了竞相怒放的徽学之花，给后人留下了非常精彩的人文景观和历史景观。因此，徽商与徽州地区文化的巧妙结合也是诸多商帮中不可多得的一个繁荣景象。整体来看，徽商发展是中国历史上非常重要的经济势力，对地区发展的促进作用非常明显。

徽商精神和徽商文化对于地区发展起到了重要的促进作用。数百年来，正是徽商文化的精神积累才促使徽商能够屹立于诸多商帮之中，长期独占鳌头。徽商文化的构建与徽州独特的地理和生存环境有着紧密的联系。徽州是山区，重峦叠嶂、川谷崎岖，多山的地理环境为当地民众的生活带来了诸多不便，甚至是生存上的困难。除此之外，地区人口的不断增加和环境生存矛盾的日益突出，都使得徽州人不断进行思考，如何才能提升个人的生活水平。因此，走出徽州去异地经商，就成为了解决这一矛盾的重要出路所在。徽州有一首流传很久的民谣写道：前生不修，生在徽州，十三四岁往外一丢……这就是徽商文化中非常重要的吃苦精神，"徽骆驼"正是对于这一文化精神的最好表述。

一、"徽骆驼"精神

移居徽州的中原士族，一方面对自身原先优越文化的传承产生危机感，一方面直面尚待开发的重峦叠嶂、几乎无发展农耕潜力的困窘生态环境。这双重困境迫使他们在这片"依山阻险，不纳王租""勇悍尚武""断发文身""火耕水耨"的新环境中，铸就了奋发进取、勤勉俭朴的精神，即后人所称的"徽骆驼"精神。这是中原精英才俊接受逆境的磨炼，并与土著越人逐步融合的成果。历史证明，"徽骆驼"精神在代代相传下一直永葆活力，这也是徽商成就大业的必备条件。自明代嘉靖、万历年间之后，因"徽民寄命于商"，"十三在邑，十七在天下"。

大凡远走他乡的从商者，多含辛茹苦，忍受精神和肉体的种种磨炼。作为移民社会的徽州，本身就经历着中原正统文化与越人文化相互激荡与相互融合的过程，因而社会充满活力。他们以勤、俭著称。勤与俭，本是儒家传统文化中最古老的训诫。安贫乐道、内圣外王、入世拯救，是儒家传统的精神。韦伯把新教伦理概括为勤、俭两大要目，而新教伦理也正是启动西方资本主义的文化因素。徽商也以勤、俭作为崇奉的信条，他们把勤、俭载于家法、族规，用以规范族众；将勤、俭写入商业专书之中，以供商人时时自省。勤、俭在当地蔚然成风，据康熙《徽州府志》记载:"家居也,为俭啬而务畜积。贫者日再食,富者三食,食唯稠粥。客至不为黍,家不畜乘马,不畜鹅鹜……女人犹称能俭,居乡者数月不沾鱼肉,日挫针治缝纫绽。"顾炎武在《肇域志》中也说道:"新都勤俭甲天下,故富甲天下。"有的徽商在致富后,依然以勤俭自律,"居安逸而志在辛勤,处盈余而身甘淡泊"。由此可见,勤与俭,正是"徽骆驼"精神的体现。

"徽骆驼"精神,是徽商成大业的精神支柱。许多名商大贾正是依靠这一精神磨砺出自己的意志的。盐醛世家歙县鲍氏,乃徽州望族,但其间难免有家道中落、陷入贫困者,鲍志道即一例。他"年十一即弃家习会计于鄱阳。顷之,转客金华,又客扬州之拼茶场,南游及楚,无所遇。年二十乃之扬州佐人业盐,所佐者得公起其家。而公亦退自居积操奇赢,所进常过所期。久之大饶,遂占商籍于淮南",曾被推为两淮总商,先后受朝廷敕封的官衔达6个之多。

又据《歙县新馆鲍氏著存堂宗谱》记载:(鲍直润)尚志公次子……十四赴杭习贾。贾肆初入者唯供洒扫。居半年,虑无所益,私语同辈曰:"我辈居此,谁无门闾之望,今师不我教,奈何?请相约,如有所闻,必互告勿秘,则一日不啻两日矣。"师闻而嘉之,遂尽教。思既卒业,佐尚志公理鹾业,课贵问贱,出入无不留意。遇事必询,询必和其辞色。虽厕仆亦引坐与语,以故人多亲之。市价低昂,闻者莫之或先。贸易不占小利,或以为言大父曰:"利者人所同欲,必使彼无所图,虽招之将不来矣。缓急无所恃,所失滋多非善贾之道也。"人服其远见,尚志公晚年事皆委任焉。鲍直润虽系鲍尚志之子,也得先当学徒,从事店铺商肆的洒扫等粗活。

徽商"徽骆驼"的开拓进取精神,不受狭隘的地域限制,转毂四方。他们沿着长江和运河,开辟了长江中下游和运河沿岸"无徽不成镇"的局面;进而开拓了全国性市场,并走向世界,在东南亚各国留下踪迹,尤其曾在日本建立起商业王国。徽商既勤于商务的历练,也勤于学习儒家的传统文化,从书本中攫取商业知识。他们从历史上的名商,如三致千金的范蠡、精通经商之道的计然和白圭、富比王侯的猗顿、与国君分庭抗礼的子贡等人身上,获取榜样的力量和经商的知识。他们从经商的历练中总结经验,有的还写成商业专书,如《商贾一览醒迷》,目的是为了提高商业经营水平,并力图使商业职场技能专业化,极力创造商业文化的新境。

二、山外有山

随着徽商步地发展壮大，徽商文化也逐渐构建起来。在最初徽商文化开拓市场的过程中，虽然取得了一定成就，但徽商并没有因为这些成就而满足，历代掌门也告诫自己的后生，必须要足够的踏实、稳健、谦逊，才可以将徽商精神延续下去。这也是徽商文化中非常重要的一个精神价值点，即徽州地区群众所提到的"山外有山"精神。早在明代，徽商的足迹就已经遍布了全国各地，万历年间的地方志记载："今之所谓都会者，则大致为两京、江、浙、闽、广诸省；次之而苏、松、淮、扬诸府，临清、济宁诸州，仪真、芜湖诸县，瓜州、景德诸镇……故邑之贾，岂唯如上所称大都会皆有之，即山陬海？孤村僻壤，亦不无吾邑之人，但云大贾则必据都会耳。"万历《休宁县志》说，徽商"借怀轻资遍游都会，因地有无以通贸易，视时丰歉以计屈伸。诡而海岛，罕而沙漠，足迹几半禹内"。由此可见，徽商在经商过程中，无论是遇到了艰难险阻还是一帆风顺，都能继续开拓进取、戒骄戒躁，这正是"山外有山、人外有人"精神的最好体现。

三、大智若愚

在徽商文化中，对诚信的关注度和重视度是非常高的，即使在最初创立事业的过程中，徽商也非常重视诚信，在取得了巨大成功之后，他们依然将诚信视为自己发展业务的第一信条。在大量徽商传记中，我们可以看到徽商将诚信放在经营策略的首位。道光年间的徽商舒遵刚曾经说道，生财有大道，以义为利，不以利为利，由此就可以看出他对于义利的辩证关系理解，及其个人所持观点。其中，最重要的组成部分莫过于诚信。在他看来，义其实就是精神，钱财总有来源，狡诈生财往往难以持久，而利用诚信来获得钱财，则可以保证持续和长久。因此，徽商非常重视诚信精神，将它视为徽商文化的重要信条。

明清时期的徽州文化光辉灿烂，万紫千红。徽州教育、新安理学、皖派经学、徽州刻书、新安画派、徽派篆刻、徽州版画、徽州三雕、徽州建筑、徽州园林、新安医学，以及自然科学、数学、徽剧、徽菜等，都取得了辉煌成就，令人瞩目。这些成就的水平之高，贡献之大，世所公认。它们既有地方文化之特色，同时也是当时主流文化的代表。这也让徽州文化成为中华文化百花园中最为光彩夺目的园地之一。徽州文化之所以取得如此巨大的成就，是以当时徽州经济的繁荣昌盛为基础的。"非兄老先营事业于前，子弟即无由读书，以致身通显。"没有经济的繁荣，就不可能有文化的昌盛。徽商不仅通过发展经济促进了文化繁荣，而且由于经商取得了丰厚的利润，更对诸多文化事业直接投入了大量财力，这也是徽州文化繁荣昌盛的重要原因之一。徽商的成功铸就了徽州文化的辉煌，彰显了经济是文化发展繁荣的基础这个真理。徽商对明清徽州经济发展的贡献最大，以徽商为代表的商品经济的发展与成功，促进了社会变迁。徽商的精神对当下仍然具有很重要的启示意义，当然，徽商的衰落及其内在原因也同样值得我们反思、反省。

参考文献

[1] 胡中生.徽商的人文精神与明清徽州社会[J].安徽大学学报（哲学社会科学版），2009（4）：6.

[2] 卞利.徽商与明清时期的社会公益事业[J].中州学刊，2004（4）：82-85.

[3] 程必定.徽商兴衰的文化解读[J].安徽师范大学学报（人文社会科学版），2005（1）：64-68.

[4] 方利山.徽商之文化解读[J].黄山学院学报，2005，7（4）：5.

[5] 叶显恩.论徽商文化[J].江淮论坛，2016（1）：7.

[6] 王世华，朱小阳.论徽商的价值观[J].北京联合大学学报（人文社会科学版），2016，14（2）：9.

章末思考

1. 徽商的历史贡献有哪些？
2. 徽商精神是什么？其当代价值何在？
3. 徽商的崛起源于怎样的徽州文化？
4. 明清时期著名的徽商有哪些？其事迹如何？

第八章
结语：说不尽的徽州文化

中华优秀传统文化是中华民族的文化根脉，其蕴含的思想观念、人文精神、道德规范，不仅是中华民族文化精神的内核，对解决人类问题也有重要的参考价值。我们应该把优秀传统文化的精神标识提炼、展示出来，把优秀传统文化中具有当代价值、世界意义的文化精髓提炼、呈现出来。

徽州文化拥有丰富的内涵，包含了诸多种类，如徽派建筑、徽派菜系、徽派戏剧、徽州教育、徽州文书、徽州方言、徽州服饰、徽州版画、徽州雕刻、徽派朴学、新安医学、新安画派、新安理学、徽商等。由此可见，徽州文化包含了经济、教育、文学、医学、工艺、建筑、学术等诸多领域，是极具特色的有机整体，充分体现了区域文化的显著特点，能够体现出古代徽州地区的文化特征、政治面貌和经济发展趋势。在徽州文化之中，最典型的代表是徽州宗族、徽商和新安理学。其中，徽州宗族文化代表了徽州宗族观念，徽商文化代表了徽商精神，新安理学文化则体现了程朱理学的影响。这三类文化构成了徽州文化的基石，是徽州文化的重要内涵与核心。

徽州文化是特立独行的地域文化，是中华正统文脉传承的典型，剖析徽州文化发生及发展的脉络渊源，通过历史上徽州人物及其创造成果，可一探徽州文化基因及特色。除了前几章所介绍的新安理学、新安画派、新安医学、徽州文学、徽州建筑，以及徽州文献、徽商等历史上涌现的各类徽州文化，在很多其他领域，徽州人也创造了丰富、独特的地域文化，譬如"文房四宝"、徽州戏剧、徽州教育等。本章对以上内容进行简要梳理，以便大家对徽州文化有更加全面的了解。其实，徽州文化与其他中国传统文化一样博大精深，难以说尽。

一、文房四宝：笔墨纸砚

徽州文化的繁荣在很大程度上是基于本地良好的文化物质条件。很难想象，没有了徽州得天独厚的优质"笔墨纸砚"，哪能涌现那么多的新安画派大画家？又如何能创作出如此多的诗词歌赋？

徽州的文房四宝制作历史悠久、品类繁多，历代都有著名的制品和艺人。如安徽泾县（原属宁国府，产纸、笔以府治宣城为名）的宣纸、宣笔，歙县（原徽州府治）的徽墨、歙砚。泾县虽不隶属于徽州，但是一衣带水、文化相通。

泾县是中国宣纸之乡。2006年,"宣纸制作技艺"已被国务院批准列入国家非物质文化遗产保护名录。宣纸用料与普通纸不一样,以青檀皮为主要原料,以沙田稻草为重要配料,并配以泾县独有的山涧泉水手工生产,工艺非常复杂,由其制成的宣纸薄如蝉翼、润如青云,不仅具有质地绵韧、纯白细密、光而不滑、密而透光等特性,而且有不腐不蛀、润墨性强、耐老化的特点,宜书宜画,保存长久,有"纸寿千年"的美誉,深受书画家的喜爱。

宣笔的历史悠久。其产于泾县,相传由秦国大将蒙恬发明,因此蒙恬在中国制笔业被奉为鼻祖。因泾县昔时属宣州总管府所管辖,属制毛笔又主要集中于宣州集散,故因地得名曰"宣笔"。诗人白居易曾作《紫毫诗》赞美宣笔称:"紫毫笔,尖如锥兮利如刀,江南石上有老兔,吃竹饮泉生紫毫,宣城之人采为笔,千万毛中拣一毫……每岁宣城进笔时,紫毫之价如金贵。"宣笔技艺独特,取料精致,品种齐全,适用广泛,被历代书画家称之为"硬软适人手,百管不差一"。它曾被列为"贡品"和"御用笔"而盛行全国,成为文房四宝之珍品。

清代徽州墨业有四大家:曹素功、汪近圣、汪节庵、胡开文。其中,胡开文善做药墨,被誉为"药墨华佗"。其所制药墨保留了传统工艺的精华,采用纯桐油烟金、银箔、天然麝香等珍贵药材精制而成,墨分五色,落纸浓而不滞,淡而不灰,层次分明。难怪古代文人感慨说,有佳墨者,犹如名将有良马也。

歙砚,因唐代著名书法家柳公权《论砚》的推崇而名震天下,因产于古歙县而得名,是中国四大名砚之一。好石是歙砚的灵魂,歙砚采用优质的龙尾石,这种石材至少要经过5亿年至10亿年的地质变化才能形成。其石质优良,色泽曼妙,莹润细密,有"坚、润、柔、健、细、腻、洁、美"八德。好的歙砚,有发墨益毫、滑不拒笔、涩不滞笔的效果,被历代书画名家奉为至宝。南唐后主李煜视歙砚为"天下之冠"。精湛的雕工、自然古朴的造型与各色纹理,歙砚在实用性之外,又极具艺术观赏性,为收藏爱好者所钟爱。

徽州文房四宝声名显赫,享誉中外,为历代文人墨客所追捧。

二、徽州戏曲

徽派戏曲是古老的地方戏曲剧种之一。

徽州人善歌舞,东晋时新安歌舞就已蜚声海内。明代徽州人对戏剧的嗜好尤甚,各地族社每借祭祀仪礼、婚丧喜庆之际,聚众演戏,甚至在诉讼之后也有罚戏的习俗。定居外埠的徽州富商,常以声伎相随,列歌舞、宴宾客。由于徽州戏剧活动较为普遍,观众主要是村镇平民,艺人在演出时,常对曲词中那些高深典雅的戏文加以改造,力求通俗。如此,徽州戏剧独有的特征逐步形成。

嘉靖年间,徽州艺人在吸收弋阳腔的基础上,形成徽州腔,为徽剧的先声。徽州腔在寓意较深的曲词中,增加了大量的解释曲文;联缀曲词,发挥剧情的"滚唱",形成通俗易懂的"新体曲文",并注意增加便于理解曲词的道白,如净丑间的戏谑语,彼此的设问、对答等,向观众呈现更多的戏剧性,扩大和增强原作表现生活的能力。明代万历年间,徽州、旌阳戏班上演目连戏,把民间杂耍融入剧中,蹬桌、翻梯、飞叉、滚打、走索、跑圈、窜火、窜剑等,成为表演武戏的特殊招式,并运用火彩、幻术等特技,逐步形成徽剧的特殊风格。

清代徽商江春为迎接乾隆帝南巡,组织春台班,以供乾隆帝欣赏。乾隆五十五年(1790年),徽剧三庆班进入北京演出,同之后兴起的四喜、春台、和春合称为"四大徽班",对徽州戏曲文化的传播起到了积极作用。道光年间湖北汉剧进京,徽剧的二簧调和汉剧的西皮调结合形成京调，产生京剧。

清代后期，京剧兴起后，徽剧艺人纷纷改学新腔（京剧），徽剧日渐衰落。但是，徽州部分农村仍然盛行徽剧，"夜不唱京"，凡庙会祭祀，都请徽班演出。

正因为徽州戏曲有这样的发展历史，所以今天仍有很多人称徽州戏曲是国粹京剧的始祖。

三、徽州书院

徽州书院源远流长。据廖腾煃《海阳纪略·瞻云书院序》记载，"郡邑之有书院，自南唐始也"。宋元时期以来，徽州的书院呈现出空前发达的局面，是全国书院最多的地区。

徽州书院绝大多数都是由宗族主办或宗族子弟创办的，也有少数是官办的。宋元时期以来，徽州共建有多少书院呢？众说纷纭，莫衷一是，很难有个准确的统计数字。

徽州书院都设山长以主持书院工作。大都聘请饱学之士和有名学者作主讲，采用个别钻研、相互问答、课堂讲授三结合的教学方法，以研究和学习儒家经典为主，间亦议论时政。其教育宗旨是，为国家培养修身、齐家、治国、平天下的人才。所以，明清时期多数书院都成为准备科举的场所。总之，徽州书院之发达，在其他地区是很罕见的。这也充分体现了徽州教育的繁荣，印证了徽州历史人物尤其是文化名流涌现的背后原因。

四、徽州科技

算盘是中国古代的一项重要发明。东汉数学家在《数术纪遗》中记载："珠算控带四时，经纬三才。"可见汉代即有算盘。而且中梁以上一珠当五，中梁以下各珠当一的使用方法已与现代相同。在1274年杨辉的《乘除通变算宝》与1299年朱世杰的《算学启蒙》中，都记载了有关算盘的《九归除法》。由此可见，早在北宋以前我国就已普遍使用算盘这一计算工具。今天，由于电子计算器盛行，算盘逐渐退出实用领域。作为中国传统文化的一部分，它被一些人当作收藏品，甚至有了专门展示各种各样算盘的算盘博物馆。

古代徽州珠算发达，在数学珠算领域也颇有建树。

万安罗盘是安徽省万安镇的汉族传统工艺品。其广泛运用于天文、地理、军事、航海和占卜，以及居屋、墓葬选址的重要仪器，是古代汉族劳动人民的四大发明之一指南针的延续和发展，是在指南针的基础上发展而来的传统实用民俗工艺品。万安罗盘是现存的全国唯一以汉族传统技艺手工制作的罗盘，因其诞生、生产地为安徽省休宁县万安镇万安老街而得名。万安罗盘为传统地学仪器名品，是一种既能用于辨别航海方向，又能用于城乡民居建筑风水占卜的传统工具，包括航海罗盘、堪舆罗盘和日晷数种。罗盘的尺寸不等，式样有上百种，精密度高。清末即远销国内外。

在古代水利建设方面，宏村水系是活化石。宏村的选址、布局、美景都和水有着直接的关系，是一座经过严谨规划的古村落。村内外人工水系的规划设计相当精致巧妙，专家评价宏村"人文景观、自然景观相得益彰，是世界上少有的古代有详细规划之村落"，中外建筑专家称其为"中国传统的一颗明珠""研究中国古代水利史的活教材"。

力学的杰作——渔梁坝。渔梁坝位于歙县城南1千米处的练江中，是新安江上游最古老、规模最大的古代拦河坝，距今已有近1400年的历史。它横截练江，使坝上水势平坦，坝下激流奔腾。坝长138米，底宽27米，顶宽4米，由清一色的坚石垒砌而成，每块石头重达吨余。它们垒砌的建筑方法科学、巧妙，每垒10块青石，均立1根石柱，上下层之间用坚硬石墩如钉插入，这种石质的插钉称为"稳定"，也称元宝钉。这样，上下层如穿了石锁，互相衔接，极为牢固。每一层各条石之间，又用石锁连锁，这样，上下左右紧连一体，构筑成了跨江而卧的坚实渔梁坝。其结构特点是，断面呈不等腰梯形，下游边坡十分平缓。坝面偏南设置三道水门，即泄洪道，并由北向南渐次低落，以调节流量。坝身石砌，面石为花岗岩材质，条石之间用石燕尾锁、石键等连接，竖向则立石柱，以增加上下层之间的结构强度。坝趾砌水平条石，类护坦做法，并有护齿，即护坝脚短石桩。正因为砌成堤坝的石头与石头之间都有榫头，所以千年之后，渔梁坝仍巍然矗立。

渔梁坝属于国家重点文物保护单位，是新安江上游最古老、规模最大的古代拦河坝，是古代徽州最知名的水利工程，被称为"江南第一都江堰"。由此可见，徽州文化中还蕴含不少科技文化的内涵。

五、黄山诗文名篇

诗词是国学的精华所在。它具有融情感之真、品德之善、艺术之美于一体的恒久价值。黄山作为徽文化的发祥地，古典诗词底蕴深厚，源远流长。徽州人坚持耕读传家，素有"诗书自一村"之美誉。同时，黄山作为天下最为秀美自然景致之一，也成为天下文人骚客无比热爱的吟咏题材。黄山以奇松、怪石、云海、温泉"四绝"著称于世，被称为"天下第一奇山"。自古以来，文人墨客就对黄山的美景有诸多称赞。据了解，从盛唐到晚清的千余年间，有文字记载的赞颂黄山的诗词就有2万多首。在现在看来，记咏黄山美景的文学作品也应属于徽州文化的一部分。

譬如宋代的文人汪莘，他有一首词描写得极为生动，题为《沁园春·忆黄山》：

三十六峰，三十六溪，长锁清秋。对孤峰绝顶，云烟竞秀，悬崖峭壁，瀑布争流。洞里桃花，仙家芝草，雪后春正取次游。亲曾见，是龙潭白昼，海涌潮头。

当年黄帝浮丘。有玉枕玉床还在不。向天都月夜，遥闻凤管，翠微霜晓，仰盼龙楼。砂穴长红，丹炉已冷，安得灵方闻早修。谁知此，问原头白鹿，水畔青牛。

黄山，是驰名中外的风景区，是中国名山之一。本名黟山，因传说为黄帝栖真飞升之地，故在唐代更名为黄山。在宋词中，描写黄山的作品不是很多，而写得好的更是凤毛麟角，汪莘的这首词，更是不可多得的珍品。在这首词中，作者仿佛在读者面前打开一幅画卷，画中的神界仙山，想象丰富，情思变化多端，笔触多样，呈现出千姿百态的秀丽景色，让人目不暇接。词的上片，描写黄山千峰竞秀、万壑争流的壮丽风光；下片则以动人的神话传说续写黄山的奇情异彩。

无怪乎明代徐霞客曾盛赞黄山："五岳归来不看山，黄山归来不看岳。"将黄山之境定为"天下第一景致"。

徽州文化是中国传统文化宝库中的瑰宝，徽州自然景观冠绝天下，而徽州历史人物及其创造发明，以及徽州人所取得的成果，更令世人惊叹、瞩目。徽州文化值得我们继续研究和不断挖掘，在深入思考历史文化如何影响现在、影响未来的同时，我们又能从历史文化中汲取到怎样的营养？中华优秀传统文化需要创新性发展、创造性转化。徽州文化中还有哪些值得汲取的精华？我们又该怎样助力安徽的中国或现代化新征程？这是时代赋予我们的重要课题。

参考文献

[1] 《徽州文化全书》编纂出版工作委员会.徽州文化全书[M].合肥：安徽人民出版社，2005.

章末思考

1. 徽州戏曲文化有哪些？特点是什么？
2. "文房四宝"是什么？其对徽州文化的发展有什么作用？
3. 徽州文化还有哪些令人称道的内容？这种文化是否延续至今呢？